HEGEL-STUDIEN/BEIHEFT 39

HEGEL-STUDIEN

HERAUSGEGEBEN VON
FRIEDHELM NICOLIN UND OTTO PÖGGELER

BEIHEFT 39

BOUVIER VERLAG · BONN

MARTIN HEIDEGGERS GANG DURCH HEGELS „PHÄNOMENOLOGIE DES GEISTES"

VON
ANNETTE SELL

1998

BOUVIER VERLAG · BONN

Die Deutsche Bibliothek – CIP-Einheitsaufnahme

[Hegel-Studien / Beiheft]
[Hegel-Studien. Beiheft. – Bonn: Bouvier
　Früher Schriftenreihe
　Reihe Beiheft zu: Hegel-Studien
　ISSN 0440-5927
　39. Sell, Annette: Martin Heideggers Gang durch Hegels
　„Phänomenologie des Geistes". – 1998
Sell, Annette:
Martin Heideggers Gang durch Hegels „Phänomenologie des
Geistes" / von Annette Sell. – Bonn: Bouvier, 1998
　(Hegel-Studien: Beiheft; 39)
　Zugl.: Bochum, Univ., Diss., 1997
　ISBN 3-416-02835-X

Alle Rechte vorbehalten. Ohne ausdrückliche Genehmigung des Verlages ist es nicht gestattet, das Buch oder Teile daraus zu vervielfältigen oder auf Datenträger aufzuzeichnen. © Bouvier Verlag, Bonn 1998. Printed in Germany. Satzherstellung: Horst Dohm, Bonn. Druck und Einband: Druckerei Plump KG, Rheinbreitbach. Gedruckt auf alterungsbeständigem Papier.

dem Andenken meines Vaters

Die vorliegende Arbeit wurde im Sommersemester 1997 von der Fakultät für Philosophie, Pädagogik und Publizistik der Ruhr-Universität Bochum als Dissertation angenommen. Für die Drucklegung ist sie geringfügig überarbeitet worden.

Ich möchte mich an erster Stelle bei Herrn Professor Dr. Otto Pöggeler bedanken, der diese Arbeit von Anfang an begleitet hat und von dem ich sehr viel lernen konnte. Herrn Professor Dr. Kurt Rainer Meist danke ich für die Übernahme des Korreferates und besonders für die freundliche Ermutigung in der letzten Phase dieser Arbeit. Die Fritz Thyssen Stiftung, der ich hiermit danken möchte, gewährte mir die finanziellen Mittel für eine Projektarbeit im Rahmen der Dissertation.

Schließlich gilt mein Dank Andris für die Mithilfe beim Lesen der Korrekturen und dafür, daß er da war.

Bochum, im Frühjahr 1998   A. S.

„Eine jede Zeit wird einen überlieferten Text auf ihre Weise verstehen müssen, denn er gehört in das Ganze der Überlieferung, an der sie ein sachliches Interesse nimmt und in der sie sich selbst zu verstehen sucht."

(Hans-Georg Gadamer, *Wahrheit und Methode*, S. 301)

Inhaltsverzeichnis

Vorwort   13

Einleitung   17

  I. Der Anfang   29
    1. Der Anfang der Phänomenologie des Geistes – Die sinnliche Gewißheit   29
    2. Der erste und der andere Anfang   46

  II. Zeit   53
    1. Von der Endlichkeit zur Unendlichkeit – Wahrnehmung und Kraft und Verstand   53
    2. Die Endlichkeit des Daseins   73

  III. Leben und Selbstbewußtsein   82
    1. Die Bestimmung des Selbstbewußtseins – Die Wahrheit der Gewißheit seiner selbst und das unglückliche Bewußtsein   82
    2. Dasein und Leben   104

  IV. Sein und Zeit – Sein und Logos   112
    1. Heideggers „Kritik" am Hegelschen Seinsbegriff   112
    2. Onto-theo-ego-logie   136

Schluß   144

Siglen und Literaturverzeichnis   165

Vorwort

„Die Hauptzeit galt der Ausarbeitung des Winterkollegs: eine interpretierende Auseinandersetzung mit Hegels Phänomenologie des Geistes. Wie ich diesen Kampf bestehe, weiß ich noch nicht; in jedem Falle ist es eine Gelegenheit Wesentliches zu lernen." (Blochm., 38) Mit diesen Worten beschreibt Heidegger in einem Brief vom 20. September 1930 an Elisabeth Blochmann seine bevorstehende Aufgabe, eine Vorlesung über die „Phänomenologie des Geistes"[1] in Freiburg zu halten. Wenn ein Philosoph wie Heidegger diesen „Kampf" auf sich nimmt, so verspricht die Ausführung nicht nur für die Hörerschaft interessant zu sein, sondern auch neue Einsichten in sein eigenes Denken zu geben.

Martin Heidegger legte im Wintersemester 1930/31 die ersten Kapitel des frühen Hauptwerkes Hegels aus. Diese Auseinandersetzung mit der „Phänomenologie" ist Teil eines Weges, den Heidegger mit Hegel gegangen ist. Sie zeichnet sich dadurch aus, daß sie in die Jahre 1930/31 fällt. Zu diesem Zeitpunkt erfährt Heideggers Denken eine neue Richtung, die gemeinhin als „Kehre" bezeichnet wird. Nun stellt sich die Frage, wie Heidegger den Neuansatz bestimmt und welche Bedeutung die „Phänomenologie" dabei hat. So versucht die vorliegende Arbeit einer Antwort näherzukommen, indem sie vornehmlich Heideggers Interpretation der „Phänomenologie" im einzelnen nachgeht. Was kann durch die Betrachtung von Heideggers Auslegung der ersten Kapitel der „Phänomenologie" einerseits über sein Hegelverständnis, dann aber auch über den Einfluß auf sein eigenes Denken ausgesagt werden?

Um das Bild Heideggers von der „Phänomenologie" zu ergänzen, ist natürlich auch der „Holzwege"-Aufsatz über „Hegels Begriff der Erfahrung"[2] und auch der im Band 68 der Gesamtausgabe erschienene

---

[1] Heidegger zitiert in seiner Vorlesung aus der Ausgabe von Johannes Schulze. Vollständige Ausgabe durch einen Verein von Freunden des Verewigten. Zweiter Band. Berlin 1832. In der vorliegenden Arbeit wird der Text der Studienausgabe der Gesammelten Werke Band 9 zugrundegelegt. Zitate werden jeweils mit Seiten- und Zeilenangabe belegt. G.W.F. Hegel, *Phänomenologie des Geistes*, neu hrsg. v. H.-F. Wessels u. H. Clairmont, mit einer Einleitung v. W. Bonsiepen, Hamburg 1988.

[2] Eine Deutung der Vorlesung von 1930/31 unter Einbeziehung des „Holzwege"-Aufsatzes legt Franco Chiereghin vor. Dabei betrachtet er zunächst „»Fenomenologia« e sistema" (366–376), dann „Il concetto d'infinità" (376–364) und schließlich „Certezza e verità" (364–390). Dabei geht es ihm in seiner Interpretation aber nicht, wie in der vorliegenden Arbeit bezüglich der Vorlesung, um eine „esegesi particolareggiata dei testi" (366). Schließlich versucht er in einer „Conclusione" (390 ff.), Gemeinsamkeiten und Unterschiede beider Denkrichtungen aufzuzeigen. Franco Chiereghin, *La „Fenomenologia Dello Spirito" Nell' Interpretazione Di M. Heidegger*, in: Verifiche, Anno XV-N. 4 (1986), 366–393.

Vortrag zur „Einleitung" der „Phänomenologie" zu betrachten sowie Äußerungen zu diesem Werk in weiteren Schriften Heideggers.

Es ergeben sich also zwei Aufgaben dieser Arbeit. *Erstens* ist Heideggers Auslegung der „Phänomenologie" anhand der Vorlesung von 1930/31 im einzelnen zu verfolgen und dabei die „Angemessenheit" seiner Argumentation zu beurteilen. Die Betrachtung führt zu systematischen Fragen durch die Gegenüberstellung der beiden philosophischen Ansätze. Dieser Vergleich wird das Hauptanliegen der Arbeit sein. *Zweitens* ist die Bedeutung, die die „Phänomenologie" für Heideggers eigenen Denkansatz hat, herauszustellen. Dieser Absatz, der sich aus dem Nachvollzug des ersten Abschnittes ergibt und sich auf diesen bezieht, soll mit entwicklungsgeschichtlichen Argumenten in Ausblicken zeigen, wie Heidegger selbst vor dem Hintergrund seiner Erfahrung mit der Hegelschen Philosophie in den dreißiger Jahren weiterdenken konnte.

Diese beiden Stränge sollen nun aber nicht getrennt voneinander verfolgt werden. Anhand von vier Oberbegriffen, die die Gliederung der Arbeit und somit deren Argumentationsverlauf bestimmen, werden beide Aufgaben unter den jeweiligen Begriff gestellt.

Es ergibt sich für die Arbeit folgende Gliederung:

I. Der Anfang

Sowohl für Hegel wie für Heidegger stellt der Anfang ein zentrales Problem dar. Hegel beginnt seine Bewußtseinsgeschichte mit der „sinnlichen Gewißheit", die von einer Sache nur weiß, daß sie *ist*. Sie weiß also das „Sein der Sache". Daß sie sich aber immer schon in Relationskategorien bewegt, erfährt sie in der phänomenologischen Prüfung. Ein Blick auf die „Wissenschaft der Logik" zeigt ebenfalls Hegels Bemühungen um den Anfang. Wie deutet Heidegger Hegels Anfang mit der „sinnlichen Gewißheit"? Entspricht seine Auslegung dem Hegelschen Text? Es ist außerdem darzustellen, was in dieser Interpretation über Heideggers eigene Sicht des Anfangs zu erfahren ist. Dabei zeigt sich Heideggers Wende zu einem „anderen Anfang", der den Übergang in das seinsgeschichtliche Denken ermöglichen soll. So muß an diesem Begriff des Anfangs herausgearbeitet werden, wie Heidegger gegen Hegel, der absolut anfängt und bei dem (sowohl in der „Phänomenologie" als auch in der „Wissenschaft der Logik") schon alles da ist, seinen eigenen Ansatz von „Sein und Zeit" verläßt, um im ursprünglichen Vollzug in einen anderen Anfang zu führen.

II. Zeit

Der Augenblick trägt diesen Übergang zum anderen Anfang. „Dieser Augenblick ist niemals wirklich feststellbar, noch weniger zu errechnen. Er setzt erst die Zeit des Ereignisses." (GA 65, 20) So heißt es in den „Beiträgen zur Philosophie". Der geschichtliche Augenblick des Überganges muß „vollzogen werden, aus dem Wissen, daß alle Metaphysik (gegründet auf die Leitfrage: was ist das Seiende?) außerstande blieb, den Menschen in die Grundbezüge zum Seienden zu rücken." (GA 65, 12)[3] Heidegger sieht seine Aufgabe darin, „das Wissen vom Ereignis zu gründen, durch die Gründung des Wesens der Wahrheit als Da-sein." (GA 65, 13) Hier zeigt sich, daß das „Ereignis" zum neuen Grundwort in Heideggers Denken wird. Während in den Jahren vor der „Kehre" von einer „temporalen Interpretation"[4] gesprochen werden kann, in der die drei Zeitextasen thematisiert werden, entwickelt Heidegger in den dreißiger Jahren den „Zeit-Raum". Der Begriff des Anfangs, d.h. des ersten und anderen Anfangs steht also im direkten Zusammenhang mit Heideggers Zeit- und Geschichtsauffassung, und es ist zu fragen, ob die Auseinandersetzung mit Hegels „Phänomenologie" im Zusammenhang mit dieser Entwicklung gedacht werden muß. Heidegger spricht in der Vorlesung vom Wintersemester 1930/31 Hegel die Unendlichkeit zu, wobei sein Denken von der Endlichkeit bestimmt wird. Wie nimmt Heidegger also den Zeitbegriff in der „Phänomenologie" im einzelnen auf? Besonders relevant ist hierfür das Kapitel über „Kraft und Verstand", in welchem Heidegger den Übergang von der Endlichkeit des Bewußtseins zur Unendlichkeit des Geistes sieht.

III. Leben und Selbstbewußtsein

Der Begriff des Lebens ist für beide Denker relevant, für Hegel in der „Phänomenologie" besonders in dem genannten Kapitel über „Kraft und Verstand" sowie für die Entwicklung des Selbstbewußtseins. Heideggers

---

[3] Durch den „geschichtlichen Augenblick des Übergangs" sucht Heidegger nach Hans-Jürgen Gawoll, den „Bereich einer prärationalen Wahrheit" zu finden. „In der Absicht, angesichts des Nihilismus einer sich unaufhaltsam steigernden Schnellebigkeit und schrankenlosen Technisierung der Welt den Menschen wieder für die Wahrheit eines von ihm unabhängigen Seinsgeschehens bereit zu machen, überbietet Heidegger noch einmal die fundamentalontologische Begrifflichkeit." (174) Hans-Jürgen Gawoll, *Über den Augenblick. Auch eine Philosophiegeschichte von Platon bis Heidegger*, in: Archiv für Begriffsgeschichte, Band XXXVII, Bonn 1994, 152–179. Zu Heidegger: 165–179.

[4] Wie Heidegger die Zeit in einer temporalen Interpretation als Temporalität denkt, zeigt im einzelnen Otto Pöggeler, *Neue Wege mit Heidegger*, Freiburg/München 1992, 115–141.

Denken in den frühen Vorlesungen ist ebenfalls vom Lebensbegriff geprägt. Wie er den Lebensbegriff in der „Phänomenologie" herausarbeitet, soll in diesem Abschnitt gezeigt werden. Wie deutet Heidegger den Übergang vom Bewußtsein zum Selbstbewußtsein, und wie lassen sich diese Hegelschen Begriffe zu seinem Begriff des Daseins in Beziehung setzen? Wie führt Heidegger die zuvor entwickelte Unendlichkeit in bezug auf die neue Gestalt des Selbstbewußtseins fort? Dann ist auf Heideggers eigenen Ansatz zu blicken und somit der Zusammenhang von Dasein und Leben in Heideggers Denken herauszustellen.

IV. Sein und Zeit – Sein und Logos

Alle genannten Begriffe führen zur Problematik des Seins. Seinem eigenen Konzept von Sein und Zeit stellt Heidegger die Begriffe Sein und Logos gegenüber, welche er als zentral für Hegels Denken erachtet. Mit dem Ausdruck der Onto-theo-ego-logie sieht er Hegels Denken umschrieben. Für ihn ist die „*Wissenschaft der Phänomenologie des Geistes nichts anderes [...] als die Fundamentalontologie der absoluten Ontologie,* und d. h. der Ontologie überhaupt." (GA 32, 204) Auch hier muß auf die „Phänomenologie" geblickt werden, um die Angemessenheit dieser Aussage an Hegels eigenem Anspruch zu prüfen. Welche neue Sicht gewinnt Heidegger in der Konfrontation seines Seinsbegriffs mit dem Hegelschen?

Die vier Hauptkapitel dieser Arbeit unterteilen sich in jeweils zwei Unterabschnitte, wobei der erste zeigt, wie Heidegger der Hegelschen Argumentation in den einzelnen Kapiteln folgt. (I–IV, 1) Es tritt Heideggers eigenständige Interpretation der „Phänomenologie" (bis zum Selbstbewußtseinskapitel) hervor. Diese Interpretation gilt es (in I–IV, 2) in den Kontext der Heideggerschen Schriften um 1930 zu stellen. So wird deutlich, wie sich Heideggers Auseinandersetzung mit der „Phänomenologie" in den Neuansatz seines Denkens einfügt.

Im Verlauf dieser Untersuchung zeigt sich, daß und wie die vier Kapitel zusammengehören und miteinander verflochten sind, so daß einerseits ein Gesamtbild einer neuen, produktiven Auslegung der „Phänomenologie" entsteht, andererseits eine Einsicht in eine Periode von Heideggers Denken ermöglicht wird. Am Ende bleibt dann zu fragen, was der Hörer bzw. der Leser der Vorlesung für sein Hegel- bzw. Heideggerverständnis sowie für sein eigenes Denken durch die Konfrontation beider Philosophen gewinnen kann.

Einleitung

Durch das Semesterende wird die Vorlesung von Heidegger etwas abrupt abgebrochen. In dem Wissen, nicht alles zu dem Thema gesagt zu haben, fordert Heidegger die Studenten zu einer weiteren Beschäftigung mit der „Phänomenologie" auf. „Nicht eine feste Meinung über das Werk oder gar einen Standpunkt seiner Beurteilung sollen Sie aufraffen, sondern verstehen lernen: die Aufgabe der Auseinandersetzung, die hier notwendig wird – was sie ist und was sie verlangt." (GA 32, 215) Das Ziel, das eine Auslegung dieses Werkes verfolgt, kann also nicht nur in der Nacherzählung des Werkes liegen. So hat auch Heidegger mit seiner Vorlesung vom Wintersemester 1930/31 nicht eine bloße Paraphrase intendiert. Er verlangt hier sogar die „Verwandtschaft" (GA 32, 44) mit Hegel. In seiner Schrift über die „Negativität" spricht Heidegger von einer „Aussprache" mit Hegel, die nicht von außen an ihn herantritt. Und auch noch nach fast zwanzig Jahren fordert er (1957) in „Identität und Differenz" zu einem „Gespräch" mit Hegel auf, das sich durch die Sache des Denkens, die für Hegel das Denken selbst ist, bestimmt.

Nun gibt es bis heute recht viele Auseinandersetzungen mit Hegels „Phänomenologie". Diese Kommentare zeigen die unterschiedlichsten Zugangsweisen zu dem Werk. Heidegger selbst nahm an dieser Diskussion um die „Phänomenologie" und deren Entwicklungsgeschichte nicht teil.[5] Für ihn „kommen allein in Betracht die Arbeiten des Gymnasiallehrers *Wilhelm Purpus*." (GA 32, 58)[6] Heidegger kommentiert diese Arbeiten als „sorgfältig und anspruchslos". (Ebd.) Er lobt an dieser Darstellung den Bezug zu anderen Arbeiten Hegels, d. h. die Angabe von Parallelstellen. Hierdurch wird Hegel zwar noch nicht philosophisch durchdrungen, aber solche Arbeiten gelten für Heidegger durchaus als förderlich und beachtenswert. Heidegger kritisiert dem-

---

[5] So berichtet Otto Pöggeler, *Selbstbewußtsein und Identität*, in: Hegel-Studien 16 (1981), 190.

[6] Purpus zitiert und kommentiert die einzelnen Abschnitte des Kapitels über die „sinnliche Gewißheit". Da Purpus Hegels Schriften zur „Philosophie der Geschichte", zur „Geschichte der Philosophie" sowie die „Wissenschaft der Logik" als in der „Phänomenologie" begriffene ansieht, bestehen seine Kommentare in der Hauptsache aus Zitaten der Abhandlungen, ebenso zitiert er aus der „Rechtsphilosophie" und der „Ästhetik". Besonders hervorzuheben sind die Bezüge, die er zur antiken Philosophie herstellt. Wilhelm Purpus, *Die Dialektik der sinnlichen Gewißheit bei Hegel. Dargestellt in ihrem Zusammenhang mit der Logik und der antiken Dialektik*, Nürnberg 1905.

gegenüber Mißdeutungen der Absicht der „Phänomenologie". (GA 32, 40) Seine Aufgabe sieht Heidegger, wie oben angedeutet, darin, im „Gespräch" mit Hegel zu sein und d. h., „mit Hegel selbst zu *beginnen*" (GA 32, 58), was nicht unbedingt eine Ignoranz gegenüber der Sekundärliteratur nach sich zieht. Aber als vordringliches Ziel gibt er an, dem entsprechen zu wollen, was die „Phänomenologie" aus sich heraus verlangt.

Die vorliegende Arbeit soll, wie der Titel sagt, Heideggers „Gang" durch die „Phänomenologie" darstellen. Damit ist nun dreierlei gesagt:

Erstens drückt sich darin Heideggers Auseinandersetzung mit diesem Werk Hegels aus, wobei sie mit den jeweiligen Gestalten bis zum Selbstbewußtseinskapitel *mitgeht*. Heidegger vollzieht demnach *seinen* „Gang" durch dieses Werk.

Zweitens sieht Heidegger die „Phänomenologie" selber als einen „Gang" an. Er fordert zum Mitgehen auf. Über den Modus dieses Mitgehens sagt Heidegger: „Nur wenn wir mit Geduld in diesem wirklich arbeitenden Sinne mit diesem Werke mitgehen, zeigt es seine Wirklichkeit und damit seine innere Gestaltung. Diese aber ist hier – wie überall in der wirklichen Philosophie – nicht eine Beigabe für den literarischen Geschmack, nicht Sache des schriftstellerischen Aufputzes und stilistischer Begabung, sondern ist die innere Notwendigkeit der Sache." (GA 32, 61) Neben dieser Aufforderung ist es aber beim Mitgehen für Heidegger entscheidend, daß eine „lebendige Frage" (GA 32, 112), die der Interpret selbst hinzutut, den Gang begleitet. Besondere Bedeutung erhalten dabei die „Übergänge", die die „innere Bewegung des Werkes" ausmachen. (GA 32, 113)

Drittens verlangt die vorliegende Vorlesung von 1930/31 aus sich heraus das Mitgehen eines Interpreten mit Heideggers Gang und damit verbunden auch mit Hegels Gang.

Diese Arbeit hat sich also im Sinne des dritten Punktes die Aufgabe gestellt, den Gang Heideggers mitzugehen und die Argumentation in ihren einzelnen Schritten zu verfolgen. Die „Phänomenologie" ist nur aus diesem Argumentations*gang* heraus verständlich, und es muß überprüft werden, wie Heidegger ihm folgt. Da die Reihenfolge der Gestalten des Bewußtseins sowie ihre logisch-dialektische Herleitung zum absoluten Wissen führen, müssen sowohl der *Inhalt* als auch die *Form* ihre Beachtung in einer Interpretation finden.

Dabei wird sich bereits an Heideggers methodischem Zugriff zeigen, wie sehr er sich wirklich auf den von Hegel beschriebenen Weg des Bewußtseins einläßt. Die vielfältigen Bilder des Weges (Gang, Fortgang, Übergang, Durchgang) deuten auf Heideggers Blick auf das Werk und auf sein eigenes Denken hin.

Der Begriff des Ganges spielt, außer in der Vorlesung von 1930/31, noch häufiger bei Heidegger eine Rolle, etwa in der Vorlesung vom Wintersemester 1928/29. Dort will er durch eine „Einleitung in die Philosophie" die Philosophie „in Gang bringen", das heißt „die Philosophie in uns zum Geschehen werden lassen"; „sie soll in uns frei werden" (GA 27, 4).

Heidegger bringt hier die Philosophie auf dreifache Weise in Gang, indem er erstens „Philosophie und Wissenschaft" gegenüberstellt, dann nach „Philosophie und Weltanschauung" fragt; zum Schluß wollte er darstellen, wie sich „Philosophie und Geschichte" zueinander verhalten. (GA 27, 10)[7] So ist die „Einleitung in die Philosophie" selbst schon ein Weg bzw. ein Gang, der auf den Weg der Philosophie führt. Auch hier ist für Heidegger maßgeblich, daß die Philosophie, die immer schon im Dasein „schläft" (GA 27, 4), zum Geschehen gebracht werden soll, d. h. *im Dasein* soll die Philosophie in Gang gebracht werden.

Dann spricht Heidegger in dem Vortrag zur „Einleitung" der „Phänomenologie" von 1942 häufig vom „Gang". Hier stellt er den Begriff des „Ganges" oder des „Weges" in seinem Bezug zum Begriff des *Absoluten* dar. Das Absolute ist nichts anderes als es selbst. Es absolviert sich, d. h. es befreit sich, löst sich los von seinen Erscheinungsformen. Dieses befreiende Vollbringen des Erscheinens nennt Heidegger die *Absolvenz* des Absoluten. „Das Absolute »ist« nur in der Weise der Absolvenz. Das Erkennen des Absoluten macht sich nie als ein Mittel, d. h. als etwas Relatives, am Absoluten zu schaffen, sondern es ist, wenn es ist, selbst absolut, d. h. absolvent, d. h. ein Gang und Weg des Absoluten zu ihm selbst." (GA 68, 83) Auch in dem zweiten Text zur „Einleitung" der „Phänomenologie" von 1942/43 thematisiert Heidegger die Absolvenz im Zusammenhang mit dem dritten Abschnitt der Hegelschen „Einleitung", in dem es heißt, „daß das Absolute allein wahr, oder das Wahre allein absolut ist." (PhG, 59, Z. 3 f.) Diese Wahrheit, die das Ziel der Loslösung ist, betrifft das Ganze, das sich aus dem Relativen und Zerrissenen befreit hat. Die Bewegung und dessen Ziel faßt Heidegger in einem Satz zusammen: „Das Absolute wird als Absolvenz *Absolution*." (GA 32, 107)

---

[7] Dieser dritte Teil der Vorlesung ist aber nicht zur Ausführung gekommen.

Während die Wahrheit traditionell als Übereinstimmung von Vorstellen und Seiendem gilt, ist Heidegger zufolge bei Hegel die Wahrheit das Gewußte, und diese Gewißheit ist nun das Vorstellen selbst, „insofern es sich selbst sich zustellt und sich seiner als die Repräsentation versichert." (HBdE, 131) So ist das Vorstellen von den Gegenständen getrennt und braucht diese nicht mehr, um wahr zu sein, heißt es dann weiter bei Heidegger. Das Wissen ist also von der Relation zu den Gegenständen losgelöst. Mit diesen Begriffen des Vorstellens und der Gegenständlichkeit tritt Heideggers Kritik an Hegel hervor, die sich hier aus der Perspektive des Kantischen Denkens zeigt.[8] Die Beschreibung des Prozesses der Loslösung beruht also auf Heideggers Auslegungen der „Einleitung" der „Phänomenologie".

Eine weitere Bemerkung zur Absolvenz in der Vorlesung vom Wintersemester 1930/31 weist auf den Bezug zur Zeit hin und deutet damit eine zentrale Problematik dieser Vorlesung an.[9] Dort zeigt sich, daß und wie Heidegger das absolute Wissen mit dem Unendlichen verbindet. „Wir sprechen vom *absolventen* – in der Ablösung begriffen – unruhig absoluten Wissen. Und wir können dann sagen: Das Wesen des Absoluten ist die un-endliche Absolvenz, und darin Positivität zugleich als absolute, un-endliche." (GA 32, 72) Durch diesen Prozeß der Loslösung ist die Art und Weise des Absolutseins, das ein unendliches ist, dargestellt.

Nach Heidegger ist das Hegelsche Absolute *immer schon* bei uns, und es will bei uns sein. (Daß das Absolute bei uns sein *will*, schließt Heidegger aus einer Formulierung aus der „Einleitung", vgl. PhG, 58, Z. 11) Die Methode, wie dieses Absolute von dem Bewußtsein *erfahren* wird, entwickelt Hegel in der „Einleitung", die hier nicht eigens dargestellt werden soll, sondern erst im Kapitel über den Anfang (I, 1) zeigt sich, wie sich das Bewußtsein in der Umkehrung von einem Gegenstand dem neuen zuwendet, so daß es die Erfahrung der Nichtigkeit des ersten Gegenstandes gemacht hat. Für Heideggers Deutung der *Erfahrung* ist festzuhalten, daß er sie aus einem bereits bestehenden Absoluten heraus liest. „Weil das Bewußtsein das Wesen des Seins in der gekennzeichneten »Erfahrung« hat, prüft es sich selbst und entfaltet aus sich selbst die Maßstäbe dieser Prüfung." (GA 68, 105) Dieser Kausalsatz ist wohl eher umzudrehen, wenn Hegels Bewegung selbst erfaßt

---

[8] Zu Heideggers Auslegung des Gegenstandes und der Gegenständlichkeit vgl. auch Kapitel IV, 1.
[9] Die vorliegende Arbeit entwickelt diesen Gedanken in Kapitel II, 1 und II, 2, wo die Problematik der Zeit anhand der Auslegung des Kapitels „Kraft und Verstand" dargestellt wird.

werden soll. *Weil* das Bewußtsein sich prüft, macht es eine Erfahrung.[10] Heideggers gesamte Sicht auf den Erfahrungsbegriff zeigt aber, daß er ihn in den vierziger Jahren als transzendentalen deutet.[11] Wie sich die Deutung der Erfahrung in den Abhandlungen über die „Einleitung" und zuvor in der Vorlesung von 1930/31 für die Interpretation der „Phänomenologie" auswirkt, wird sich im Verlaufe der Arbeit ergeben.

In den ersten Überlegungen der Vorlesung reflektiert Heidegger über das Problem einer „Wissenschaft der Erfahrung des Bewußtseins". In diesem Zusammenhang setzt Heidegger hier die Hegelsche Erfahrung von der Kantischen Erfahrung ab. Es handelt sich bei Hegel nicht um eine Bewährung in der Anschauung. Es läßt sich weder eine Parallele zu den Erfahrungswissenschaften noch zur Husserlschen Phänomenologie herstellen, „als handele es sich bei Hegel um eine Analyse von Bewußtseins- und Erfahrungsakten, wie es Nicolai Hartmann will." (GA 32, 30) Hegels Erfahrungen werden innerhalb des Bewußtseins gemacht. Es geht dabei nicht um Erfahrungen mit sinnlich gegebenen Dingen, und Heidegger stellt den Unterschied zum gewöhnlichen Gebrauch des Begriffes dar. Es ist also eine Erfahrung *am* Bewußtsein und eine Erfahrung *des* Bewußtseins. Das Bewußtsein ist so Subjekt und Objekt der Erfahrung. Indem es sich selbst erfährt, wird es ein anderes und kommt dadurch zu sich, „und es muß mit sich diese Erfahrung machen – weil es selbst als Wissen im Wesen nicht relativ, sondern absolut ist –: daß das relative Wissen nur ist, weil es absolut ist." (GA 32, 32) So hat Heidegger den Erfahrungsbegriff mit Verweis auf die „Einleitung" und auch die „Vorrede" der „Phänomenologie" gedeutet. (GA 32, 25–33)[12] An dieser Stelle wurde also der Erfahrungsbegriff im Kontext der Darstellung des Absoluten diskutiert. Das Absolute erschien Heidegger als ein Loslösungsprozeß. Die Erfahrung bestimmt die Bewegung oder den *Gang* dieses Prozesses. „Der Weg ist ein Gang in dem zwiefachen

---

[10] Günter Buck sieht in seiner Studie den Weg der „Phänomenologie" als exemplarisches Lernen im Sinne einer Theorie der Bildung. Auf diesem Gang macht das Bewußtsein seine Erfahrungen. Buck arbeitet vor dem Hintergrund der Gadamerschen Ausführungen in „Wahrheit und Methode" den Unterschied der *dialektischen* Erfahrung Hegels, die schon weiß, wohin sie überschritten wird, zur *hermeneutischen* Erfahrung aus, die offen für neue Erfahrungen ist und sich auf geschichtliche Möglichkeiten bezieht, indem sie selbst geschichtlich ist. (75 f.) Günther Buck, *Lernen und Erfahrung. Zum Begriff der didaktischen Induktion*, Stuttgart ²1969.

[11] Eugen Fink zeigt im Hinblick auf den „ontologischen" Erfahrungsbegriff Hegels Heideggers Kritik am Hegelschen Seinsbegriff. Eugen Fink, *Sein und Mensch. Vom Wesen der ontologischen Erfahrung*, Freiburg/München 1977.

[12] In der „Phänomenologie des Geistes" vgl. besonders folgende Textstellen zur Erfahrung: PhG, 28, Z. 7 bis 26; 66, Z. 26; 68, Z. 12.

Sinne des Gehens (Gang aufs Land) und des Durchgangs (unterirdischer Gang). Genauer gesprochen, im Gang als Gehen wird der Gang als Durchgang erst er-fahren, d. h. er-gangen, und das will sagen: eröffnet, so daß sich Offenbares zeigen kann. Das Gehende dieses Gehens und der Durchlaß des Durchgangs ist das Bewußtsein als Vor-stellen. Das Vor-sich-stellen geht vor und eröffnet und präsentiert und wird erst der Äther des sich Zeigens und Erscheinens." (GA 68, 101). So äußert sich Heidegger 1942 zu Hegels Erfahrungsbegriff, und der Gedanke, daß sich Offenbares zeigen kann, verweist wiederum auf Heideggers Ansicht, daß alles, d. h. das Absolute, immer schon da ist und sich im Gehen zeigen muß. Heidegger bindet den Weg des Bewußtseins an seine eigene Rede vom Gang, und in diesem Bild faßt er auch die oben beschriebene doppelte Weise des Bewußtseins. In einem weiteren Schritt stellt Heidegger in dem Vortrag die Erfahrung als transzendentale dar, wobei in der Umkehrung (PhG, 67, Z. 19) ein neuer Gegenstand *transzendental* entspringt. (GA 68, 106 ff.)[13] Es ist für Heideggers Verständnis der gesamten „Phänomenologie" festzuhalten, wie er die „Methode" des Werkes denkt, die in der „Einleitung" von Hegel entwickelt wird und von Heidegger Abschnitt für Abschnitt 1942 und 1942/43 analysiert wird, indem er die Erfahrung als „ontologische Erfahrung" deutet. Eine Bemerkung von 1942/43 faßt diesen Gedanken zusammen. „Sein bedeutet von altersher: anwesen. Die Weise, in der das Bewußtsein, das aus der Gewußtheit Seiende, anwest, ist das Erscheinen. Das Bewußtsein ist als das Seiende, das es ist, das erscheinende Wissen. Mit dem Namen Erfahrung nennt Hegel das Erscheinende als das Erscheinende, das ὂν ᾗ ὄν. Im Wort Erfahrung ist das ᾗ gedacht. Aus dem ᾗ (qua, als) ist das Seiende in seiner Seiendheit gedacht." (HBdE, 176) Das Sein als Erfahrung des Bewußtseins ist die Umkehrung, die das ᾗ in bezug auf das ὄν geschehen läßt. (Vgl. HBdE, 185) So west der Wille des Absoluten, bei uns zu sein, d. h. für uns als das Erscheinende zu erscheinen, als Erfahrung. Mit diesen Erläuterungen ist die Beziehung von Sein, Erfahrung und dem Absoluten und so Heideggers Beschreibung der Bewegung in der „Phänomenologie" angedeutet.

Vor dem Hintergrund dieser Überlegungen zu Hegels Methode fragt sich Heidegger selbst, wie *er* sich der Philosophie Hegels zuwenden kann, d. h. mit welcher *Methode* er ihn fassen kann. Diese gewinnt er aus

---

[13] Otto Pöggeler interpretiert diesen Teil des Vortrags und kritisiert Heidegger dahingehend, daß er „Hegels Phänomenologie noch zu sehr von Husserls Phänomenologie her auf[nimmt], welche durch die eidetische Reduktion gesicherte Wesenskenntnisse sucht." Otto Pöggeler, *Hegel und Heidegger über Negativität*, in: Hegel-Studien 30 (1995), 153.

Hegels Philosophie selbst, die keinen höheren „Standpunkt" mehr erlaubt. „Daher ist ihr gegenüber künftig ein Standpunkt endgültig unmöglich, der so, wie die Hegelsche Philosophie ihrerseits jede frühere Philosophie im voraus schon standpunktmäßig unter sich haben mußte, der Hegelschen Systematik *noch* höher übergeordnet sein könnte." (GA 68, 4) Ein über Hegel Hinausgehen ist demnach für Heidegger nicht möglich. Daß er in Hegels Philosophie so etwas wie einen Endpunkt sieht, drückt sich auch in seiner Bezeichnung Hegels als „Vollender der Metaphysik" aus.[14] Was in der griechischen Philosophie seinen Anfang nahm, kommt bei Hegel zu einem Ende. Dabei wurde in der Antike die Frage nach dem Zusammenhang von ὄν und λόγος gestellt. „Diese im Ansatz der antiken Philosophie notwendig sich vorbereitende Antwort hat Hegel radikal vollzogen, d. h. die in der antiken Philosophie angelegte Aufgabe zur wirklichen – die Antwort wirklich *durchführenden* – Vollendung gebracht." (GA 32, 17)[15]

In der Schrift über „Die Negativität" von 1938/39, 1941 arbeitet Heidegger mit dem Begriff des *Standpunktes*.[16] Er entnimmt ihn der „Vorrede" zur ersten Ausgabe der „Wissenschaft der Logik" vom 22. März 1812. Es heißt dort: „Die völlige Umänderung, welche die philosophische Denkweise seit etwa fünfundzwanzig Jahren unter uns erlitten hat, der höhere Standpunkt, den das Selbstbewußtsein des Geistes in dieser Zeitperiode über sich erreicht hat, hat bisher noch wenig Einfluß auf die Gestalt der *Logik* gehabt." (WdL I, 3, Z. 2 bis 7) Heidegger zitiert lediglich: „»*Der höhere Standpunkt*, den das Selbstbewußtsein des Geistes ... über sich erreicht hat, ...«" (GA 68, 53). Fünfundzwanzig Jahre früher schrieb Kant die „Kritik der reinen Vernunft", und so stellt Hei-

---

[14] Andreas Großmann berichtet über die Vorlesung vom SS 1933. Großmann fragt dort, wie Heidegger zufolge die Grundfrage der Philosophie gewonnen werden kann, wenn Heidegger selbst in der Geschichte der Philosophie steht. „Heidegger stellt sich diese Frage ausdrücklich: kein übergeschichtlicher Standpunkt sei es, der ihn zu seiner Einsicht führe; vielmehr sei sie aus einem fragenden Einlassen auf die Geschichte entsprungen. Die Geschichte müsse zum Sprechen gebracht werden, indem man mit ihr aus der erfahrenen Not des Daseins heraus in die Auseinandersetzung trete, die nicht auf irgendwelche Schwachpunkte eines Gegners ziele, sondern auf »jene Hauptstellung der Gesamtgeschichte«, »mit deren Eroberung sich alles entscheidet«." Andreas Großmann, *Augenblick des Geistes. Heideggers Vorlesung „Die Grundfrage der Philosophie" von 1933*, in: Perspektiven der Philosophie. Neues Jahrbuch, hrsg. v. R. Berlinger, E. Fink, T. Imamichi, W. Schrader, Band 19 (1993), 195–212. Ein Bericht dieser noch unveröffentlichten Vorlesung ist auch bei Victor Farías zu lesen. (190–195) Victor Farías, *Heidegger und der Nationalsozialismus*, Frankfurt am Main 1989.

[15] Im Kapitel über den Anfang (I, 2) wird näher ausgeführt, wie Heidegger den „Anfang" mit der griechischen Philosophie denkt und wie das „Ende" mit Hegel.

[16] Einen Bericht über diese Schrift gibt Walter Biemel, *Heidegger im Gespräch mit Hegel: Zur Negativität bei Hegel*, in: Man and World 25 (1992), 271–280.

degger seinem Zitat die Bemerkung nach: „(seit der »Kritik der reinen Vernunft«, durch Fichte, Schelling, Hegels »Phänomenologie des Geistes«)". (Ebd.) Heidegger kann also positiv an diese Äußerung Hegels anknüpfen, da Hegel den höheren Standpunkt in einem philosophiegeschichtlichen Bezug versteht. Wenn Heidegger sich mit dem Deutschen Idealismus beschäftigt, so ist dies „keine historische Orientierung; es ist aber auch keine »unmittelbare Erkenntnis« nach der Art der Metaphysik des deutschen Idealismus. Das notwendig gewordene Denken ist ein *geschichtliches* Denken. Was dies meint, soll ein wirklich vollzogener Versuch verdeutlichen." (GA 49, 5) Diese Gedanken von 1941 bezüglich Schellings „Freiheitsschrift" lassen sich ebenso auf Heideggers Auseinandersetzung mit der „Phänomenologie" anwenden. Heidegger setzt sich immer wieder gegen ein bloß historisches Erklären ab. Geschichtlich soll auch die Philosophiegeschichte gedacht werden. Wie das geschehen soll, kann nur ein „wirklich vollzogener Vollzug" zeigen, und für die vorliegende Arbeit gilt, daß dieser Vollzug nur in einem Nachvollzug zu verstehen ist. Heideggers Vollzug des Ganges durch die „Phänomenologie" kann demnach nur im Nachgehen erfaßt werden.

An anderer Stelle sieht Heidegger den Standpunkt im Verhältnis zum *Prinzip*: „»Standpunkt« heißt dasjenige, worin stehend der Philosophie, ihrem Denken, das Zudenkende als solches zugänglich wird." (GA 68, 12) Hegels Standpunkt ist der Standpunkt des Bewußtseins als unbedingte Subjektivität. Heidegger sagt auch, daß dieses der Standpunkt des Deutschen Idealismus sei. Dann fragt er nach dem Prinzip und gibt auch hier eine Definition. „»Prinzip« heißt dasjenige, womit die Philosophie anfängt, so zwar daß der *Anfang* dasjenige ist, was als tragender Grund des Denkens des Zudenkenden bleibt." (Ebd.) Dieser tragende Grund bzw. das Prinzip ist für Hegel in zwei Gedanken gegeben: „»Die Substanz ist Subjekt« oder: Das Sein (jetzt im wesentlichen Sinn genommen) ist »Werden«." (Ebd.) Den ersten Teil entlehnt Heidegger also der „Phänomenologie", den zweiten der „Wissenschaft der Logik". Durch *oder* setzt er beide Gedanken im Sinne von *man könnte auch sagen* gleich. Daß bei dieser Gleichsetzung die Gefahr einer Nivellierung des Hegelschen Denkens besteht und welche Probleme Heidegger Hegels Anfang in der Seinslogik bereitet, soll an dieser Stelle nicht eigens erörtert werden.[17] Es geht hier vielmehr um Heideggers Charakterisierung des Hegelschen Standpunktes, die er dahingehend fortführt, daß er fragt, wie und worin Standpunkt und Prinzip zusammengehören. Dieser Gedan-

---

[17] Vgl. hierzu Kapitel I, 1 der vorliegenden Arbeit über den „Anfang".

ke weist Heidegger auf den Begriff der *Negativität*, der sich für ihn eben als Prinzip und Standpunkt des Hegelschen Denkens zeigt und der somit einer umfassenden Interpretation bedürfte.[18] Mit der Negativität ist nicht nur eine logische Figur gemeint. „Die »Negativität« ist die »Energie« des unbedingten Denkens, weil sie von Anfang an alles Negative, Nichthafte schon darangegeben hat. [...] Die Negativität als die Verneinung der Verneinung gründet im Ja zum unbedingten *Selbstbewußtsein* – der absoluten Gewißheit als der »Wahrheit« (d. h. Seiendheit des Seienden)." (GA 68, 14) In seiner Bestimmung der Negativität verbindet sich also Heideggers kritische Betrachtung der „Wissenschaft der Logik", wo von Hegel Sein und Nichts als dasselbe gesetzt wird, mit Äußerungen zur „Phänomenologie", die u. a. den Tod als den „absoluten Herrn" (GA 68, 24 und 28) nennen. Der Tod ist für Heideggers Denken in anderer Weise konstituierend als für Hegel,[19] so daß Heidegger Hegel dahingehend kritisiert, er habe den Tod nicht ernst genommen. „Aber mit diesem »Tod« kann es gar nie ernst werden; keine καταστροφή möglich, kein Sturz und Umsturz möglich; alles aufgefangen und ausgeglichen. Alles ist *schon unbedingt* gesichert und untergebracht." (GA 68, 24) Nun ist es an dieser Stelle nicht möglich, alle Aspekte und Bezüge der Negativität herauszustellen.[20] Dazu müßte eine genaue Studie zeigen, wie die Negativität bzw. die Negation bei Hegel zu denken ist und wie sie sich in den verschiedenen Werken Hegels entwickelt und verändert hat. Daran anschließend könnte Heideggers Denken des Nichts und seine Kritik an Hegels positiver Aufhebung in ein Ja erarbeitet werden.[21]

---

[18] Otto Pöggeler gibt in seinem Aufsatz eine Darstellung und Kritik dieses Begriffes. Im Bewußtsein des Hegelschen Denkens ist *alles* bewußt. „Das ist ein Standpunkt, der des bloßen Standpunktes nicht mehr bedürftig ist. So muß das Prinzip als Negativität gefaßt werden. Dieser Zugang zu Hegel fällt nicht von außen in dessen Denken ein, sondern erschließt dieses Denken aus seiner eigenen Mitte, nämlich den Gedanken über Tod und Negativität aus der Vorrede zur *Phänomenologie*." Otto Pöggeler, *Hegel und Heidegger über Negativität*, a.a.O., 148.
[19] Vgl. hierzu besonders „Sein und Zeit", §§ 45-53; GA 20, 424–440; GA 65, 230, 282–286.
[20] Joan Stambaugh vergleicht Heideggers und Hegels Begriff der Zeit in Verbindung mit den jeweiligen Begriffen der Negativität. Es wird gezeigt, daß beide Denker die Negativität unterschiedlich aufnehmen. „Hegel's negativity is logical and oppositional. Every position entails its logical opposite. [...] Thus, Heidegger's negativity is temporal and, so to speak, riveted in the field of polar dialectic. The meaning of temporality or time gets transformed from a linear, mediated progression of oppositions to occurrence operating in a polar field." (97) Joan Stambaugh, *Time and Dialectic in Hegel and Heidegger*, in: Research and Phenomenology 4 (1974), 87–97.
[21] Vgl. zu dieser Problematik die Vorlesung „Einführung in die Metaphysik" vom Sommersemester 1935, in der Heidegger sich mit dem Nichts auseinandersetzt und fragt: „Warum ist überhaupt Seiendes und nicht vielmehr Nichts?" (EiM, 1)

Für ein Verständnis von Heideggers Betrachtung der „Phänomenologie" in der Vorlesung von 1930/31 und damit für den Verlauf der vorliegenden Arbeit gilt es festzuhalten, daß Heidegger vor dem Hintergrund seiner Bestimmung der Negativität Hegels metaphysisches Denken dahingehend kritisiert, das Nichts immer schon in das Positive aufgehoben zu haben, wobei der Tod als „das höchste und äußerste Zeugnis des Seyns" (GA 65, 284) nicht seinen angemessenen Platz erhält, was sich dann auch in den unterschiedlichen Zeitbegriffen beider Denker äußert. Wie Hegel so das Denken der Unendlichkeit ermöglicht wird und wie sich ihm Heideggers Endlichkeitsbegriff entgegenstellt, wird in dieser Arbeit im Nachvollzug der Bewußtseinsgeschichte bis zum Selbstbewußtseinskapitel entwickelt.

In der Vorlesung stellt Heidegger dann den „Standpunkt" in bezug auf die „Phänomenologie" dar. Die gesamte „Phänomenologie", die der erste Teil des Systems ist, dient Hegel „als Begründung der Metaphysik, d.h. deren Grundlegung – [...] Grundlegung als Bereitung des Bodens, d.h. als der »Beweis der Wahrheit des Standpunkts«, den die Metaphysik einnimmt." (GA 32, 4 f.)

Im Begriff des Standpunktes treffen also für Heidegger zwei Gedanken bzw. Probleme zusammen. *Einerseits* charakterisiert er Hegels Denken, das alle vorherigen Standpunkte zu vereinigen und überwinden sucht und deshalb auch keinen Standpunkt mehr nötig hat. Oben wurde in diesem Zusammenhang von der Negativität gesprochen. *Andererseits* muß Heidegger seinen *eigenen* Standpunkt wählen, wie er sich mit Hegel auseinandersetzt. Dieser muß der Hegelschen Philosophie „gleichwohl gewachsen, und d.h. doch, in wesentlicher Hinsicht überlegen, zugleich aber auch wieder nicht von außen zugetragen und aufgeredet sein, dann muß dieser Standpunkt der Auseinandersetzung zwar *in* der Hegelschen Philosophie, jedoch als der ihr selbst wesensmäßig unzugängliche und gleichgültige Grund verborgen liegen." (GA 68, 4)

Diese Überlegungen über den *Standpunkt* und die Auswirkungen, die er für Heideggers Hegelrezeption hat, sind hier also unumgänglich, denn Heidegger reflektiert in der Vorlesung vom Wintersemester 1930/31 häufig selbst über *seine* Art und Weise der Auslegung des Hegelschen Werkes. Ihm sind zwei schwer zu vereinbarende Aufgaben anheimgestellt. Mit dem Begriff des Standpunktes, der die beiden Seiten der Auslegung in sich zu vereinigen sucht, sind auch die Schwierigkeiten benannt, in denen Heidegger sich bewegt. Er muß sich einerseits auf das Hegelsche Denken ganz einlassen, um es zu verstehen, und auf der anderen Seite bedarf es eines Standpunktes als eines „wesensmäßig unzugänglichen und gleichgültigen Grund[es]". Wenn Heidegger von der „lebendigen Frage" (GA 32, 112) spricht, die die Auslegung begleiten muß, so ist dieser Grund gemeint. In der Frage sieht Heidegger das, was er zum Werk hinzutun muß. „Was aber Hegel und uns in gleicher Weise zum Gang drängt, ist die *Frage* nach dem Wesen des Seins. Die Arten des Fragens und des Antwortens kreuzen sich." (GA 32, 113) Hier *unterstellt* Heidegger Hegel die Frage nach dem Sein, wobei er sowohl in dieser Frage als auch in der Anwort Kreuzungspunkte sieht, die ihn mit Hegels Denken verbinden. Diese Punkte gilt es in der Vorlesung herauszuarbeiten.

Oben wurde auch von der geforderten „Verwandtschaft" mit Hegel gesprochen. Es geht Heidegger also, auch nach den obigen Reflexionen zum Standpunkt, nicht um eine Übertrumpfung Hegels, sondern es ist so, „daß jeder wirkliche Philosoph mit jedem anderen *gleichzeitig* ist, und zwar gerade dadurch, daß er im Innersten das Wort seiner Zeit ist." (GA 32, 45)[22] Heidegger stellt sich selbst in diese Reihe und versteht sich als Interpret der „Phänomenologie" als das Wort seiner Zeit.

In der Vorlesung von 1930/31 verfolgt Heidegger der Chronologie der „Phänomenologie" entsprechend die einzelnen Gestalten der Bewußtseinsgeschichte, wobei „jeder Abschnitt eine *eigene* Weise der auslegenden Durchleuchtung und des Nachvollzugs" (GA 32, 63) fordert. Wie sich die jeweilige Behandlung der Gestalten der „sinnlichen Gewißheit", „Wahrnehmung", „Kraft und Verstand", „Leben und Selbstbewußtsein" bei Heidegger unterscheidet, zeigt sich im folgenden.

Heideggers Vorlesung stellt nach diesen Ausführungen also nicht den Anspruch einer philosophie*historischen* Auseinandersetzung, vielmehr soll die „*eigene* Gesetzlichkeit des Werkes" erfaßt werden. Es schließt sich an diesen Anspruch die Frage an, ob es Heidegger gelingt, diese Gesetzlichkeit zu sehen. Was ist überhaupt das „*innere Gesetz*" (GA 32, 63) der „Phänomenologie" für Heidegger? Damit verbunden ist die

---

[22] So ist hier an das berühmte Wort aus der Rechtsphilosophie zu denken „Was das Individuum betrifft, so ist ohnehin jedes ein *Sohn seiner Zeit;* so ist auch die Philosophie ihre Zeit in Gedanken gefaßt." (Grundlinien der Philosophie des Rechts, Werke 7, Frankfurt am Main 1986, 26; vgl. bei Heidegger auch GA 28, 231 f.) Josef Simon diskutiert diesen Satz in bezug auf das Verhältnis von Begriff und Zeit bei Hegel. „In diesem »Gedanken« ist »Zeit« nicht »erfaßt«, sondern »getilgt«. Hegel kommt es dagegen darauf an, »Zeit« nicht im Gedanken zu tilgen, sondern zu erfassen. Der Gedanke faßt zwar das Außereinander des zeitlich Gegebenen »zusammen«, aber als dieses Zusammenfassen hat es selbst »seine Zeit«." (19) Josef Simon, *»Zeit in Gedanken erfasst«. Zum Verhältnis von Begriff und Zeit bei Hegel,* in: Hegel-Jahrbuch 1996, hrsg. v. A. Arndt, K. Bal, H. Ottmann, Berlin 1997, 13–20.

Frage nach der Möglichkeit eines solchen Erfassens der Gesetzlichkeit, ohne „bei einzelnen Sätzen und Begriffen die ganze Fülle geschichtlicher und systematischer Fragen beizuschleppen." (GA 32, 63 f.)

Nun ist die Problematik angezeigt, daß ein philosophisches Werk zwar aus sich heraus verständlich sein muß, die „Phänomenologie" als erster Teil eines Systems aber nicht ohne diese *systematischen* Fragen auskommen kann. Heidegger selbst beschäftigt sich in den ersten vier Paragraphen mit der Aufgabe der „Phänomenologie" als erstem Teil des Systems. Dort kennzeichnet er den Wandel von einem sogenannten Phänomenologie-System, in dem die „Phänomenologie" der erste Teil des Systems sein sollte, zu einem Enzyklopädie-System, das die „Phänomenologie" zum Mittelstück des ersten Teils des dritten Hauptteils des Systems werden ließ. (GA 32, 10; vgl. auch GA 68, 65–72) Der Wandel der „Phänomenologie", der sich dann auch in der Umgestaltung des Titels ausdrückt, ist deshalb zu beachten, weil sich aus der Stellung der „Phänomenologie" im System der „innere Auftrag" (GA 32, 13) des Werkes ergibt. 1942 sagt Heidegger hierzu: „Die Frage nach der *inneren* Notwendigkeit dieses Wandels und seiner metaphysischen Bedeutung, die Frage nach der verborgenen Gleichberechtigung und der Zusammengehörigkeit beider Systeme innerhalb der Metaphysik Hegels, die Fragen nach dem Wesen und der Entfaltung des Systemcharakters, der die neuzeitliche Metaphysik überhaupt als solche auszeichnet, alle diese Fragen erfordern eine Besinnung, die außerhalb des Gesichtskreises der »historischen« Hegelforschung liegen." (GA 68, 71 f.) Warum Heidegger nicht sieht, wie die gestellten Fragen mit einer historischen Hegelforschung in Einklang zu bringen sind, bleibt unklar.

Gleich zu Anfang seiner Überlegungen stellt Heidegger die These auf, die seine gesamte Auseinandersetzung mit der „Phänomenologie" trägt. „Man *muß* sich immer wieder sagen: Hegel setzt schon das voraus, was er am Ende gewinnt." (GA 32, 43) So erhält der Hörer der Vorlesung schon am Beginn den Hinweis, wie das „Gesetz" der „Phänomenologie", man könnte es auch die Idee nennen, zu denken ist. Die Forderung nach einer „lebendigen Frage" (GA 32, 112) spielt zugleich sowohl auf Heideggers Standpunkt der Philosophie Hegels als auch der Philosophie überhaupt gegenüber an.

Es stehen sich hier also zwei unterschiedliche philosophische Positionen gegenüber, die in der vorliegenden Arbeit bei der Interpretation der „Phänomenologie" extrem aufeinandertreffen. Welche Berührungspunkte es zwischen ihnen gibt oder wie die Interpretation Heideggers eine fruchtbare Diskussion eröffnen kann, wird im Verlaufe der Arbeit zu fragen sein.

I. Der Anfang

1. Der Anfang der Phänomenologie des Geistes – Die sinnliche Gewißheit

Heidegger formuliert gleich bei der Betrachtung der „sinnlichen Gewißheit" seinen Anspruch, „das *innere Gesetz* des Werkes zu wecken und sich auswirken zu lassen für den jeweiligen Tiefgang und die Größe des Ganzen." (GA 32, 63) Es ist nun also zu prüfen, ob er dieses von ihm selbst gestellte Ziel erreicht, wobei er jeder Gestalt des Bewußtseins ihre „*eigene* Wirklichkeit" (ebd.) zugesteht und diese jeweils (d. h. bis zum Selbstbewußtseinskapitel) interpretiert.

Der eigentlichen Interpretation der „sinnlichen Gewißheit" stellt Heidegger eine „Vorbetrachtung" (§ 5) voraus, in der er vom absoluten Anfang der „Phänomenologie" spricht. Bevor er seine eigentliche Untersuchung des Anfangs mit der „sinnlichen Gewißheit" beginnt, verweist er in dieser Vorbetrachtung auf das Ende der „Phänomenologie", d. h. auf „das absolute Wissen". Das Ende des Werkes ist für ihn eine Rückkehr zu seinem Anfang. „*Das Ende ist nur der andersgewordene und damit zu sich selbst gekommene Anfang.*" (GA 32, 52) Durch diesen Blick auf das Ende des Werkes deutet sich schon an, daß Heidegger die „Phänomenologie" von ihrem Ende her liest, d.h. er interpretiert die Bewußtseinsgeschichte auf der Basis eines immer schon absolut Gegebenen. Dabei erkennt Heidegger zwar die Verschiedenartigkeit des Absoluten zu Anfang und am Ende der „Phänomenologie" an, aber für ihn ist das Ende *nur* der andersgewordene und zu sich selbst gekommene Anfang. Wie sich bei Hegel selbst das Ende zum Anfang stellt und wie Heidegger diese Bewegung der ersten Gestalt zeigt, wird im folgenden zu zeigen sein. [23]

Die „Einleitung" und die „Vorbetrachtung" sind von Heidegger vorgenommene Einteilungen (vgl. GA 32, 217), wobei das Inhaltsverzeich-

---

[23] Einen Vergleich des Anfangs in der „Phänomenologie des Geistes" mit dem Anfang von „Sein und Zeit" nimmt Paul Cobben vor, nachdem er sich zunächst über Heideggers Interpretation des Hegelschen „Standpunktes" (186 ff.) und dann über den „Standpunkt des Ausgangspunktes der »Phänomenologie des Geistes«" (190–197) geäußert hat. Cobben geht sogar so weit, strukturelle Parallelen zwischen „Sein und Zeit" und der „Phänomenologie des Geistes" zu behaupten, ohne jedoch beide philosophischen Werke in ihren unterschiedlichen logisch-begrifflichen und entwicklungsgeschichtlichen Ansätzen zu erarbeiten. Paul Cobben, *Über die strukturelle Verwandtschaft zwischen Sein und Zeit und der Phänomenologie des Geistes*, in: Jahrbuch für Hegelforschung, hrsg. v. H. Schneider, Sankt Augustin, Bd. 3 (1997), 183–217.

nis von der Herausgeberin der Vorlesung erstellt wurde. Heidegger selbst bezeichnete die einzelnen Teile den Titeln der Kapitel der „Phänomenologie" entsprechend, d. h. von „I. Die sinnliche Gewißheit oder das Dieses und das Meinen" bis zum Kapitel „B. Selbstbewußtsein. IV. Die Wahrheit der Gewißheit seiner selbst". (vgl. GA 32, 219) Um aber der Argumentation der Heideggerschen Interpretation leichter folgen zu können, wird in dieser Arbeit die Einteilung in Paragraphen der Herausgeberin übernommen.

Das erste Kapitel der „Phänomenologie" ist in zwei Paragraphen unterteilt, wobei der erste (§ 6) „Das Unmittelbare der sinnlichen Gewißheit" heißt. Dieser Argumentationsgang führt bis zum Ergebnis, das Allgemeine als das Wahre der „sinnlichen Gewißheit" anzunehmen. (PhG, 69, Z. 3 bis 71, Z. 33) Der folgende Paragraph (§ 7) behandelt „Die Vermitteltheit als das Wesen des Unmittelbaren und die dialektische Bewegung". (PhG, 71, Z. 34 bis 75, Z. 37)

Heidegger widmet sich zunächst in § 6 dem *ersten* Abschnitt des Kapitels,[24] in welchem er „das Wissen, welches zuerst und unmittelbar unser Gegenstand ist", herausstellt. (GA 32, 64–75) Diese Begriffe analysiert er im einzelnen. Für die Anfangsproblematik ist dabei besonders die „Unmittelbarkeit" relevant. Damit verknüpft sich in Heideggers Argumentation das „Wir", das er im Laufe der Vorlesung zumeist mit Anführungszeichen versieht. Aus dieser Gegenüberstellung von „Wir" und „Wissen" geht hervor, wie Heidegger Anfang und Weg der Bewußtseinsgeschichte bestimmt. Es stehen sich zwei Begriffe gegenüber. Auf der einen Seite ist das *Gewußte* („Wissen"), von dem es sich loszulösen gilt, auf der anderen Seite das *Wissen vom Gewußten* („Wir"). Das Gewußte soll in das Wissen von ihm übermittelt werden.

Die Vermittlung zwischen beiden Wissen beschreibt Heidegger folgendermaßen: " [...] dieses vermittelnde Wissen selbst nimmt nun das, was es weiß, wiederum nur als Mittel, mit Hilfe dessen es ursprünglicher Gewußtes als solches weiß. Das Vermitteln übermittelt sich wiederum in das Mittel, mit Hilfe dessen es sein Gewußtes weiß u.s.f." (GA 32, 66)

Wir sind in diesem Vermittlungsprozeß zwar die absolut Wissenden, jedoch ist das Absolute nicht als statisches bei uns, sondern es geht um die Art und Weise, *wie* das Absolute bei uns ist. Das Wie und das Was sind im

---

[24] Um einen Nachvollzug der Heideggerschen Argumente zu erleichtern, wurde das Kapitel „sinnliche Gewißheit" der „Phänomenologie" in Abschnitte unterteilt, wobei eine solche Unterteilung von Heidegger selbst nicht vorgenommen wurde.

1. Der Anfang der Phänomenologie des Geistes

Absoluten das gleiche.²⁵ Dieses „Wie" bezeichnet Heidegger mit dem Ausdruck „Absolvenz". „Wir sprechen vom *absolventen* – in der Ablösung begriffenen – unruhig absoluten Wissen. Und wir können dann sagen: Das Wesen des Absoluten ist die un-endliche Absolvenz, und darin Negativität und Positivität zugleich als absolute, un-endliche." (GA 32, 72) Diese Überlegung bezieht sich nicht nur auf das Kapitel über die „sinnliche Gewißheit", sie gilt es für die gesamte Betrachtung der „Phänomenologie" festzuhalten. In der Einleitung dieser Arbeit wurde ausgeführt, wie Heidegger den Prozeß der Absolvenz auf die gesamte Bewegung der „Phänomenologie" bezieht. In der Vorlesung gibt Heidegger Aufschluß über seine Gesamtsicht der „Phänomenologie", ihre Bewegung und ihre Bedeutung im Ganzen, so daß neben seinen Detailanalysen Reflexionen über Hegels Denken im allgemeinen und über seine eigene Art der Auslegung den Gang durch das Werk begleiten.

Das „Unmittelbare" bestimmt er „negativ", d. h. es ist das, was *noch nicht* vermittelt ist, und so müssen wir uns „herbeilassen zum nur unmittelbaren Wissen." (GA 32, 67) Auf dem gesamten Weg fällt dem „Wir" die Rolle des Vermittelns zu, und am Anfang müssen wir uns zunächst einmal unmittelbar verhalten (d. h. vortäuschen, als ob das möglich wäre.). Das obige Zitat über das Vermitteln wird nun einsichtig. (GA 32, 66) Das vermittelnde Wissen, das als „wir" bestimmt werden kann, nimmt das, was es weiß, also das Gewußte, als Mittel, mit dem es ursprünglicher Gewußtes, also das Wissen vom Gewußten, weiß.

Der erste Satz des Kapitels über die „sinnliche Gewißheit", den Heidegger eingangs zitiert hat, nennt das Wissen als unseren *Gegenstand*, und vor dem Hintergrund der vorangegangenen Überlegungen ergibt sich eine nähere Bestimmung des Gegenstandes. Er soll unmittelbar aufgenommen (nicht begriffen) werden, ohne ihn dabei zu verändern. Es wird aber nicht *tatsächlich* nach einem unmittelbaren Gegenstand gesucht, denn er ist bereits „festgelegt" (GA 32, 67) und *muß* Wissen des Unmittelbaren, das Hegel das Seiende nennt, sein.

Heidegger greift hier auf die „Einleitung" der „Phänomenologie" (aus welcher er später auch zitiert) zurück, wenn er von zwei Gegenständen, die in unserem Wissen sind, spricht. Es gibt den Gegenstand für uns und den Gegenstand für es, und Heidegger führt im folgenden diese beiden Seiten bzw. die drei Seiten des Gegenstandes aus.

---

25 Inwiefern Heidegger die Gleichheit von „Wie" und „Was" (GA 32, 71) wirklich anerkennt und für seine Interpretation verbindlich macht, bleibt schließlich fraglich.

Der Gegenstand, also das Wissen, ist Gegenstand *für uns*. Dann gibt es den Gegenstand *für es*. Dieses *für es* ist das jeweilige Wissen, das Gegenstand für uns ist. So ergibt sich, daß in den Gegenstand für uns der Gegenstand für es gehört. Da der Gegenstand für es nicht der wahre ist, sondern derjenige für uns, macht das Bewußtsein eine Erfahrung über sich selbst. Die Bewegung zum wahren Gegenstand bzw. zum absoluten Wissen beschreibt Heidegger. „Der Gegenstand für es muß sich durch uns zum Gegenstand für uns entwickeln." (GA 32, 68)

Den Gegenstand gibt es nun auf dreifache Weise.

„1. Der Gegenstand *an sich,* wie er für es, das Bewußtsein unmittelbar ist." (GA 32, 69)

Hier drückt sich aus, daß der Gegenstand bei sich, somit unmittelbar ist, d. h. er steht noch nicht dem Bewußtsein entgegen.

„2. das Für-es-sein des An-sich." (Ebd.)

Im zweiten Schritt ist der Gegenstand, der zuvor bei sich war, für es, also für das Bewußtsein.

„3. das Für-uns-sein des Für-es-Seienden als solchen." (Ebd.)

Wie oben bereits gesagt, gehört der Gegenstand für es in den Gegenstand für uns, so daß der Punkt drei das Für uns des Für es, in dem das An sich enthalten ist, thematisiert.

Mit diesen drei Bestimmungen spricht Heidegger die Bewegung der „Phänomenologie" an. Diese Bewegung ist eine *Rückkehr* zu etwas, das immer schon da war. Es ist das unmittelbare Wissen, das in das vermittelnde absolute Wissen zurückkehrt, so daß das Unmittelbare also nie unmittelbar, sondern immer schon vermittelt war. Auch die Forderung des ersten Satzes der „Phänomenologie", nichts zu verändern und lediglich aufzufassen, anstatt zu begreifen, sieht Heidegger als Indiz dafür, daß *wir* immer schon die absolut Wissenden sind und somit auch alles weitere „im Sinne des menschlich Relativen" (GA 32, 71) ausschließen können.

Diese Anfangsproblematik des vermittelten Unmittelbaren bespricht Heidegger in doppelter Hinsicht. Zunächst fragt er nach der *Notwendigkeit,* mit welcher das unmittelbare Wissen als erster Gegenstand auftritt. Er trifft hier auf eine zweifache Notwendigkeit. Denn im folgenden Kapitel über die „Wahrnehmung" heißt es, daß das Aufnehmen der Wahrnehmung „nicht mehr ein erscheinendes Aufnehmen, wie der sinnlichen Gewißheit, sondern ein notwendiges" (PhG, 79, Z. 11 f.) ist. Diesem Aufnehmen steht das unmittelbare Wissen, das „kein anderes sein" (PhG, 69, Z. 4) kann, also notwendig ist, gegenüber. Diesen (vermeintlichen) Widerspruch löst Heidegger dahingehend auf, daß er zwei Arten der Notwendigkeit unterscheidet, die sich beide aus dem Absoluten selbst ergeben. Es gibt demnach die Notwendigkeit des Auftretens und diejenige des Aufnehmens. Beide „entspringen in gleicher Weise aus dem Vermitteln, das, das Unmittelbare *vermittelnd*, etwas anderes notwendig auftreten läßt, das aber als das *Unmittelbare* Vermittelndes ebenso notwendig etwas Unmittelbares aufgenommen haben muß." (GA 32, 74)

So kommt Heidegger in einem zweiten Schritt zu der Frage nach der *Möglichkeit* eines unmittelbaren Anfangs und sagt daraufhin, daß der Anfang mit dem Unmittelbaren gar kein unmittelbarer Anfang sei, denn keiner Philosophie sei es möglich, unmittelbar anzufangen. In seinen Überlegungen zur „Einleitung" der „Phänomenologie" aus dem Jahre 1941 faßt Heidegger prägnant zusammen: „Die Wahrheit der sinnlichen Gewißheit als des unmittelbaren Wissens ist *Vermittlung*." (GA 68, 138) Durch diese Vermittlung bzw. Bewegung entsteht der neue wahre Gegenstand. Hierbei rekurriert Heidegger auf den vierzehnten Abschnitt der „Einleitung", in dem die Erfahrung beschrieben wird, die das Bewußtsein über den ersten Gegenstand macht, um sich dann dem neuen zuzuwenden. „»Die sinnliche Gewißheit« »ist« »nur diese Geschichte ihrer Erfahrung«." (Ebd.)

Heidegger hat somit die Schwierigkeit des Anfangs benannt. Dabei sieht er den Grund für die Unmöglichkeit eines unmittelbaren Anfangs darin, daß „es so etwas wie reine unmittelbare Deskription in der Philosophie überhaupt nicht gibt." (GA 32, 74) Der zweite Satz des ersten Abschnittes der „Phänomenologie" verlangt von uns, daß wir uns unmittelbar zu verhalten haben, ohne etwas an dem Gegenstand zu verändern. Auch an dieser Stelle konfrontiert Heidegger direkt sein eigenes Denken mit dem Hegelschen Text. Für ihn ist es zwar möglich, eine „*Sache selbst* zu fassen". (Ebd.) Dabei hat es aber keinen Sinn, sie unmittelbar zu beschreiben. Für Heidegger ist die Sache auch nicht dadurch da, daß sie gewußt wird, und so kann er bezüglich ihres Auffassens sagen: „Solches Sehen ist unmittelbar darin, daß der Horizont, in dem es sieht, nicht gewußt, *aber gerade da ist*." (GA 32, 75) Bei Hegel ist das Sehen aber ein anderes als bei Heidegger. „Es ist das Zusehen mit dem Auge des absoluten Wissens." (Ebd.)

Mit diesen Prämissen ist jetzt der erste Abschnitt der „Phänomenologie" neu zu lesen, den Heidegger so ausführlich interpretiert hat, „weil es sonst unmöglich ist, sich auch nur in dem ersten knappen Teil über das unmittelbare Wissen, die sinnliche Gewißheit zurechtzufinden." (GA 32, 74)

In einem weiteren Schritt seiner Auslegung zeichnet Heidegger den *zweiten* Abschnitt des Kapitels nach. Hier geht es um die nähere Bestimmung dessen, was die „sinnliche Gewißheit" ist. Sie ist nicht in Verbindung mit den Sinnesorganen zu sehen.[26] „Das Unerhörte der Hegelschen Interpretation der Sinnlichkeit besteht darin, daß er sie – das liegt im ganzen Ansatz des Problems – *ganz aus dem Geiste und im Geiste versteht*." (GA 32, 76) Nun fragt Heidegger nach ihrem Inhalt, der sie als die *„reichste Erkenntnis"* (PhG, 69, Z. 11) erscheinen läßt, wobei der Reichtum in Raum und Zeit ausgebreitet ist. Wenn Hegel vom „Mannigfaltigen" sagt, daß es in der „sinnlichen Gewißheit" nicht gegeben ist (PhG, 69, Z. 27; 33; 34; 35), spricht Heidegger von der „Möglichkeit der Erweiterung und der Verengung; aber gleichwohl immer so, daß, wohin sie blickt, sie je *dieses hier* und *dieses jetzt* vor sich hat." (GA 32, 77) Dabei findet das Bewußtsein *dieses* vor, ohne etwas zu verändern.

Heidegger verweist schon hier auf den Aspekt der Sprache, indem er hervorhebt, daß die „sinnliche Gewißheit" sich *aussagt*, somit also ein Satz ist. „Das Ausgesagte ist die Wahrheit und umgekehrt." (GA 32, 78) Die „sinnliche Gewißheit" enthält „allein das *Sein* der Sache". (PhG, 69, Z. 22) Das Sein deutet Heidegger im Sinne der Vorhandenheit. (Vgl. GA 32, 59; dort heißt es: „Was Hegel das Seiende und das Sein nennt, bezeichnen wir mit den Worten: das ›Vorhandene‹ und seine ›Vorhandenheit‹.") Ebenso bemerkt Heidegger die ausschließenden Termini „allein" und „nur" („nur als reines *Ich*", „nur als reiner *Dieser*", PhG, 69, Z. 23 f.), die auf die Unbewegtheit der Gedanken in der „sinnlichen Gewißheit" hinweisen, so daß Heidegger sagen kann, daß dieses Wissen „noch keine Geschichte" (GA 32, 79) hat. „Unsere Art, in der wir bisher zusahen, war ein *absehendes Zusehen*." (GA 32, 80) Im Gegensatz dazu, daß sich die „sinnliche Gewißheit" selbst als reichste Erkenntnis sah, sehen „wir" sie als die abstrakteste und ärmste Wahrheit an. Von den beiden unterschiedlichen Weisen der „sinnlichen Gewißheit" schreibt Heidegger also die eine *ihr selbst* zu, wobei *wir* dann aber schon wissen, daß sie nicht die reichste, sondern die ärmste Erkenntnis ist. Die Zweiteilung ist also folgende: Dem Inhalt nach ist die „sinnliche Gewißheit" die reichste Erkenntnis (Vgl. GA 32, 77 oben), aber *wir* wissen, daß sie die ärmste, ab-

---

[26] Hier urteilt Heidegger richtig im Gegensatz zu anderen Äußerungen zur „sinnlichen Gewißheit", die diese Gestalt auf empirische, sinnliche Gegebenheiten festlegen wollen. Als Beispiel dafür, daß in der Forschungsliteratur von der sinnhaften Vergewisserung der Gegenstände in der „sinnlichen Gewißheit" gesprochen wurde, wird hier Werner Becker genannt. So verkennt Hegel, nach Becker, die Unverträglichkeit von sinnlicher Gewißheit und Sprache. (Vgl. 19–29). Werner Becker, *Hegels Begriff der Dialektik und das Prinzip des Idealismus*, Stuttgart 1969.

strakteste ist, was sie selbst gar nicht wissen kann. Hegel sagt an dieser Stelle jedoch: „Diese *Gewißheit* aber gibt in der Tat sich selbst für die abstrakteste und ärmste Wahrheit aus." (PhG, 69, Z. 19 f.) Heidegger überträgt diesen Gedanken also direkt auf die Tat des „Wir". Die (auch in anderen Werken) häufig von Hegel verwendete Formulierung „in der Tat" setzt Heidegger in Anführungszeichen (GA 32, 80; 86; 182), ohne aber weitere Erklärungen folgen zu lassen, ob die Tat etwa die *Bewegung* des absoluten Wissens selbst oder diejenige der zu prüfenden Gestalt ist.

Dann verfolgt Heidegger im *dritten* Abschnitt, wie das Unmittelbare der „sinnlichen Gewißheit" weiterzudenken ist, denn es spielt bei ihr, *wenn wir zusehen*, noch vieles beiher. Er interpretiert Hegels These, daß vieles beiherspielt, wenn die „sinnliche Gewißheit" wirklich zum Gegenstand gemacht wird, indem er selbst anhand konkreter Beispiele die „sinnliche Gewißheit" für seine Hörerschaft veranschaulicht. Dabei füllt sich das „Diese" jeweils mit einem anderen Inhalt, wenn die Blickrichtung verändert wird. So ist es ein Unterschied, ob „dieses" *angeschaut* oder *gesagt* wird. „Wenn wir überhaupt Dieses meinen, dann gerade so, daß das Dieses unser Meinen *von sich wegschickt*, und zwar nicht überhaupt, sondern in die bestimmte Richtung auf *ein Diesiges*." (GA 32, 82) Dieses Diesige sind dann die sinnlichen Gegenstände. Heidegger bildet hier ein neues Wort, das bei Hegel so nicht zu lesen ist (und das eigentlich einen regnerischen, dunstigen Zustand beschreibt), um zu zeigen, daß das Diese, das „in sich diesig ist" (Ebd.), nicht der unmittelbare Gegenstand ist. Somit ist die „sinnliche Gewißheit" auch nicht die reine Unmittelbarkeit, sondern ein Beispiel.[27] Heidegger spricht hier schon vom Meinen, das „in sich beispielend" (GA 32, 83) ist, wohingegen der konkrete Gegenstand kein Beispielen ist. So greift Heidegger der Hegelschen Argumentation vor, denn das Meinen führt Hegel erst später an (PhG, 71, Z. 40), um auszudrücken, daß wir in der „sinnlichen Gewißheit" etwas anderes sagen als wir meinen.

Es zeigt sich, daß das Ich und der Gegenstand in der „sinnlichen Gewißheit" unterschieden sind und beim Zusehen aus dem reinen Sein herausfallen. Wenn wir dann über den Unterschied auch noch reflektieren, wird deutlich, daß das eine nur durch das andere ist und umgekehrt. Als Vermittelte sind beide Seiten im Unmittelbaren. Und so muß weiter gefragt werden, ob dieses Ergebnis nicht einer Unmittelbarkeit als Wahrheit der „sinnlichen Gewißheit" widerspricht. Durch die Un-

---

[27] Einige Seiten später parallelisiert Heidegger das Diesige mit dem Einseitigen, Relativen, Abstrakten. (Vgl. GA 32, 90).

terscheidung von „Dieses" und „Ich meine" tritt der Unterschied von Wesen und Beispiel hervor. (GA 32, 84) Die Gegenüberstellung von „Dieses" und „Ich meine" findet sich so bei Hegel nicht. Es werden vielmehr Dieser als Ich und Dieser als Gegenstand einander gegenübergestellt, über deren Unterschied dann reflektiert wird.

Die Unterscheidung von Wesen und Beispiel entwickelt Heidegger bei der Betrachtung des *vierten* Abschnitts, wobei dieser Unterschied nicht nur von uns, sondern von der „sinnlichen Gewißheit" selbst gemacht wird. Heidegger deutet Hegels Bemühungen um die Unmittelbarkeit bzw. um die Wahrheit der „sinnlichen Gewißheit" dahingehend, daß wir den Unterschied von Vermittlung und Unmittelbarkeit *immer schon* gemacht haben. Nur weil wir ihn schon gemacht haben, können wir ihn erkennen. „Hier ist schon ganz klar geworden, wie wir absolvent – ausdrücklich, wenngleich nicht in voller Bestimmtheit – einen Schritt über das Phänomen im Hegelschen Sinne hinausgehen und es gleichsam zuvor ins Licht stellen, um dann allererst im Licht auf das Phänomen zu- und zurückzugehen." (GA 32, 85) Wie Heidegger die Absolvenz als Loslösungsprozeß sieht, wurde in der „Einleitung" dieser Arbeit dargestellt. Das Absolute – hier bezeichnet es Heidegger als Licht – ist demnach immer schon da, und an dieser Stelle der „Phänomenologie" greifen wir auf es vor (indem wir den Unterschied von Wesen und Beispiel schon gemacht haben), um auf es zuzugehen, so daß sich der Vorgriff bewähren kann.

„Jetzt beginnt das eigentliche Geschehen der Phänomenologie." (GA 32, 86) Mit diesen Worten eröffnet Heidegger die Auslegung des *fünften* Abschnitts. Um eine Erfahrung mit der „sinnlichen Gewißheit" zu machen, muß sie so genommen werden, wie sie ist. Dazu ist es nötig, „mit dem Wissen mitzugehen und das aufzunehmen, worauf es sich wissend bezieht und wie es das tut." (GA 32, 86) Hier formuliert Heidegger die Aufforderung zum Mitgehen mit der „sinnlichen Gewißheit", die die Gestalt von sich aus verlangt und der er in seiner Interpretation der gesamten „Phänomenologie" auch Folge leisten will. Nun ist also zu fragen, ob der Gegenstand so ist, wie er von der „sinnlichen Gewißheit" ausgegeben wird. Heidegger erkennt die Zäsur in Hegels Argumentation und läßt schon mit dem fünften Abschnitt das „Geschehen" beginnen.

Es ist aber der *sechste* Abschnitt, der mit der Frage „*Was ist das Diese?*" (PhG, 71, Z. 3) beginnt. Mit dieser Frage leitet Hegel einen neuen Gedankengang ein, der die Prüfung der „sinnlichen Gewißheit" darstellt,

1. Der Anfang der Phänomenologie des Geistes

und so ist eher an dieser Stelle die Zäsur zu dem vorangehenden *Metatext* zu setzen, der, wie auch Heidegger hervorhob, die ganze Bewußtseinsgeschichte schon überschaute. So gliedern sich alle Gestalten der „Phänomenologie" in die zwei Textsorten von Metatext und Beispiel. In der „sinnlichen Gewißheit" ist das „Diese" ein *Beispiel* für die Prüfung des Bewußtseins. In dieser Prüfung erkennt das Bewußtsein, daß eine unmittelbare Gegenstandserkenntnis nicht möglich ist und das Diese schon ein allgemeines Dieses ist.[28]

Heidegger interpretiert die Abschnitte *sechs* bis *neun* in einem zusammenhängenden Argumentationsgang. Das Diese zeigte sich als Gegenstand der „sinnlichen Gewißheit", wobei es in seiner zweifachen Form als „Hier" und „Jetzt" genommen wird. Um die Wahrheit des Jetzt zu prüfen, wird ein Satz aufgeschrieben, der am Mittag des nächsten Tages falsch, Hegel sagt „schal" (PhG, 71, Z. 14), geworden ist. Das Jetzt ist also ein „nicht Seiendes", womit seine Unmittelbarkeit aufgehoben ist und es nun als vermitteltes bestimmt ist. Es ist durch die Negation bestimmt und es kann jenes und dieses sein. So kommt Hegel dazu, das Jetzt als *Allgemeines* zu bezeichnen. (PhG, 71, Z. 32) Heidegger folgt diesem Gedankengang auch in bezug auf das Hier, das sich ebenfalls als Allgemeines zu erkennen gibt. Auch hier bezeichnet er dasjenige, was sich bei einer veränderten Blickrichtung ändert, als das „Hiesige" (GA 32, 89), wobei das Hier bestehen bleibt.

Heidegger beschließt seine Ausführungen zur Unmittelbarkeit der „sinnlichen Gewißheit" mit Überlegungen zur Sprache. Seine eigene Wortschöpfung der „Diesigkeit", also ein substantiviertes Adjektiv für die Bezeichnung des konkret Sinnlichen[29], sowie die „Diesheit" als zusammengesetztes Allgemeines eröffnen eine neue Sicht auf das Diese. (GA 32, 91) „Die Sprache ist göttlich, weil sie absolvent ist, uns von der Einseitigkeit ablöst und uns das Allgemeine, das Wahre sagen läßt. So ist für den Menschen, zu dessen Ex-sistenz die Sprache gehört, das, was er im Diesigen meint, nur durch die Diesigkeit, *das Dieses hindurch* zu-

---

[28] Zur Unterscheidung der beiden Textsorten von Metatext und Beispiel vgl. Otto Pöggeler, *Hegels Idee einer Phänomenologie des Geistes*, Freiburg/München ²1993, 416 f.

[29] Schon in der Vorlesung vom Wintersemester 1921/22 spricht Heidegger von der „Diesigkeit". Hier deutet er sie im Zusammenhang mit dem Leben, das in seiner ursprünglichen Weise zunächst diesig und unverständlich ist und eine eigentliche, klare Sicht erst ausbilden muß. „Die Diesigkeit ist eine vom Leben selbst verschuldete; seine Faktizität ist es gerade, in dieser Schuld sich zu halten, immer neu in sie zu fallen. Das ist keine Metaphysik, aber auch kein Bild!" (GA 61, 88)

gänglich. Schärfer: Wir *meinen* nur ein *Diesiges, weil wir ein Dieses haben.*" (GA 32, 91)

Es tritt der Unterschied von Sagen und Meinen hervor. „Die Sprache sagt das Gegenteil von dem, was wir meinen. Wir meinen das Einzelne, sie sagt das Allgemeine." (GA 32, 90) So ist die Sprache das Vermittelnde, das ins Wahre verkehrt, indem es vom Unwahren abkehrt. Heidegger bestimmt sie hier als etwas Göttliches, d. h. Absolutes. (vgl. PhG, 78, Z. 17 f.) Dieses sind nahezu die einzigen Bemerkungen zum Wesen der *Sprache* in der Vorlesung, und Heidegger nennt lediglich weitere Stellen in der „Phänomenologie", wo von der Sprache die Rede ist. (PhG, 335, Z. 4 ff.; 428, Z. 20 ff.; 464, Z. 13 ff.)[30]

Er interpretiert diese Äußerungen Hegels und das Problem der Sprache also nicht weiter, sondern führt statt dessen seine eigenen Thesen aus, indem er „flüchtig" das Problem des Seins „dazwischenschiebt". (GA 32, 92) Denn Heidegger zufolge könnten wir gar nicht ein Dieses meinen, wenn es nicht *von vornherein* verstanden wäre, „wenn das Sein nicht schon das Wahre, d. h. Offenbare wäre." (GA 32, 91) Heidegger beendet daraufhin seine Ausführungen zur Unmittelbarkeit mit Kennzeichnungen des Hegelschen Seinsbegriffs, die für die Erschließung der „sinnlichen Gewißheit" argumentativ nicht notwendig sind und in einem nachfolgenden Kapitel (IV, 1) eigenständig erörtert werden.

Es folgt dem Paragraphen über das Unmittelbare der § 7 über „Die Vermitteltheit als das Wesen der Unmittelbarkeit und die dialektische Bewegung". Heideggers Interpretation dieses Teiles setzt mit dem *zehnten* Abschnitt des Hegelschen Textes ein. Nun ist das Allgemeine als Wahrheit der „sinnlichen Gewißheit" erwiesen worden. Das reine Sein ist ein vermitteltes.

Im *elften* Abschnitt wird das Verhältnis von Wissen und Gegenstand beschrieben, das sich damit umgekehrt hat. Zuvor war der Gegenstand das Wesentliche und das Wissen das Unwesentliche. Jetzt ist das Wissen um

---

[30] Heidegger beachtet nicht den unterschiedlichen Gebrauch der Sprache in den Parallelstellen, ebenso nennt er nicht alle Stellen, wo die Sprache thematisiert wird. Eine eingehende Auseinandersetzung Heideggers mit Hegels Denken der Sprache ist nicht erfolgt, so daß Heideggers Äußerungen diesbezüglich nur andeutend und vage sind. Von der Verfasserin liegt eine Rezension zu zwei Arbeiten vor, die sich mit dem Problem der Sprache in der „sinnlichen Gewißheit" befassen, wobei beide Arbeiten (von Matthias Kettner und von Jens Brockmeier) Hegel vorwerfen, er habe die Sprache als Sprache nicht vollständig erfaßt. Annette Sell, *Das Problem der sinnlichen Gewißheit. Neuere Arbeiten zum Anfang der Phänomenologie des Geistes*, in: Hegel-Studien 30 (1995), 197–206.

den Gegenstand als meinem Gegenstand das Wesentliche und der Gegenstand als zurückgedrängter das Unwesentliche. Heidegger sagt, daß der Gegenstand in ein „ich weiß" vertrieben worden sei. Die „sinnliche Gewißheit" konnte sich von dem Gegenstand lösen, weil ihre Wahrheit „nur vermeintlicherweise dort gefunden und genommen wurde." (GA 32, 94)

Der *zwölfte* Abschnitt fragt, wie die „sinnliche Gewißheit" jetzt zu denken ist, da ihre Wahrheit nun im Ich ist, das unmittelbar sieht und hört. Heidegger erhellt diesen Abschnitt, indem er noch einmal das Meinen anführt. Das Ich *meint* sich sehend und hörend. „Im Meinen liegt die Unmittelbarkeit der sinnlichen Gewißheit, die wir das unmittelbare Wissen nennen. [...] Jedes Ich *meint das Seine*, und dieses Gemeinte ist sein Dieses." (GA 32, 96) So rechtfertigt sich das Ergebnis des *dreizehnten* Abschnitts, daß auch das Ich ein Allgemeines, damit also nicht ein Unmittelbares ist.

Der *vierzehnte* Abschnitt faßt die Überlegungen zusammen. Da weder das Diese noch das Ich in der Unmittelbarkeit sind, gilt es, das Ganze der „sinnlichen Gewißheit", die noch an der Unmittelbarkeit festhält, als das Wesen zu setzen. (GA 32, 98)

Der Abschnitt *fünfzehn* erfüllt diese Unmittelbarkeit, die sich um die Veränderung des Jetzt oder Hier nicht kümmert. Die „sinnliche Gewißheit" in der Unmittelbarkeit ist ein *„Bleiben bei dem, was ich meine."* (GA 32, 99) Schließlich lassen wir uns das Jetzt zeigen, indem wir zur „sinnlichen Gewißheit" hinzutreten, da sie es von sich aus nicht will. Dieser Gedanke beginnt mit Abschnitt *sechzehn*. Das Unmittelbare soll also auf diese Weise gefaßt werden. Heidegger bezeichnet den Versuch als „letzten Anlauf dazu, das Unmittelbare unmittelbar zu fassen." (GA 32, 100)

Indem das Jetzt gezeigt wird, hört es aber schon auf zu sein, und es sollte eben das Sein erfaßt werden, so heißt es im *siebzehnten* Abschnitt.

Daß das Aufzeigen eine Bewegung und das aufgezeigte Jetzt ebenfalls ein Allgemeines ist, wird im *achtzehnten* Abschnitt dargestellt. Heidegger sieht die gesamte Bewegung als Geschichte (vgl. PhG, 76, Z. 21); „in dieser Geschichte entwickelt sich die sinnliche Gewißheit selbst dazu, daß sie das Wahre (an ihr) nimmt; sie wird zur Wahrnehmung." (GA 32, 101) Mit diesem Abschnitt bzw. Ergebnis endet Heideggers akribische Textanalyse, ohne auf Hegels letzten Ausführungen des Kapitels und dessen Anspielungen (im *zwanzigsten* und *einundzwanzigsten* Abschnitt) einzugehen.[31]

---

[31] Hier schreibt Hegel von den Eleusischen Mysterien und von den zulangenden Tieren, die von der Nichtigkeit der „sinnlichen Gewißheit" wissen. Ebenso übergeht Heidegger Hegels implizite Kritik an Wilhelm Traugott Krug.

Wie der § 6, so endet auch der § 7 mit übergreifenden Ausführungen, die sich nicht ausschließlich auf die Gestalt der „sinnlichen Gewißheit" beziehen und das Hegelsche Denken im Ganzen ansprechen, dabei auf das Problem der Unendlichkeit hinweisen, das in der Bewußtseinsgeschichte der „Phänomenologie" selbst (und auch in der vorliegenden Arbeit) erst mit der Gestalt „Kraft und Verstand" thematisch wird. Zur „sinnlichen Gewißheit" sagt Heidegger hier zusammenfassend, daß die Anstrengung der absolut Wissenden, nicht aus der Unmittelbarkeit herauszufallen, schon immer zum Scheitern verurteilt war, da die Unmittelbarkeit nicht bestehen bleiben kann, wenn man nach ihr *fragt*. Die Unmittelbarkeit ist also eine „rekonstruktive Konstruktion" (GA 32, 103 f.; vgl. auch 163) Hegels, die „man kurz ›Dialektik‹ nennt" (GA 32, 104), denn innerhalb der Konstruktion einer Unmittelbarkeit gilt es, sich von ihr zugunsten einer Rekonstruktion abzuwenden, die das Zerbrochene wieder zu vereinen sucht.

In seiner Schrift über „Identität und Differenz" aus dem Jahre 1957 stellt Heidegger in ähnlicher Weise den Anfang der „Wissenschaft der Logik" dar.

Hier spricht er vom „Rückprall aus der Vollendung der dialektischen Bewegung des sich denkenden Denkens." (IuD, 43) Die absolute Idee ist demnach immer schon in ihrer ganzen Fülle da. „Der Rückprall aus dieser Fülle ergibt die Leere des Seins." (Ebd.) Heidegger stützt sich auf Hegels Text von 1832 „Womit muß der Anfang der Wissenschaft gemacht werden?", wo im Hinblick auf den Anfang vom Resultat gesprochen wird. (WdL I, 56, Z. 14; 60, Z. 24; 61, Z. 12) Das Ergebnis dieser Überlegung ist, daß Hegels Denken eine „in sich kreisende Bewegung von der Fülle in die äußerste Entäußerung und von dieser in die sich vollendende Fülle" ist. (IuD, 43 f.) Heideggers Schwierigkeiten mit dem Anfang der „Wissenschaft der Logik" werden weiter unten erörtert, denn an dieser Stelle in „Identität und Differenz" vollzieht Heidegger den Anfang der „Wissenschaft der Logik" nicht eigens nach; er spricht nur *über* ihn anhand des Textes „Womit muß der Anfang ...?".

Wenn Heidegger in seiner Vorlesung von 1930/31 die Hörerschaft dazu aufruft, sich weiter auf die *Bewegung* der „Phänomenologie" einzulassen, anstatt der Interpretation der *Konstruktion* zu folgen, gibt er implizit die zwei Ebenen der Bewußtseinsgeschichte an. (GA 32, 103) Die *Bewegung* kann als die *Prüfung* des Bewußtseins angesehen werden, und das, was Heidegger als *Konstruktion* bezeichnet, was also *vor* der Unmittelbarkeit ist, als *Metatext*.

1. Der Anfang der Phänomenologie des Geistes

Nun ist Heideggers Auslegung und seine Strukturierung des Kapitels über die „sinnliche Gewißheit" ausgearbeitet. Dabei zeigte sich, daß Heidegger den einzelnen Abschnitten von Hegels Anfangskapitel chronologisch folgt. Im Hinblick auf die *Art und Weise* der Auslegung der folgenden Kapitel ist hervorzuheben, daß Heidegger sich der „sinnlichen Gewißheit" *en détail* zuwendet und die einzelnen Abschnitte in ihrer logischen Argumentation nachvollzieht und durchdringt.

Ebenso stellt sich in diesen Überlegungen zur „sinnlichen Gewißheit" immer wieder Heideggers Lesart des Hegelschen Werkes dar, die sich, wie deutlich geworden ist, von *hinten nach vorne* bewegt, d. h. Heidegger geht von einem Absoluten aus, von dem sich losgelöst werden muß, um wieder zu ihm zurückzukommen. Im weiteren Verlauf der vorliegenden Arbeit wird sich diese Auffassung der „Phänomenologie" noch häufig finden.

Heidegger zeigt durch seine textnahe Auslegung, welche Bedeutung der „sinnlichen Gewißheit" und somit dem Anfang für die „Phänomenologie" zukommt. Seinem Anspruch im einleitenden Abschnitt des ersten Kapitels seiner Vorlesung gemäß soll jede Gestalt durch eine je *„eigne Weise der auslegenden Durchleuchtung"* (GA 32, 63) erfaßt werden. So erfordert die „sinnliche Gewißheit" nach Heidegger den logischen, kleinschrittigen Nachvollzug. Will man Hegels Kritik der „sinnlichen Gewißheit" erfassen, so ist es sicherlich unumgänglich, sich den einzelnen Argumenten zuzuwenden. Indem Heidegger diese Argumente mit seiner eigenen Terminologie und seiner lebendigen Veranschaulichung herausgearbeitet hat, hat er durch die Interpretation nicht nur Hegels Kapitel nacherzählt, sondern auch Klarheit und neue Einblicke in die erste Gestalt der „Phänomenologie" gewährt (so z. B. mit der Unterscheidung von „dieses" und „diesig"). Welche Art der Auslegung die weiteren Gestalten nach Heidegger aus sich heraus verlangen, wird sich im folgenden noch herausstellen.

Oben wurde bereits über die Notwendigkeit des ersten Gegenstandes in Verbindung mit der Vermittlung gesprochen. Diesen Gedanken gilt es nun anhand des Vortrages über die „Einleitung" der „Phänomenologie" aus dem Jahre 1942 zu erweitern. Heidegger gibt dort eine Begründung dafür, daß Hegel dieses Werk mit der Gestalt der „sinnlichen Gewißheit" beginnt. (GA 68, 122) In diesem Zusammenhang stellt Heidegger den Hegelschen Begriff der Erfahrung dar, die er im Anschluß an Kant als transzendentale Erfahrung deutet. Hier geht es um die Gegenständlichkeit des Gegenstandes bzw. um die Erfahrung, die das Bewußtsein macht, wenn es sich von einem Gegenstand zum anderen umgekehrt hat. Heidegger bezieht sich hier auf den vierzehnten Abschnitt der „Einleitung".[32] Dabei entspringt die Gegenständlichkeit des Gegenstandes dem Bewußtsein, und da die Erfahrung *im* Bewußtsein gemacht wird, ist das Bewußtsein die Erfahrung selbst. „Die transzendentale Umkehrung des Bewußtseins macht als unbedingte und systematische im voraus den Blick fest im Unbedingten aller Bedingnis und deren Reihenfolge." (GA 68, 121) Wenn das Unbedingte aber erscheinen soll, muß der Anfang der Bewegung in der „Phänomenologie" von dem Bedingtesten ausgehen, denn dieses ist vom Unbedingten am weitesten entfernt. „Die Gegenständlichkeit kann aber, da sie als Bedingung am meisten vom Unbedingten entfernt ist, nur die leerste und ärmste sein." (Ebd.) Aber auch dieses Bedingte gehört zum Absoluten. Das Bewußtsein muß sich also von sich entfernen, d. h. es kann nur in seiner leersten Form sein, wobei es aber immer noch zum Absoluten gehört. Es muß aber leer sein, um sich umwenden und in der Erfahrung zu sich selbst zurückkommen zu können. „*Deshalb* beginnt die »Phänomenologie des Geistes« mit der Darstellung der ärmsten und unwahrsten Gestalt des Bewußtseins, mit der »sinnlichen Gewißheit«, und endet mit der Gestalt des absoluten Sichselbstwissens des Geistes, d. h. der absoluten Metaphysik. Die »Phänomenologie des Geistes« beginnt mit der »sinnlichen Gewißheit« keineswegs etwa zufolge einer pädagogischen Rücksicht auf den Menschen, um so mit einer Gestalt des Bewußtseins den Gang einzuleiten, die dem Menschen am ehesten verständlich ist." (GA 68, 122) Ganz im Gegenteil ist für Heidegger die Gestalt der „sinnlichen Gewißheit" am schwersten zu fassen, da sich hier das Absolute in seiner ärmsten und unwahrsten Form darstellt.

Heidegger äußert sich 1938/39 über den Anfang in der „Wissenschaft der Logik": „Hegel fängt mit dem Anfang an, sofern für ihn *Werden* eben Anfangen ist." (GA 68, 12)[33] Nicht mit dem Sein beginnt Hegel; „dieses ist *Ausgang*! – Das Werden »ist«, indem es »wird«." (Ebd.) Schon in dem Briefwechsel mit Jaspers betonte Heidegger seine Schwierigkeit, den Anfang der „Wissenschaft der Logik" zu denken. Dort zeigt er sich am 10. 12. 1925 zunächst ratlos gegenüber Hegels Unterscheidung von Sein und Nichts. Nachdem Jaspers ihm daraufhin in

---

[32] Vgl. zu dieser Problematik auch Dietmar Köhler, *Hegel als Transzendentalphilosoph? Zu Heideggers Phänomenologie-Deutung von 1942*, in: Hegel-Studien 32 (1997), 123–136.

[33] Zum Verhältnis des Anfangs in der „Phänomenologie" und in der „Wissenschaft der Logik" vgl. GA 28, 225 ff.

1. Der Anfang der Phänomenologie des Geistes

einem Brief (der jedoch nicht mehr erhalten ist) antwortet, verändert sich sein Urteil im Hinblick auf den Anfang, den er jetzt vom Werden her versteht, in dem Sein und Nichts schon aufgehoben sind, wobei aber Sein und Nichts nicht das Werden hervorbringen, sondern das Werden das erste Gedachte ist, „so daß Hegel, um im wirklichen Denken zu beginnen, mit dem Werden anfängt – das sich in sich selbst expliziert, und so kommt dann Sein zugleich als Bedingung der Möglichkeit des Anfangs des dialektischen Denkens an den Anfang und muß zugleich Anfang sein, weil es die leerste Bestimmung des »Endes« im Sinne des Absoluten ist." (Jasp., 58 f.) Heidegger übersieht den Hegelschen Anspruch eines reinen absoluten Anfangs und geht leichtfertig zum Werden über, aus dem er bereits beide Begriffe denkt, ohne dabei die schwer zu fassende Bewegung von Sein und Nichts zum Werden genau zu verfolgen.[34] In seiner Antrittsvorlesung von 1929 „Was ist Metaphysik?" überträgt Heidegger das Verhältnis von Sein und Nichts am Anfang der „Logik", das „zu Recht" besteht, auf sein Denken dieses Verhältnisses. „Sein und Nichts gehören zusammen, aber nicht weil sie beide – vom Hegelschen Begriff des Denkens aus gesehen – in ihrer Unbestimmtheit und Unmittelbarkeit übereinkommen, sondern weil das Sein selbst im Wesen endlich ist und sich nur in der Transzendenz des in das Nichts hinausgehaltenen Daseins offenbart." (WiM, 120)

Etwa zehn Jahre später äußert sich Heidegger wiederum zum Anfang der „Phänomenologie", indem er den Anfang des Werkes nicht mit dem wirklichen Beginn, also der „sinnlichen Gewißheit", zusammendenkt, sondern die Gestalt des „Selbstbewußtseins" an den Anfang der „Phänomenologie" setzt. (GA 49, 176) So tritt hier der Begriff des Anfangs nicht nur im Sinne der Eröffnung bzw. eines Ausgangspunktes der Darstellung hervor, sondern Heidegger meint, daß die „Phänomenologie" *systematisch* eher mit dem Selbstbewußtsein beginnt als mit der Gestalt der „sinnlichen Gewißheit", denn das Selbstbewußtsein ist an das Unendli-

---

[34] Der Anfang in Hegels „Wissenschaft der Logik" ist in der Forschungsliteratur häufig und konträr gedeutet worden. Um ein genaues Bild dieses Anfangs zu erhalten, ist es auch unumgänglich, die Anfänge der „Logik" von 1812 und von 1832 miteinander zu vergleichen. Stellvertretend für die zahlreichen Ansätze zur Interpretation des Anfangs der „Logik" wird hier die Arbeit von Klaus Düsing genannt. Düsing sagt, „daß auch der Anfang der Logik schon eine Leistung der Subjektivität ist". (315) In dieser Arbeit findet sich ebenfalls eine Auseinandersetzung mit weiterer Literatur zu diesem Thema. Klaus Düsing, *Das Problem der Subjektivität in Hegels Logik. Systematische und entwicklungsgeschichtliche Untersuchungen zum Prinzip des Idealismus und zur Dialektik*, Hegel-Studien Beiheft 15, 3. um ein Nachwort erweiterte Auflage, Bonn 1995.

che gebunden, und die „Phänomenologie" bewegt sich schon in diesem Unendlichen, in das man von Anfang an hineingesprungen sein muß. Das Argument, daß sich die „Phänomenologie" immer schon im Absoluten bewegt und somit absolut anfängt, wird hier durch den Begriff der Zeit bestätigt. Das Werk ist immer schon im Absoluten und im Unendlichen. Wie diese beiden Begriffe von Heidegger zusammengedacht werden, wird sich im folgenden noch herausstellen, wenn der Übergang von der Endlichkeit zur Unendlichkeit im „Kraft und Verstand"-Kapitel vollzogen wird. Für Heideggers Beurteilung des Anfangs gilt an dieser Stelle festzuhalten: „Hegel fängt an »mit« dem »absoluten Wissen« (*auch in der „Phänomenologie des Geistes"*). Was heißt hier Anfang (des Denkens)? Nicht Beginn – Ausgang hier Fortgang –, sondern *woran* sich das Denken hält, *worin es im voraus sich aufgehoben hat.*" (GA 68, 56 f.)

Wenn Heidegger über die dialektische Bewegung spricht bzw. sie im einzelnen nachvollzieht und entwickelt, charakterisiert er sie häufig als „Hin und Her" (GA 32, 101 ff.; auch 133)[35] Dieses Bild findet seine Entsprechung auch im Bild des Loslösungsprozesses. So vermittelt es eine Bewegung auf einem oszillierenden Weg, der aber sein Ziel erreichen wird. Denn am Ende dieses Hin und Hers bzw. des Loslösungsprozesses steht die „Absolution". (GA 32, 107: „Das Absolute wird als Absolvenz *Absolution.*") Demnach ist es für Heidegger möglich, zu einem Endpunkt, eben der Loslösung (bzw. Freisprechung) zu kommen. So sieht er auch nicht, daß das absolute Wissen wieder „sinnliche Gewißheit" ist, die aber nach dem Durchgang durch die Bewußtseinsgeschichte von und über sich *weiß*. (PhG, 529, Z. 21 bis 30; auch 517, Z. 2 bis 4)

Schon Heideggers Auslegung des ersten Satzes zeigt, wie er mit Hegels unmittelbarem Anfang umgeht, und Heidegger sucht nach der Notwendigkeit bzw. nach einer Begründung für den Anfang mit der „sinnlichen Gewißheit".[36] Auch für den Anfang der „Wissenschaft der Logik" sucht Heidegger eine sinnvolle Erklärung.

---

[35] Vgl. Heideggers pejorative Äußerungen zur Dialektik in früheren Schriften, z. B. in: GA 63, 43 ff.

[36] Dennis J. Schmidt, der in seiner Schrift Hegels und Heideggers Denken einander gegenüberstellt, behandelt im dritten Kapitel (77–104) die Bedeutung des Anfangs in beiden Denkrichtungen (siehe besonders die schematische Auflistung, 91 f.). Entgegen seiner Erwartung findet sich nach Schmidt in der Vorlesung von 1930/31 keine ausführliche Befassung mit der Anfangsproblematik. „Though references to the theme of the beginning do occur, they are only occasional and none is treated as the theme of an investigation." (81) Dennis Joseph Schmidt, *Between Hegel and Heidegger: An Essay on Dialectic and Difference*, UMI Dissertation Service, Ann Arbor, Michigan 1989.

1. Der Anfang der Phänomenologie des Geistes

Schaut man nun noch einmal auf Hegels Kritik der „sinnlichen Gewißheit", so zeigt sich, daß es sich hier um ein Thema des Seins handelt. Im Beispiel soll das Bewußtsein den logischen Umgang mit dieser Kategorie lernen. Ein Entwurf von 1805/06 am Ende der „Philosophie des Geistes" skizziert die Logik der „Phänomenologie" (J III, 260 f., Z. 34 ff.). Heidegger konnte 1930/31 diese Forschungsergebnisse zur „Phänomenologie" noch nicht kennen, und er erschloß sich die Werke Hegels zumeist in eigenständiger Lektüre. Doch da aus heutiger Sicht dieser Logikentwurf sowie die weitgehende Erforschung der Jenaer Zeit zugrunde gelegt werden kann,[37] ergibt sich ein vollständigeres Bild der „Phänomenologie" und ihrer Stellung im Hegelschen System. In dieser Hinsicht muß auch Heideggers Auslegung des Anfangs mit dem Sein ergänzt werden.

Am Ende seiner gesamten Vorlesung gibt Heidegger noch einmal zusammenfassend zu bedenken, wie das Absolute in der „Phänomenologie" *ist*, mit anderen Worten, ist es wirklich *wirklich*? „Wenn ja, dann muß es dies *sein vor* Beginn des Werkes selbst. Das Recht des Anfangs kann nicht durch das Ende erwiesen werden, weil das Ende selbst nur der Anfang ist. Also bleibt nur der eine Sprung in das Ganze des Absoluten? Wird aber dann das Problem nicht einfach zur faktischen Frage des Vollzugs oder Nachvollzugs des Sprunges? Gewiß – aber diese Frage ist in sich, recht verstanden die Frage: Was soll der Mensch als existierender? *Wo* steht er, daß er springen oder nicht springen und so ein Anderes soll?" (GA 32, 215)

Es zeigt sich zweierlei in diesem Zitat. Erstens wird Heideggers Sicht der Struktur der „Phänomenologie" deutlich, die ihm als ein Kreis erscheint. Zweitens fragt Heidegger nach dem Menschen, der den Sprung in das Absolute nachvollziehen soll und dessen Existenz somit ebenfalls thematisiert wird.[38] Mit der Deutung des Anfangs der „Phänomenologie" sind die Fragen gestellt, die sich im Laufe der Arbeit noch an der Zeitproblematik, der Bestimmung des Selbstbewußtseins, damit verbunden an der Auslegung des Lebens in der „Phänomenologie", und schließlich anhand der Konfrontation mit dem Seinsbegriff präzisieren lassen und so neue Fragebereiche eröffnen.

---

[37] Siehe hierzu: Otto Pöggeler, *Hegels Idee einer Phänomenologie des Geistes*, a.a.O., 268 ff.
[38] Vgl. zu diesen abschließenden Gedanken zur Vorlesung auch den „Schluß" der vorliegenden Arbeit.

2. Der erste und der andere Anfang

Heideggers Reflexionen zum Anfang der „Phänomenologie" legen ein Nachdenken über seine eigene Interpretation dieses Begriffes nahe. Denn in der Auseinandersetzung mit Hegels Anfang zeigte sich auch Heideggers Sicht des *Begriffes* „Anfang" als solcher. Seine Interpretation der „sinnlichen Gewißheit" weist darauf hin, daß er in diesem Anfangskapitel bereits die Art und Weise des Weges der gesamten „Phänomenologie" vorgezeichnet sieht.

Wie bedeutsam die Reflexionen über den Anfang für Heideggers Verhältnis zu Hegel sind, dokumentiert der Brief Heideggers vom 2. 12. 1971, den Gadamer in seiner Rede über „Das Erbe Hegels" zitiert. „Ich weiß selbst noch nicht hinreichend deutlich, wie meine ‚Position' gegenüber Hegels zu bestimmen ist – als ‚Gegenposition' wäre zu wenig; die ‚Positions'-Bestimmung hängt mit der Frage nach dem Geheimnis des ‚Anfangs' zusammen; sie ist weit schwieriger, weil einfacher als die Erläuterung, die Hegel darüber gibt vor dem Beginn der ‚Bewegung' in seiner ‚Logik'. [...]"[39]

Von Heideggers Schwierigkeiten mit dem Anfang in der „Wissenschaft der Logik" wurde oben gesprochen. Mit diesen kurzen Bemerkungen stellt Heidegger in seinem Brief dar, daß er noch in den siebziger Jahren, trotz einer fast lebenslangen Beschäftigung mit Hegel, nicht eindeutig seine Haltung gegenüber diesem Philosophen bestimmen kann. Mit dem Hinweis *vor* dem Beginn der Bewegung meint Heidegger wohl den Text „Womit muß der Anfang der Wissenschaft gemacht werden?" Hegels erster Abschnitt der Seinslogik handelt von der Bestimmtheit (Qualität). Nach einer kurzen Einleitung folgt das erste Kapitel Sein mit A. Sein, B. Nichts und C. Werden. Diese Abschnitte bezeichnet Heidegger als schwieriger, weil einfacher, denn mit den drei Begriffen und ihren kurzen Erläuterungen bildet Hegel die Grundlage für seine Dialektik. Diese Textstücke der „Logik", in denen sich Hegel um einen reinen und absoluten Anfang bemüht, sind jedoch nur durch eine genaue Wort-für-Wort-Analyse zu erschließen.[40]

---

[39] Vgl. Hans-Georg Gadamer, *Das Erbe Hegels. Zwei Reden aus Anlaß der Verleihung des Hegel-Preises 1979 der Stadt Stuttgart an Hans-Georg Gadamer am 13. Juni 1979*, Frankfurt am Main 1979, 89.

[40] Zur kritischen Auseinandersetzung mit Heideggers Auslegung des Anfangs der „Wissenschaft der Logik" vgl. Karl Jaspers, *Notizen zu Martin Heidegger*, hrsg. von Hans Saner, München 1978, bes. 35–39 und 271.

2. Der erste und der andere Anfang

In dem Brief an Jaspers vom 10. 12. 1925, der oben bereits zitiert wurde, erklärt Heidegger, daß er die Verschiedenheit von Sein und Nichts nicht verstehe, ihre Identität ihm aber keine Probleme bereite. Ebenso verstehe er nicht, wie aus dem Sein als dem unbestimmten Unmittelbaren etwas „werden" solle. In dem Brief vom 16. 12. 1925 behauptet er, daß Hegel mit dem Werden anfange, in dem die Unterschiedenheit von Sein und Nichts aufgehoben ist. (Jasp., 57–59) Diese Äußerungen mögen auch noch fast fünfzig Jahre später für Heideggers Hegelrezeption gelten. Sie deuten auf Heideggers von Hegel abweichendes Verständnis von Sein sowie auf seine kritische Haltung der Dialektik gegenüber hin.[41]

Auch in Verbindung mit seinem eigenen Denken, d. h. im Hinblick auf seinen philosophischen Neuansatz, spricht Heidegger vom Anfang. An Elisabeth Blochmann schreibt er am 12. September 1929: „Mit meiner Metaphysikvorlesung im Winter soll mir ein ganz neuer Anfang gelingen." (Blochm., 33) Gemeint ist hiermit die Vorlesung vom Wintersemester 1929/30.[42] In dieser Freiburger Antrittsvorlesung steht die Frage nach der Metaphysik im Zentrum. Heidegger zufolge bleibt uns keine andere Wahl, „als uns selbst aufzumachen und der *Metaphysik ins Gesicht zu sehen,* um sie nicht wieder aus den Augen zu verlieren." (GA 29/30, 5) Die Vorlesung steht im Umkreis von Heideggers Schriften, die einen philosophischen Neuanfang erarbeiten, mit dem das Denken einer „Seinsgeschichte" beginnt.[43]

Mit den „Beiträgen zur Philosophie" liegt Heideggers zweites Hauptwerk vor. Hier setzt er sich mit dem Begriff des Anfangs eingehend auseinander und unterscheidet zwei Arten von Anfang, die sich an Frageformen knüpfen. Die *Leitfrage* (Was ist das Seiende?) führt in den ersten Anfang, und die *Grundfrage* (Was ist die Wahrheit des Seyns?) führt in den anderen Anfang. „Mit dem Übergang zur Grundfrage ist aber alle

---

[41] Zu „Seyn und Nichts" in Hegels „Logik" vgl. auch GA 65, 266.
[42] Axel Beelmann legt ein Buch zu dieser Vorlesung vor, wobei er besonders den Lebensbegriff unter Berücksichtigung der naturwissenschaftlichen Bezüge erarbeitet. Axel Beelmann, *Heideggers hermeneutischer Lebensbegriff. Eine Analyse seiner Vorlesung »Die Grundbegriffe der Metaphysik. Welt – Endlichkeit – Einsamkeit«,* Würzburg 1994. Eine ganz andere Deutung der Vorlesung zeigt Klaus Opilik. Er sieht Heideggers Intention darin, „ins Zentrum der Transzendentalproblematik zu führen". (144) Klaus Opilik, *Transzendenz und Vereinzelung,* Freiburg/München 1992.
[43] Eine durch Heideggers Texte hindurchgehende Darstellung des Denkens der Kehre zur Seynsgeschichte gibt Friedrich-Wilhelm von Herrmann, *Wege ins Ereignis. Zu Heideggers „Beiträgen zur Philosophie",* Frankfurt am Main 1994.

Metaphysik überwunden." (GA 65, 218)[44] So formuliert Heidegger die angestrebte philosophische Aufgabe der „Verwindung der Metaphysik". Die Metaphysik suchte das Sein am Seienden zu finden und überstieg so das Seiende zu einer Seiendheit. Sie entfernte sich auf diese Weise immer mehr von der Wahrheit des Seyns. Es muß also nach der Metaphysik gefragt werden, indem der erste Anfang erfahren wird. Die Frage nach der Metaphysik aber, „das ist schon nicht mehr die Metaphysik, sondern die Überwindung." (GA 65, 171)

Nun ist zu sehen, wie sich dieser Übergang nach Heidegger in den anderen Anfang vollziehen kann. Damit sich der Übergang zu diesem „Sprung" vollziehen kann, bedarf es des „Zuspiels". Dieses ist ein geschichtliches und „ein erstes Brückenschlagen des Übergangs" (GA 65, 169). Dabei ist aber noch nicht das andere Ufer bekannt, an welchem das zweite Brückenende zu befestigen ist. Dieses Bild der Brücke dient Heidegger zur Darstellung der beiden genannten Anfänge. Die Brücke ist die Auseinandersetzung mit der Geschichte der Philosophie, in der sich die „Not" eines anderen Anfangs zeigen soll.[45] Weiter heißt es zum „Zuspiel": „Das Zuspiel der Geschichte des erstanfänglichen Denkens ist aber keine historische Bei- und Vorgabe zu einem »neuen« »System«, sondern in sich die wesentliche, Verwandlung anstoßende Vorbereitung des anderen Anfangs." (GA 65, 169). Diese geschichtliche Auseinandersetzung (Heidegger spricht häufig auch von „Zwiesprache") vollzieht sich im und als „seynsgeschichtliches" Denken.[46]

In diesen Kontext gehört auch das Denken des Deutschen Idealismus. So setzt sich Heidegger in den „Beiträgen" im Abschnitt „III. Das Zuspiel" auch mit Hegel auseinander. Heidegger bestimmt hier die Position des Deutschen Idealismus, um die Geschichte des ersten Anfangs, die durch die *Leit*frage nach dem Seienden bestimmt ist, darzustellen. Diese Darstellung ist selbst schon im anderen Anfang verwurzelt, mit

---

[44] Manfred Riedel überträgt die Rede vom ersten und anderen Anfang auf Hegels Rückgang auf die griechische Philosophie. Zur „Phänomenologie" heißt es dort: „Der Fortgang vom »ersten« zum »anderen Anfang« ähnelt jenem Denkweg der Erscheinung des Logischen, den sich Hegel in der *Phänomenologie des Geistes* am Leitfaden einer »Wissenschaft der Erfahrung des Bewußtseins« gebahnt hatte." (175) Zu Heidegger vgl. 178 f. und 195. Manfred Riedel, *Erster und anderer Anfang. Hegels Bestimmung des Ursprungs und Grundes der griechischen Philosophie*, in: Logik und Geschichte in Hegels System. Spekulation und Erfahrung II, 10, Stuttgart/Bad Cannstatt 1989.

[45] Eine ausführliche Auseinandersetzung mit dem Begriff des anderen Anfangs auch in bezug auf die Kunst und Hölderlin ist bei Otto Pöggeler zu lesen. Otto Pöggeler, *Der Denkweg Martin Heideggers*, Pfullingen ⁴1994, 189–235.

[46] Zum Unterschied von Sein und Seyn in den Beiträgen vgl. GA 65, 171.

2. Der erste und der andere Anfang 49

welchem sich die *Grund*frage nach der Wahrheit des Seyns verbindet. Es gilt also, die Leitfrage zu definieren, um dem ersten Anfang und damit Heideggers Sicht Hegels näherzukommen. Für die Leitfrage ist das Sein des Seienden bzw. die Bestimmung der Seiendheit immer schon die Antwort. „Die Leitfrage bestimmt von den Griechen bis zu Nietzsche dieselbe Weise der Frage nach dem »Sein«. Das deutlichste und größte Beispiel für diese Einheitlichkeit der Überlieferung ist Hegels »Logik«." (GA 65, 76) Dieses Zitat sagt zunächst, daß die Frage nach dem Sein mit den Griechen *anfängt*. (Diese Stellungnahme Heideggers wird weiter unten kommentiert.) Dann wird hervorgehoben, daß in den bisherigen Positionen des Denkens dieselbe Frage nach dem Sein enthalten ist, wobei sie bei Hegel ihren Höhepunkt und ihre Vollendung erreicht. Das gilt nach Heidegger auch für Hegels Denken in der „Phänomenologie". In diesem Werk wird die „endgültige Abdrängung von der Grundfrage und ihrer Notwendigkeit besiegelt" „durch *Ausbildung* der *Ontologie zur Ontotheologie*". (GA 65, 206) Die Grundfrage meint aber nicht, sofort Antworten geben zu können. Für sie ist das Seyn das Fragwürdigste, wobei das Seyn in sich aber keine Frage mehr kennt.

Vor dem Hintergrund einer allgemeinen Bestimmung des Deutschen Idealismus entwickelt Heidegger die Leitfrage. (GA 65, 198–222) Das Denken knüpft sich im Deutschen Idealismus immer an ein Ich-denke. Daraus resultiert, daß die „sich *selbst gegenwärtige Gegenwart*" der „Maßstab aller Seiendheit" ist. (GA 65, 200) Das Seiende wird so zum Gegenstand für das Vorstellen. Diese Kennzeichnung des Deutschen Idealismus führt Heidegger zu dem Ergebnis: „Von hier aus führt keine Brücke zum anderen Anfang." (GA 65, 203) Dennoch ist es unumgänglich, sich mit dieser Philosophie auseinanderzusetzen. „Aber wir müssen gerade dieses Denken des deutschen Idealismus wissen, weil es die machenschaftliche Macht der Seiendheit in die äußerste, unbedingte Entfaltung bringt (die Bedingtheit des ego cogito in das Unbedingte erhebt) und das Ende vorbereitet." (GA 65, 203) Auch in der Schrift über die „Negativität" von 1938/39, 1941 argumentiert Heidegger in gleicher Weise: „Der erste Anfang und sein Ende. Hegel-Nietzsche." (GA 68, 55)[47]

Im Zusammenhang mit der Rückführung in den ersten Anfang ist auch der in den fünfziger Jahren in „Identität und Differenz" von Heidegger geforderte „Schritt zurück" (vgl. IuD, 40 und 47) zu sehen. Die-

---

[47] Ganz im Sinne der Ausführungen in den „Beiträgen" spricht Heidegger im Wintersemester 1937/38 in der Vorlesung „Grundfragen der Philosophie" von der Not und Notwendigkeit des ersten Anfangs, GA 45, bes. 151–190.

ser Schritt bestimmt die Auseinandersetzung mit dem abendländischen Denken, und das heißt auch mit der Hegelschen Philosophie. Erst durch diesen Schritt wird deutlich, woher die ontotheologische Verfassung der Metaphysik stammt.

Zusammenfassend ist zu Heideggers Denken eines anderen Anfangs zu sagen, daß eine eindeutige Bestimmung dieses Begriffes bei Heidegger nicht zu finden ist. Er nähert sich diesem Begriff in den „Beiträgen" häufig ex negativo, indem er sagt, was es in diesem Bereich nicht gibt. „Keine »Ontologie«, weil die Leitfrage nicht mehr maß- und bezirkgebend ist. Keine »Metaphysik«, weil überhaupt nicht vom Seienden als Vorhandenem oder gewußtem Gegenstand (Idealismus) ausgegangen und zu einem anderen erst *herübergeschritten* wird." (GA 65, 59)

Eine weitere Bedeutung des Anfangsbegriffs begegnet in Heideggers Schrift über „Hegel und die Griechen". „Bei dem Namen »die Griechen« denken wir an den Anfang der Philosophie, bei dem Namen »Hegel« an deren Vollendung. Hegel selber versteht seine Philosophie unter dieser Bestimmung." (HudG, 427) Auch in dem Seminar über Heraklit, das Heidegger im Wintersemester 1966/67 in Freiburg gemeinsam mit Eugen Fink veranstaltet hat, spricht er im Zusammenhang mit der griechischen Philosophie über den Anfang und über die Unmittelbarkeit.[48] Dabei weist Heidegger darauf hin, daß Hegel das griechische Denken als Stufe der Unmittelbarkeit charakterisiert. (Vgl. GA 15, 129 f.; 259 f.) Hierbei handelt es sich also um einen Anfang der Philosophiegeschichte.[49]

Daß Anfang und Ende zusammengehören, sagt Heidegger in bezug auf die Kunst, d. h. insbesondere auf die Dichtung, die eine Stiftung der Wahrheit, ebenso ein „Gründen" sowie eine „Schenkung" ist, und hier zeigt sich eine weitere Verwendung des Anfangsbegriffs. „Schenkung und Gründung haben in sich das Unvermittelte dessen, was wir einen Anfang nennen. [...] Der echte Anfang ist als Sprung immer ein Vorsprung, in dem alles Kommende schon übersprungen ist, wenngleich

---

[48] Einen ausführlichen Bericht über das Heraklit-Seminar gibt David F. Krell, *Hegel, Heidegger, Heraclitus*, in: Seminar on Heraclitus, ed. by John Sallis and Kenneth Maly, Alabama 1980, 22–42.
[49] Im Sommersemester 1932 hielt Heidegger in Freiburg die (noch unveröffentlichte) Vorlesung „Der Anfang der abendländischen Philosophie" (Anaximander und Parmenides).

2. Der erste und der andere Anfang 51

als ein Verhülltes. Der Anfang enthält schon verborgen das Ende." (UdKW, 62) In diesem Gedanken der Stiftung als Anfang ist die Geschichte mit enthalten. „Immer wenn Kunst geschieht, d. h. wenn ein Anfang ist, kommt in die Geschichte ein Stoß, fängt Geschichte erst oder wieder an." (UdKW, 63) So ist die Kunst Geschichte in der Weise, daß sie Geschichte gründet.[50]

Ein letzter Zugang zum Anfangsbegriff ist noch zu nennen. Im Wintersemester 1919/20 spricht Heidegger in Freiburg über die „Grundprobleme der Phänomenologie". In dieser frühen Vorlesung geht es um Heideggers Entwicklung einer Ursprungswissenschaft vom „Leben an und für sich". In einer Vorbetrachtung reflektiert Heidegger über den Sinn der Idee einer Ursprungswissenschaft, damit verbunden über den Anfang und die Methode. Hier zeigen sich seine Bemühungen um einen Anfang, zugleich auch seine Probleme damit. „Bringen wir in den Sinn von Anfang nicht das Bild eines Einsetzens an einem Punkt und Fortgang *in einer Linie*? Da wir nun selbst in der Linie stehen, kann es nicht gelingen, von einem außerhalb ihrer an den ersten Punkt sich zu setzen. [...] Reflektieren wir doch nicht über das Anfangen, sondern fangen wir faktisch an! Aber wie?" (GA 58, 4)[51] Diese Bestimmung des Anfangs ohne eine Reflexion ist vom Hegelschen Anfang vollkommen verschieden, denn es handelt sich in der „Phänomenologie des Geistes" um den Versuch eines unmittelbaren Anfangs, der sich in der Prüfung als ein vermittelter erweist. Der Maßstab der Prüfung fällt in das Bewußtsein selbst. Nun ist aber in der „Einleitung" der „Phänomenologie" noch von „unserer Zutat" die Rede, „wodurch sich die Reihe der Erfahrungen des Bewußtseins zum wissenschaftlichen Gange erhebt." (PhG, 67, Z. 20 ff.) Diese Zutat sind die logischen Bestimmungen, die in dem Metatext der jeweiligen Gestalten das Ganze des logischen Fortgangs schon überschauen und so *von außerhalb* an die Prüfung herangetragen werden.

---

[50] Zur Anfänglichkeit der Kunst vgl. Otto Pöggeler, *Der Denkweg Martin Heideggers*, a.a.O., 207–215, bes. 215; eine Auslegung des Kunstwerk-Aufsatzes ist auch bei Andreas Großmann zu finden. Andreas Großmann, *Spur zum Heiligen. Kunst und Geschichte im Widerstreit zwischen Hegel und Heidegger*, Hegel-Studien Beiheft 36, Bonn 1996, 123–143.

[51] Friedrich Hogemann stellt im einzelnen die Grundthesen der Vorlesungen vom WS 1919/20 und vom SS 1920 dar. Besondere Bedeutung erhält dabei der Lebensbegriff bzw. die Frage nach dem faktischen Leben. Hogemann beschließt seine Ausführungen mit Heideggers Abgrenzungen gegenüber Husserl, denn bei Husserl ist das Leben „primär transzendentales Leben." (71) Friedrich Hogemann, *Heideggers Konzeption der Phänomenologie in den Vorlesungen aus dem Wintersemester 1919/20 und dem Sommersemester 1920*, in: Dilthey-Jahrbuch 4 (1986/87), 54–71.

I. Der Anfang

Daß die Überlegungen zum Anfang später einen großen Raum in Heideggers Denken, besonders in den vierziger Jahren, einnahmen, zeigen die Ankündigungen zu den noch unveröffentlichten Abhandlungen und Veröffentlichungen innerhalb der Gesamtausgabe (Band 70: Über den Anfang (1941), Band 71: Das Ereignis (1941/42), darin: Der erste Anfang, Band 72: Die Stege des Anfangs (1944). Schon die Titel lassen eine Auffassung des Anfangs im Sinne des in den „Beiträgen" entwickelten Begriffes vermuten.

So ist der „Anfang" auch für Heideggers eigenen Weg ein tragender Begriff, den er allerdings in unterschiedlicher Weise gebraucht. Daß sich Heideggers Denken des Anfangs von dem Hegelschen Anfang unterscheidet, zeigt sich deutlich. Der Anfang in der „Phänomenologie" dient ihm eher als Negativbeispiel, denn Hegel beginnt Heidegger zufolge mit dem Absoluten, das schon immer da ist. Dabei hat Heidegger zwar erkannt, daß das absolute Wissen am Anfang der „Phänomenologie" ein anderes sein muß als am Ende. „Es, das Absolute, ist anders, d. h. *nicht absolut*, relativ." (GA 32, 47) Aber diese Andersheit bedeutet nicht, daß der Anfang nicht zu diesem Ende gehört. „Das Beiwort ›nicht‹ in ›nicht absolut‹, drückt keineswegs etwas aus, was für sich vorhanden *neben* dem Absoluten liegt, sondern das Nicht meint eine Weise des Absoluten." (GA 32, 48) Dieser Hegelsche Anfang ist dem „anderen Anfang" entgegengesetzt, der das metaphysische Denken eines absoluten Wissens zu überwinden sucht. Auch der Anfang im Leben, um den es dem frühen Heidegger geht, läßt sich mit dem Hegelschen Denken nicht vereinbaren.

Demnach können mindestens fünf verschiedene Formen des Anfangs in Heideggers Denken unterschieden werden: Der *logische* Anfang bei Hegel,[52] der *seinsgeschichtliche* Anfang als anderer Anfang, der *philosophiegeschichtliche* Anfang bei den Griechen, die Zusammengehörigkeit von Anfang und Ende *in der Kunst*, der Anfang *im Leben*.[53]

---

[52] In der Schrift über die „Negativität" spricht Heidegger selbst vom „logischen Anfang" Hegels in der „Wissenschaft der Logik" und in der „Phänomenologie des Geistes". Vgl. GA 68, 56 f.
[53] Mit diesen Unterscheidungen ist nicht der Anspruch auf eine vollständige Erfassung des Begriffs Anfangs gestellt. Sie sollen nur Heideggers vielfältigen Gebrauch des Anfangs andeuten.

II. Zeit

1. Von der Endlichkeit zur Unendlichkeit – Wahrnehmung und Kraft und Verstand

Dem Wahrnehmungskapitel widmet Heidegger nur wenige Seiten, die es nun zu betrachten gilt, um dann den Übergang von den Relationsbestimmungen zum Verstand nachzuvollziehen.

Mit dem Kapitel über „Kraft und Verstand" verbindet sich die Frage nach der Endlichkeit und der Unendlichkeit und damit nach der Zeit. Bereits im Kapitel über die „sinnliche Gewißheit" stellte Heidegger diese Frage als „Kreuzweg" des Denkweges Hegels und seines eigenen heraus. „Unsere Auseinandersetzung ist auf diesen Kreuzweg von Endlichkeit und Unendlichkeit gestellt, ein Kreuzweg, nicht ein Gegeneinanderhalten von zwei Standpunkten." (GA 32, 92) Dieses wichtige Zitat ist nun in mehrfacher Hinsicht zu deuten. Zunächst einmal wird die Bedeutung der Zeitproblematik hervorgehoben.[54] Diese gilt es im folgenden durch die Analyse des Wahrnehmungskapitels, dann des anschließenden Kapitels zu verdeutlichen. Letzterem ist besondere Aufmerksamkeit zu schenken, da Heidegger hier „die systematische Darstellung und Begründung des Übergangs der Metaphysik aus der Basis und Fragestellung Kants in die des Deutschen Idealismus, des Übergangs von der Endlichkeit des Bewußtseins zur Unendlichkeit des Geistes" (GA 32, 161) erarbeitet. Sodann gebraucht Heidegger das Bild des „Kreuzweges" (siehe auch GA 32, 116 und 143), auf welchen die Auseinandersetzung gestellt ist. Er weist damit wieder auf seine Weise der Auslegung hin, die nicht ein Gegeneinander zweier Denkweisen sein soll. Sein Denkweg *überkreuzt* den Hegelschen, d. h. es gibt eine Verbindung an einem Punkt, den Ingtraud Görland in ihrem Nachwort

---

[54] Gemeinsamkeiten sowie Unterschiede zwischen Hegel und Heidegger sieht Jacques Taminiaux in „Sein und Zeit" (393 ff.), in den Anspielungen auf Hegel im „Kantbuch" (396 ff.) und in der Vorlesung von 1930/31 (401 ff.). Entgegen den vorherigen Auseinandersetzungen mit Hegel sagt diese Vorlesung „à l'inverse: peu importent les divergences entre le mouvement absolvant de l'absolu et la finitude de l'être-au-monde, car l'une et l'autre pensée se meuvent dans l'espace de la transcendance et dès lors forment un croisement (*Kreuzweg*), de sorte qu'il faut apprendre à reconnaître dans l'absolu hégélien la finitude même mais »voilée«." (404). Taminiaux sagt bezüglich dieser Vorlesung sogar, „qu'il est l'aveu, quelque peu tardif, d'une proximité que Heidegger savait depuis longtemps?" (405) Jacques Taminiaux, *Heidegger et Hegel à l'époque de l'ontologie fondamentale ou d'une ontologie fondamentale à l'autre*, in: Metaphysik nach Kant? Stuttgarter Hegel-Kongreß 1987, hrsg. von D. Henrich und R.-P. Horstmann, Stuttgart 1988, 393–405.

benennt: „Das sich vom Seienden lösende Transzendieren des in seiner Endlichkeit gefaßten Menschen einerseits und das dialektische Sich-Lösen des absoluten Wissens vom Bezug auf die Gegenständlichkeit des Seienden andererseits – diese in einer Affinität zusammengehaltene Antithese prägt Heideggers Hegel-Interpretation in seiner Vorlesung von 1930/31." (GA 32, 221) Damit ist Heideggers Denken der Endlichkeit angesprochen; was aber die Unendlichkeit Hegels ausmacht, wird in diesem Zitat nicht gesagt. So muß im Durchgang durch die Kapitel „Wahrnehmung" und „Kraft und Verstand" gezeigt werden, wie Heidegger diesen Übergang zur Unendlichkeit bei Hegel vollzogen sieht, um dann den Kreuzungspunkt beider Wege zu erkennen.[55]

„Statt ein Unmittelbares zu wissen, *nehme ich wahr.*" (PhG 78, 26) Mit diesem Ergebnis der Prüfung der „sinnlichen Gewißheit" leitet Hegel zum Wahrnehmungskapitel über, das wie das erste (von der Herausgeberin der Vorlesung) in zwei Paragraphen unterteilt ist. Das Allgemeine hat sich am Ende des Anfangskapitels als das Wahre erwiesen, und mit ihm setzt sich die Prüfung des Bewußtseins weiter fort.

Schon die „sinnliche Gewißheit" hat gezeigt, daß sie eine Bewegung ist. Hegel faßt diesen Gedanken folgendermaßen zusammen: „Es erhellt, daß die Dialektik der sinnlichen Gewißheit nichts anders, als die einfache Geschichte ihrer Bewegung oder ihrer Erfahrung, und die sinnliche Gewißheit selbst nichts anders als nur diese Geschichte ist." (PhG 76, Z. 14 bis 17) Was an dieser Stelle den Begriff der Geschichte betrifft, so versteht Heidegger darunter das Problem „geschichtlich im Sinne des Geschehens der Phänomenologie selbst." (GA 32, 121) In der Vorlesung vom Wintersemester 1930/31 verfolgt Heidegger den Geschichtsbegriff der „Phänomenologie" aber nicht weiter. Wie und wo er sich (auch in anderen Schriften) mit ihm auseinandersetzt, kann erst am Ende des Ganges sinnvoll dargelegt werden.

Im § 8 beschäftigt sich Heidegger mit dem Wahrnehmungsbewußtsein und seinem Gegenstand. Die „Wahrnehmung" steht zwischen der

---

[55] Obwohl Heidegger hier den Weg von der Endlichkeit zur Unendlichkeit vollzieht, denkt er das Absolute immer schon aus der Unendlichkeit. Zum Verhältnis von Endlichkeit und absolutem Geist zeigt Rolf Ahlers, wie Hegel die Endlichkeit im Rahmen des Absoluten denken konnte. „Hegel dagegen ruft dazu auf, daß die Endlichkeit in ihrer Bewegung zum Absoluten aufgehoben und das bedeutet sowohl legitimiert als auch in ihrem Absolutheitsanspruch überwunden wird. Diese Bewegung ist dialektisch, insofern sie im Absoluten sowohl ihren Ursprung als auch ihr Ziel hat." (76) Rolf Ahlers, *Endlichkeit und absoluter Geist in Hegels Philosophie*, in: Zeitschrift für philosophische Forschung 29 (1975), 63–80.

"sinnlichen Gewißheit" und dem "Verstand" und schafft so den *Übergang* von der Endlichkeit der "sinnlichen Gewißheit" zur Unendlichkeit des Verstandes. So ist auch die Bewegtheit der "Wahrnehmung" eine andere als die der "sinnlichen Gewißheit". (GA 32, 117) Dabei stellt Heidegger seine Sichtweise auf den Text als zweifache dar. Einerseits sieht er, daß sich die "Wahrnehmung" notwendig aus der "sinnlichen Gewißheit" ergeben hat, so daß er von der *Mitte* sprechen kann. (Vgl. auch den Gebrauch des Begriffes "Mitte" in diesem Zusammenhang, GA 32, 140; 157, ebenso 187)[56] Andererseits betrachtet er sie "in der vollen Klarheit darüber, daß wir damit über Hegel hinausgehen" (GA 32, 116), im Hinblick auf die Zeit. Dieser Hinweis ist bedeutsam für die gesamte Betrachtung der Vorlesung, denn hier sagt Heidegger explizit, daß es ihm nicht um eine Hegel getreue Auslegung geht, sondern daß sich sein Ansatz *"gegen* ihn wendet" (GA 32, 116). In welchem Sinne das nun wirklich für die ganze Betrachtung zutreffend ist, kann erst später bestätigt werden. Schon in der "Einleitung" der vorliegenden Arbeit wurden Heideggers wiederholte Äußerungen zur Auslegungsart thematisiert, und so zeigt sich auch hier wieder die Spannung, in der sich Heideggers Interpretation befindet, zwischen einem Mitgehen mit Hegels Gedankenentwicklung in der "Phänomenologie" und der Notwendigkeit, über sie hinauszugehen bzw. sich gegen sie zu wenden.

Der Gegenstand ist in der "Wahrnehmung" das Wesentliche und die Wahrnehmung das Unwesentliche. (Sie ist ja die Bewegung und somit das Unbeständige. PhG 79, Z. 31 f.) Dabei ist der Gegenstand ein Ding mit seinen Eigenschaften. Diese Eigenschaften, die sich untereinander gleichgültig sind, werden durch das "Auch" bestimmt, denn der Gegenstand ist auch spitz, auch weiß, usw. Nun ist aber noch nichts über die Dingheit des Dinges gesagt. Denn das Auch sagt nichts darüber aus, wie das Ding zum Ding wird. Das Bewußtsein ist gegenüber dem Gegenstand "das Andere, Fremde" (GA 32, 119) und findet darin doch nur sich selbst. Heidegger zeigt, warum die "Wahrnehmung" nicht bestehen kann und die Umkehrung zu einer neuen Gestalt notwendig werden muß. Die "Wahrnehmung" ist als die "allgemeine Unmittelbarkeit" (PhG 80, Z. 19) "schon vom Widerspruch angefressen, sofern ja das Allgemeine, wie wir sahen, wesenhaft nur in und als Negation des einzelnen ist, mithin als Vermittlung. Dieses widerspruchsvolle Wesen der Wahrnehmung kann sich daher für sich gar nicht halten, es zerstört sich selbst." (GA 32, 119) Das Wahrnehmen ist zwar eine Stufe weiter als die

---

[56] Wie Hegel selbst die "Mitte" in einem anderen Kontext denkt, ist im Kapitel III, 1 zu sehen.

„sinnliche Gewißheit", aber es kann sich auch täuschen. Denn es kann sein, daß das Bewußtsein den Gegenstand nicht richtig auffaßt und sich täuscht, weil das Bewußtsein das Veränderliche ist. (Vgl. Hegels Begründung zur Möglichkeit der Täuschung, PhG 82, Z. 34 bis 83, Z. 4) Nun muß gezeigt werden, wie das Bewußtsein der „Wahrnehmung" beschaffen ist, da die Erfahrung ergibt, daß die Wahrheit der „Wahrnehmung" eben kein „bloßes Auffassen ist" (GA 32, 126) und ihre Wahrheit ebenso im Nehmen wie im Gegenstand liegt.

Das Wahrnehmen gerät also in Widersprüche, die im § 9 erörtert werden. Heidegger gibt eine Erklärung für diese Widersprüche. „Indem es aber das Bewußtsein der Täuschung hat, weiß es in gewisser Weise, daß das Nehmen, das Wahre ist, – *es, und nicht der Gegenstand.*" (GA 32, 127) Es wird jetzt also die Seite der Wahrnehmung (nicht mehr die des Dinges) betrachtet und ihre Verstrickung in Widersprüche gezeigt. (PhG, 83, Z. 5 ff.) Wenn das Wahrnehmen den Gegenstand als „*rein*[en] *Einer*" (PhG, 83, Z. 11) auffaßt, so nimmt es auch die Unwahrheit in sich auf, denn der Gegenstand ist ja eine Gemeinschaft mit Anderen. Wenn er als Auch aufgenommen wird, so ist das auch falsch, denn es sind einzelne, sich gegenseitig ausschließende Eigenschaften, und so wird der Gegenstand eben nicht aufgenommen. Das Wahrnehmen kommt also zum Meinen zurück, wo es zu Anfang der Bewegung schon war, aber es hat eine Erfahrung über sich gemacht. „So hat sich – und zunächst in einer ganz allgemeinen Betrachtung – das Wahrnehmen als Bewußtsein herausgestellt, als solches, das nicht mehr bloß nimmt, d. h. beim zu Nehmenden sich aufhält, sondern das sich in seiner Reflexion in sich, seines Zurückgedrängtwerdens auf sich bewußt ist." (GA 32, 129)

Mit diesem Wissen, daß die „Wahrnehmung" sich ihrer Reflexion bewußt ist, ist der Weg weiterzugehen. Das Ding ist der Wahrnehmung zunächst das Wahre, und sie kann nicht nur das Eine aufnehmen, sondern sie muß auch das Viele, das an dem Gegenstand ist, in sich aufnehmen. Trotz des Aufnehmens bleibt der Gegenstand aber noch das Eine und auch das Viele. Nun muß das Bewußtsein den Gegenstand als Einheit aufnehmen, wobei es aber weiß, daß der Gegenstand aus sich gegenseitig ausschließenden Eigenschaften besteht. (PhG, 86, Z. 5 bis 26) „So ist auf der einen Seite das vielheitslose Eins und auf der anderen das in selbständige freie Materien aufgelöste Auch." (GA 32, 132) Jetzt stehen sich auf der einen Seite das Wahrnehmen, das die Einheit des Dinges sowie dessen Vielheit umfaßt, und auf der anderen Seite das Ding, das die Einheit sowie die Vielheit ist, gegenüber. „*Die Wahrheit ist*

1. Von der Endlichkeit zur Unendlichkeit

also diese wechselweise Abwechslung der ganzen Bewegung des jeweils einseitigen Zuteilens des einen Momentes – des Auch bzw. des Eins – *an das Nehmen bzw. an das Ding.*" (GA 32, 133)

Heidegger hat somit die Struktur der vier beteiligten Momente (*das wahrnehmende Bewußtsein, das Ding, das Eine, die Vielheit bzw. das Auch*) gedacht. Wie diese untereinander in Verbindung treten, wurde ausgeführt.

Nun gilt es noch, die Bestimmung des Dinges und seinen Widerspruch herauszuarbeiten. (PhG 87, 30 ff.) Das Ding ist sowohl Eins als auch das Viele von anderen. Es soll aber zu einer Einheit von Für-sich und Für-anderes kommen. Das ist recht schwer für das Ding, denn es muß den Widerspruch in ihm selbst anerkennen, weil es sein Anderssein von sich selbst nicht fernhalten kann. Das Ding ist zwar Für sich Sein, aber es ist auch Negation gegen das Anderssein. „Wenn jedes ein Unterschiedenes ist, dann kommt der Unterschied doch an das Ding selbst." (GA 32, 134; vgl. Hegels Argumentation PhG, 88, Z. 30 bis 38) Diese Widersprüchlichkeit führt dazu, daß „der Gegenstand überhaupt gesprengt wird", (GA 32, 130) denn der „Gegenstand ist vielmehr in *einer* und *derselben Rücksicht das Gegenteil seiner selbst; für sich, insofern er für anderes ist,* und *für anderes, insofern er für sich ist.*" (PhG, 89, Z. 10 bis 13; GA 32, 135 f.) Das Allgemeine, zu dem sich die „sinnliche Gewißheit" umgekehrt hatte, ist also auch nicht das Wahre, denn es ist das Allgemeine des Einzelnen und als solches „mit einem Gegensatz zu Anderem behaftet." (GA 32, 136; vgl. bei Hegel PhG, 89, 27 f.) Da die „Wahrnehmung" den Widerspruch in sich nicht denken kann, muß sie sich auch umkehren, und zwar zu einer Gestalt, die nicht mehr wahrnimmt, sondern reflektiert ist. Diese Gestalt ist der „Verstand". Schließlich bezeichnet Heidegger die „Wahrnehmung als die mittlere Weise des Bewußtseins das erste Vermittelnde zum Absoluten und Unbedingten." (GA 32, 137) Auch Hegels abschließenden Reflexionen zur „Wahrnehmung" (PhG, 90, Z. 24 bis 92, Z. 7) folgt Heidegger (GA 32, 136–138), indem er noch einmal über sie im ganzen spricht. Dabei sieht er sie im Zusammenhang mit dem „gesunden Menschenverstand", gegen den sie sich wehren muß, da er die Unwahrheit und den Schein enthält.

Heidegger vollzieht die „Anstrengung" (GA 32, 134) der Bewegung mit, und seine Ausführungen veranschaulichen klar und lebendig seinen Gang durch die Gestalt der „Wahrnehmung". Er folgert nun, daß die „Wahrnehmung" ein „endliches Wissen" (GA 32, 133) ist, das den Übergang zum Unendlichen schafft, weil sie über sich hinausgehen muß. Bei Hegel selbst wird dieser Bezug zur Zeit nicht hergestellt. Doch wie oben bereits gesagt, geht Heidegger hier absichtlich über Hegel hinaus, um den Übergang von der Endlichkeit zur Unendlichkeit zu denken. Dabei hat er den Argumentationsgang innerhalb des Wahrnehmungskapitels (wie auch im Kapitel über die „sinnliche Gewißheit") zwar im einzelnen noch vollzogen, wobei bei Hegel aber die Erfahrung, die das Bewußtsein gemacht hat, in bezug zur *Reflexion* steht. Während das Bewußtsein der „sinnlichen Gewißheit" noch nicht reflektiert war, ist das Bewußtsein der Wahrnehmung „seiner Reflexion in sich bewußt". (PhG 84, Z. 37) Es geht also darum, daß das Bewußtsein nun *weiß*, daß es den Widerspruch in sich hat. Begriffe, die auf eine Zeitproblematik verweisen, werden von Hegel nicht eingeführt. Was Heidegger mit dem oben genannten „endlichen Wissen" meint, drückt sich bei Hegel als „bedingtes für sich Sein" aus. (PhG 90, Z. 4 f.)

Am Ende der Ausführungen über die „Wahrnehmung" steht bei Heidegger wieder die Feststellung, daß sich der gesamte Fortgang der Bewußtseinsgeschichte immer nur aus der Perspektive des absoluten Wissens vollzieht. Dieses gilt auch für die Bewegung der „Wahrnehmung". Die „Wahrnehmung" ist nicht als „Bewußtseinsvorgang" von Hegel dargestellt, sondern „im Absoluten gesehen" (GA 32, 119). Heideggers Äußerungen zur *Bewegung* in der „Phänomenologie" sind recht widersprüchlich. Während er sie an vielen Stellen hervorhebt und als konstitutiv bestimmt, stellt er hier den Bewußtseins*vorgang* zugunsten eines (eher statisch erscheinenden) Absoluten zurück.[57] Dabei entgeht Heidegger, wie das Bewußtsein hier im Hinblick auf die Relationskategorien geprüft werden soll. (Die Prüfung, die auf den Metatext folgt, beginnt im Kapitel der PhG ab 79, Z. 34 ff.) Was die Umkehr des Bewußtseins bewirkt, ist seine Unfähigkeit, die Widersprüche in sich zu vereinigen, so daß es zum Verstand kommen muß. Wenn Heidegger die Notwendigkeit des Übergangs nur durch die Perspektive des immer schon vorausgesetzten Absoluten gegeben sieht, erkennt er einerseits diese Prüfung des Bewußtseins nicht, andererseits schwächt er gleichzeitig seine vorhergehenden Ergebnisse ab, die die Bewegung der „Wahrnehmung" und ihre Bestimmungen herausgearbeitet haben.

---

[57] Daß das Absolute Hegels aber als „Bewegungsvollzug" gesehen werden muß, hebt Walter Schulz hervor. Hegel „will das Absolute nicht mehr als ein an-wesendes Seiendes denken, sondern es begreifen. Dies geschieht in der Bewegung, in der das Denken selbst sich als Denken – und das heißt: als absoluter Geist – erfaßt und sich setzt. Heidegger jedoch denkt Hegels Geistbegriff als das als Seiendes vorgestellte Sein, gemäß seiner Grundthese über die Metaphysik, daß diese das Sein nur als das Seiende im Ganzen und dieses vom zuhöchst Seienden her verstand." (133 f.) Walter Schulz, *Über den philosophiegeschichtlichen Ort Martin Heideggers*, in: Otto Pöggeler (Hrsg.), Heidegger. Perspektiven zur Deutung seines Werkes, Weinheim ³1994, 95–139.

1. Von der Endlichkeit zur Unendlichkeit

Das Bewußtsein ist mit der Überwindung der „Wahrnehmung" in „das Reich des Verstandes" (PhG, 89, Z. 36) eingetreten, und damit hat es sich zu der neuen Gestalt umgekehrt. „Die spekulative Vermittelung der sinnlichen Gewißheit und der Wahrnehmung ergibt die erste spekulative Wahrheit der Phänomenologie, d. h. die absolvente Erkenntnis des Wissens qua Bewußtsein. Dieses Wissen ist der *Verstand,* und seinen Gegenstand bezeichnet Hegel mit dem zunächst befremdlichen Ausdruck ‚Kraft'." (GA 32, 146)

Somit ist der Übergang zum dritten Kapitel „Kraft und Verstand" gedacht. Im § 10 entwickelt Heidegger den Kraftbegriff. Hier soll der Widerspruch in eine Einheit zurückgeführt werden, und Heidegger sieht in dieser Gestalt der Bewußtseinsgeschichte den Übergang von der Endlichkeit des Bewußtseins, die die zwei vorhergehenden Kapitel bestimmte, zur Unendlichkeit. Der zeitliche Unterschied der beiden Gestalten ist demnach folgender: Die Allgemeinheit der „Wahrnehmung" ist auf ein anderes bezogen, das außer ihr ist. Sie ist daher bedingt, also nicht absolut, also endlich. Nun ist ein Allgemeines gefordert, das vom Einzelnen nicht getrennt ist, sondern das es in sich hat. Die „Wahrnehmung" ist zwar schon, im Gegensatz zur „sinnlichen Gewißheit", auf der Ebene der Reflexion. Sie kann aber die Widersprüchlichkeit noch nicht eigens denken. Dazu bedarf es eines „unbedingten Allgemeinen". (PhG, 93, Z. 6; 94, Z. 8, 28, 30) (Die Allgemeinheit der „Wahrnehmung" war noch „*mit einem Gegensatze affizierte* Allgemeinheit". PhG, 89, Z. 27 f.) Diesen Gedanken entwickelt Hegel im Metatext (PhG 93, 3 bis 95, Z. 4). Dort wird der Stand diskutiert, den das Bewußtsein jetzt erreicht hat. Auch mit der unbedingten Allgemeinheit als Gegenstand hat es eben noch nicht sich selbst zum Gegenstand, so daß es nur zusehen kann und das „Wir" noch die Rolle des Begriffs übernehmen muß. Es ist nun zu zeigen, wie die Momente der Form und des Inhalts im unbedingten Allgemeinen vorhanden sind.

Das Bewußtsein muß jetzt in einem Beispiel daraufhin geprüft werden. Die Materien, die den Inhalt des unbedingten Allgemeinen ausmachen, sind selbständig, durchdringen sich aber, ohne sich dabei zu berühren. Die Bewegung, wie die Materien sich ausbreiten und dann wieder in einer Einheit verschwinden, nennt Hegel *Kraft*.

Im Hinblick auf Heideggers Auslegung des vorliegenden Kapitels ist besondere Aufmerksamkeit auf die Kraft zu richten, indem die wichtigsten Momente ihrer logischen Struktur dargelegt werden, ohne die Argumentation des ganzen Kapitels und die dialektische Herleitung aller Begriffe zu verfolgen. Wie Heidegger sich diesem Kapitel nähert, ist im Anschluß an diese Betrachtung des Hegelschen Textes zu erarbeiten.

Hegel entwickelt die zwei Momente der Kraft (PhG, 95, Z. 5 bis 98, Z. 13), wobei er an die Bewegung der „Wahrnehmung" erinnert, die ebenfalls zwei Seiten, nämlich das Wahrnehmende und das Wahrgenommene hat. (PhG, 96, Z. 24) Die Kraft ist einerseits das ausschließende Eins, die zurückgedrängte oder eigentliche Kraft. Sie ist das Medium der Materien, die in ihr aufgehoben sind. Dann ist sie aber auch Äußerung, in der die ausgebreiteten Materien bestehen bleiben. Die Kraft gehört dem Verstand an, der der Begriff ist und die unterschiedlichen Momente trägt. Die Kraft soll aber nicht nur im Begriff, d. h. im Gedanken sein, sondern ihre zwei Momente sollen an und für sich (die zurückgedrängte, eigentliche Kraft, das Eins) und für sich bestehende Momente (die Äußerung, das Viele) sein. Die Kraft besteht also aus diesen zwei entgegengesetzten Seiten, wobei beide Seiten in einer Bewegung sind.

Dann bestimmt Hegel die Art dieser Bewegung. Die eine Seite ist also die eigentliche Kraft, das Eins. Diese Seite braucht nun eine andere Seite, die sie sollizitiert, d. h. erregt und anstößt. „Aber in der Tat, indem sie [die Kraft] *notwendig* sich äußert, hat sie dies, was als ein anderes Wesen gesetzt war, an ihr selbst." (PhG, 97, Z. 6 ff.) So geht die Kraft also wieder zurück in das Eins und sie ist mit dem, was sie sollizitiert hat, identisch. Diese ganze Bewegung ist die Kraft, die bis jetzt noch aus zwei Seiten besteht.

Wie ihr Verhältnis zueinander zu denken ist, zeigt Hegel in den Abschnitten über das „Spiel der beiden Kräfte". (PhG, 98, Z. 14 bis 101, Z. 33) In diesem Spiel können die Seiten (d. h. das Sollizitierte und das Sollizitierende) wechseln, denn eine ist nur dadurch, daß die andere da ist. So ist die Kraft also auch noch bedingt, und ihr Sein hat „die reine Bedeutung des *Verschwindens.*" (PhG, 99, Z. 27 f.) Wenn die Kraft wirklich wird, verliert sie sich. Sie ist nur die Mitte zwischen zwei Extremen und wird im Begriff aufgehoben. Das Spiel ist also das Negative, aber es bringt etwas Positives, nämlich ein Allgemeines, hervor. Dieses Allgemeine ist jetzt im Inneren, das dem Verstand schon Begriff ist, wobei er aber die Natur des Begriffes noch nicht kennt.

Diese Überlegung, die über das Sinnliche, Erscheinende hinaus in ein Inneres führt, ermöglicht Hegel den Übergang zur „übersinnlichen Welt" (PhG, 101, Z. 33 ff.), deren Wahrheit die aufgehobene, in das Innere gesetzte Erscheinung ist. Das Innere ist für den Verstand aber noch unerfüllt, denn er findet sich darin noch nicht selbst, und seine Beziehung zum Inneren ist bis jetzt die Bewegung. Das Innere ist der allgemeine Unterschied, denn es ist ja der Wechsel in ihm, wobei der Unterschied in einem Reich von Gesetzen (PhG, 105, Z. 4) ist, dieses sich aus vielen Gesetzen zusammensetzt, denen somit der Begriff des Gesetzes gegenübersteht. Also ist auch das Gesetz, wie die Kraft, auf zweifache Weise vorhanden. (PhG, 106, Z. 39) Mit der Entwicklung dieser Zweiheiten wird Hegels Argumentation und sein Ziel deutlich. Er sucht nach der Möglichkeit für das Bewußtsein, den Widerspruch in sich zu denken, so daß es für sich selbst Begriff wird und nicht nur deswegen ist, weil auch ein anderes ist. Im Hintergrund steht dabei immer die Formulierung der „Einleitung", die das Ziel der gesamten Bewußtseinsgeschichte als Übereinstimmung von Begriff und Gegenstand bestimmt. (PhG, 62, Z. 31 bis 35)

Noch eine weitere Bewegung zeigt Hegel, die als „Erklären" (PhG, 109, Z. 18) gefaßt wird. Sie vollzieht sich nur im Gedanken bzw. im Verstand und nicht an den Gegenständen selbst, so daß diese hierdurch nicht verändert werden, sondern durch das Erklären das Veränderliche nun auch im Verstand ist. Darauf führt Hegels argumentativer Weg zum Begriff der „verkehrten Welt".

Die Veränderung und der Wechsel sind jetzt also im Verstand und nicht in den Dingen selbst, so daß der Inhalt derselbe bleibt. „Indem aber der *Begriff* als Begriff des Verstandes dasselbe ist, was das *Innere der Dinge*, so wird *dieser Wechsel als Gesetz des Innern* für ihn. Er *erfährt* also, daß es *Gesetz der Erscheinung selbst* ist, daß Unterschiede werden, die keine Unterschiede sind; [...]" (PhG, 110, Z. 29 bis 33) Die Prüfung ist nun an den Punkt gekommen, wo das erste Übersinnliche, also das ruhige Reich der Gesetze bzw. das Abbild der wahrgenommenen Welt, ins Gegenteil *verkehrt* wird, wobei die „verkehrte Welt" auch schon an der ersten übersinnlichen Welt vorhanden war. Was zuvor als das Gleiche galt, wird sich jetzt ungleich. Was vorher ungleich war, wird jetzt gleich. Der Unterschied ist nun an sich selbst, und es werden nicht mehr zwei getrennte Seiten gebraucht, um den Gegensatz zu zeigen, daß das Eine nur das Entgegengesetzte des Anderen ist. So hebt sich auch der Unterschied der Kraft, die zuvor aus zwei Gegensätzen bestand, auf, „denn es ist das *Gleichnamige*, was sich von selbst abstößt, und dies Abgestoßene zieht sich daher wesentlich an, denn es ist *dasselbe*." (PhG, 111, Z. 12 ff.)

Diese logisch-dialektische Herleitung der „verkehrten Welt" führt dazu, daß der innere Unterschied an sich selbst und die „verkehrte Welt" somit als *Unendlichkeit* ist. (PhG, 114, Z. 2 ff.) Mit dieser Unendlichkeit wird zugleich das Leben eingeführt. „Diese einfache Unendlichkeit, oder der absolute Begriff ist das einfache Wesen des Lebens, die Seele der Welt, das allgemeine Blut zu nennen, welches allgegenwärtig durch keinen Unterschied getrübt noch unterbrochen wird, das vielmehr selbst alle Unterschiede ist, so wie ihr Aufgehobensein, also in sich pulsiert, ohne sich zu bewegen, in sich erzittert, ohne unruhig zu sein." (PhG, 115, Z. 16 bis 22) Für Heideggers Auslegung dieses Kapitels ist im besonderen Maße die Unendlichkeit bedeutsam. So ist im Hinblick auf den § 11 der Vorlesung die Darstellung des Übergangs von der Endlichkeit zur Unendlichkeit festzuhalten.

Hegel faßt dann die Überlegungen zu „Kraft und Verstand" zusammen und leitet zum Selbstbewußtsein über. Die Unendlichkeit ist jetzt für sich frei geworden, sie ist für das Bewußtsein Gegenstand. (PhG, 116, Z. 35) Das Bewußtsein des Unterschiedes ist aufgehoben; „*es ist Unterscheiden des Ununterschiedenen, oder Selbstbewußtsein. Ich unterscheide mich von mir selbst*, und *es ist darin unmittelbar für mich, daß dies Unterschiedene nicht unterschieden ist.*" (PhG, 117, Z. 39 bis 118, Z. 4) Im folgenden Kapitel muß sich dann erweisen, wie sich diese Wahrheit für das Bewußtsein selbst zeigt, d. h. wie das Bewußtsein sich selbst weiß.

Vor dem Hintergrund dieser Hegel nachgegangenen Argumentation ist nun Heideggers Auslegung im **§ 10** zu betrachten. Hier führt er zunächst den Begriff der *Onto-theo-logie* ein (der am Ende der vorliegenden Arbeit ausgeführt wird, denn mit dem Begriff der Ontotheoegologie ist der Kern von Heideggers Hegelkritik gegeben, und er wird deshalb an den Schluß der vorliegenden Arbeit zusammenfassend gestellt), um dann seinen Blick auf den Kraftbegriff zu richten. Er resümiert den bisherigen Gang des Bewußtseins, der von der Unmittelbarkeit zur Allgemeinheit und schließlich zur Kraft führt. „Dieses in sich Allgemeine, das das Einzelne nicht neben und nicht unter sich, sondern in sich hat und sich notwendig in die Einzelnen entfaltet, dieses unbedingte Allgemeine bezeichnet Hegel mit *Kraft.*" (GA 32, 147) Die Kraft ist das Wesen des Dinges, wobei das Ding ein an sich vorhandenes Seiendes, ein für sich stehendes Ding oder die Substanz ist. „Wie kommt nun Hegel – geschichtlich gesehen – dazu, das Problem des Wesens der Wirklichkeit unter den Titel ›Kraft‹ zu bringen?" (GA 32, 147 f.) Hier bemüht Heidegger also zur Klärung dieses Ding- bzw. Kraftbegriffes die Philosophie*geschichte* und greift auf Kant zurück, um im Hinblick auf die Relationskategorien zu zeigen, wie Hegel die Kraft in diesem Kapitel denkt. Nun geht es Heidegger aber nicht darum, in philosophiegeschichtlicher Gelehrsamkeit Hegels Bezüge zum Kantischen Denken aufzuzeigen. Er will vielmehr auf das Problem aufmerksam machen, „wie Hegel all das aufgenommen, durchdrungen und *in seine Problematik verwandelt hat.*" (GA 32, 149) Im § 11 geht Heidegger in anderer Form auf die Kraft ein und bezeichnet selbst die Erläuterungen des § 10 als „vorgreifend und zugleich mehr von außen, historisch". (GA 32, 164)

Um hier die Brücke von Kant zum Hegelschen Kraftbegriff zu schlagen, zeigt Heidegger auf, wie die Kategorien bei Kant einerseits das Wassein des Vorhandenen, die essentia, bestimmen, andererseits, wie sie das Wiesein, die Wirklichkeit bestimmen. Letzteres ist das Verdienst der dynamischen Kategorien. Heidegger beruft sich dabei auf die Kantische Klassifizierung der Kategorien, wie Kant sie in der transzendentalen Analytik im Rahmen einiger „artiger Betrachtungen" zur Kategorientafel nennt. Die erste Klasse weist auf die Gegenstände der (reinen und empirischen) Anschauung und wird von Kant „mathematische" Kategorien genannt; die zweite Klasse bezieht sich auf die Existenz der Gegenstände, und zwar sowohl in Beziehung aufeinander als auch in Beziehung auf den Verstand. Diese Kategorien werden „dynamische" Kategorien genannt.[58] Nun folgert Heidegger: „Dynamis ist hier das Wirkende, die Kraft." (GA 32, 148) Die direkte Identifizierung der „dynamischen" Kategorien mit der Kraft ist so bei Kant selbst aber nicht gedacht, und diese Verbindung muß Heideggers eigener, an Hegel orientierten Kant-Interpretation zugerechnet werden.

Zu den dynamischen Kategorien gehören die Relation und die Modalität,[59] wobei die Relation zunächst Inhärenz und Subsistenz, also substantia et accidens ist. Dieses Verhältnis wurde im Wahrnehmungskapitel als das des Eins und das des Vielen thematisiert. Würde man der Tafel weiter folgen, so müßte der Verstand dann der Kausalität (und Dependenz) entsprechen. „Zwar kommt diese in Hegels Erörterungen vor, aber gleichwohl steht alles unter der Kennzeichnung ›Kraft‹, einer Kategorie, die Kant in dieser Form und Funktion nicht kennt." (GA 32, 148) Mit diesem Kraftbegriff sieht Heidegger die dynamischen Kategorien „erst eigentlich von Grund aus gefaßt und spekulativ durchdrungen." (Ebd.) Wie dieses Durchdringen sich in bezug auf die Relationskategorien zeigt, wird Heidegger im folgenden entwickeln. Inwiefern und ob aber die Modalitätskategorien, die ebenfalls zu den „dynami-

---

[58] Immanuel Kant, *Kritik der reinen Vernunft*, B 110, Werkausgabe Bd. III, hrsg. v. W. Weischedel, Frankfurt am Main 1974, 121.
[59] Kategorientafel in Immanuel Kant, *Kritik der reinen Vernunft*, a.a.O., 118, B 106, A 80.

schen" Kategorien zählen, von Hegel spekulativ durchdrungen werden, stellt Heidegger nicht dar.[60]

Heidegger verdeutlicht auf der Basis der „Jenenser Logik", wie die Kraft als Idee des Verhältnisses gedacht werden muß.[61] Ohne im einzelnen zu zeigen, wie Hegel in dieser Logik das Verhältnis des Seins als Substantialität, Kausalität und Wechselwirkung bestimmt, weist Heidegger darauf hin, daß hier die Kategorien im Gegensatz zu Kant spekulativ entfaltet werden, d. h. sie werden *aus* dem Wesen des Verhältnisses entwickelt. Eine solche Entwicklung vollzieht sich ebenfalls in „Kraft und Verstand". Auch in diesem Kapitel geht Heidegger, wie sich noch zeigen wird, die dialektische Entfaltung nicht Schritt für Schritt mit. Ebenso zitiert er in bezug auf die „Jenenser Logik" nur das *Ergebnis* der Entwicklung des Kraftbegriffs, der in sich beide Seiten des Verhältnisses vereinigt und somit die Identität des Getrenntseins oder die Unendlichkeit ist.[62] „Wenn der Gegenstand des Verstandes unter dem Titel ›Kraft‹ das Verhältnis ist, dann wird in eins damit der Verstand als Weise des Wissens dieses Gegenstandes spekulativ unendlich bestimmt und die verstandesmäßige endliche Fassung des Verstandes bei Kant überwunden." (GA 32, 151)

Wenn Heidegger auch den Logikentwurf von 1805/06 (vgl. J III, 260 f.) auf die Logik der „Phänomenologie" hätte beziehen können, so wäre anhand dieses Fragmentes seine These zu stützen gewesen, daß

---

[60] Auch Hans-Georg Gadamer, der das „Kraft und Verstand"-Kapitel als das zentrale Kapitel der „Phänomenologie" betrachtet, stellt den Bezug zu Kant heraus. (29) Hans Georg Gadamer, *Neuere Philosophie I. Hegel-Husserl-Heidegger*, Gesammelte Werke Band 3, Tübingen 1987. Joseph C. Flay erkennt in dem Weg von der ersten zur zweiten übersinnlichen Welt einen „phenomenological counterpart" (670) zu Kants Kopernikanischer Wende. Dieser Weg kann parallel zu Kants Weg von seiner Kritik an Leibniz und Hume zu seiner eigenen transzendentalen Position verstanden werden. Kant legt für Hegel den Grundstein für den Weg vom Bewußtsein zum Selbstbewußtsein. Joseph C. Flay, *Hegel's „Inverted World"*, in: The Review of Metaphysics, Haverford (Pennsylvania), 23 (1970), 652–678.

[61] In der „Wesenslogik" sieht Hegel das „wesentliche Verhältnis" als „Wahrheit der Erscheinung". (Siehe dort: WdL II, 140) Dabei entwickelt er das Bedingtsein der Kraft, die Sollizitation und die Unendlichkeit, in der dann die Innerlichkeit und die Äußerlichkeit identisch sind. (WdL II, 148–154) Auf diese „Logik" von 1813 geht Heidegger aber nicht ein. Zum „wesentlichen Verhältnis" vgl. den Kommentar zur „Wesenslogik" von Klaus J. Schmidt, *G.W.F Hegel: ›Wissenschaft der Logik – Die Lehre vom Wesen‹*, Paderborn 1997. Hierzu besonders: 160–177. Schmidt bezeichnet den Begriff der Kraft als „nächstes Modell des wesentlichen Verhältnisses" (166) und entwickelt logisch fortschreitend den Kraftbegriff, bis sich das wesentliche Verhältnis „in dieser Identität der Erscheinung mit dem Inneren oder dem Wesen" (WdL II, 160, 15 f.) zur Wirklichkeit bestimmen kann.

[62] Heidegger selbst zitiert aus der Ausgabe von Georg Lasson. In der vorliegenden Arbeit wurden diese Zitate auf die Studienausgabe der „Jenaer Systementwürfe II" übertragen. (J II, 52, Z. 4 bis 8)

das Verhältnis auf die Kantischen Relationskategorien bezogen werden könne. Hier zeigt Hegel den logischen Aufbau der „Phänomenologie", worauf schon im Kapitel über den „Anfang" in der vorliegenden Arbeit hingewiesen wurde. Aus dieser Logik-Skizze geht hervor, wie auch die anderen Kategorien in der „Phänomenologie" vorhanden und von Hegel in eigener Weise gedacht sind. So fängt die „Phänomenologie" mit der „sinnlichen Gewißheit" und damit mit dem Sein, d. h. mit den Qualitäts- und Quantitätskategorien an.

Eher kritisch wendet sich Heidegger in seiner Vorlesung dem Kantischen Denken zu. So spricht er über die „fertige, aus vielen unentfalteten Elementen zusammengebaute Urteilstafel." (GA 32, 151) Für Hegels Denken bedeutet das, daß er den Zusammenhang von Urteil (als λόγος) und Kategorie neu denken muß. Wenn Heidegger hier das Hegelsche Denken, das versucht, „das Wesen der Dingheit *aus* dem Dieses und die Dingheit der Wahrnehmung ihrerseits *zum* Gegenstand des Verstandes zu entwickeln, des Verstandes, der das Ding als Substanz und Kausalität und Wechselwirkung, als Verhältnis denkt" (GA 32, 152), gegen das Denken Kants, das den Verstand als dasjenige, was die Anschauung bestimmt, auffaßt, abgrenzt,[63] so zeigt das auch sein intensives Ringen mit *beiden* Philosophen. Sieht man auf Heideggers Vorlesungen der zwanziger Jahre, dann kommt dort Kant die größere Bedeutung in Heideggers Denken zu. In der Vorlesung von 1930/31 versucht er nun *mit* und *gegen* Hegel neue Ansätze für sein eigenes Denken zu finden. Das gilt insbesondere im Hinblick auf das Denken der Unendlichkeit. Während er sich für seine frühere Konzeption der Temporalität besonders an Kants Schematismuslehre anlehnen konnte,[64] sieht er für seinen Weg nach der sogenannten „Kehre" die Möglichkeit, die Hegelsche Philosophie für sein Denken fruchtbar zu machen.

Obwohl Heidegger nicht mit philosophischer Gelehrsamkeit den philosophiehistorischen Zusammenhang des Kraftbegriffs allzu sehr in den

---

[63] Ergänzt werden muß hier Heideggers weitere Bestimmung des Kantischen Verstandes, der „nicht nur das Bestimmende in einem der Anschauung dienenden Sinn, sondern das Bestimmende in der Weise des in der Erkenntnis herrschenden Elementes [ist]. Die Erkenntnis aber ist die Erkenntnis des Vorhandenen, der Natur, der Dinge des Mannigfaltigen des uns sich zeigenden Einzelnen in seinem allgemeinen Dasein." (GA 32, 152)
[64] Die Arbeit von Dietmar Köhler zeigt, welche Bedeutung die Kantische Schematismuslehre für Heideggers Ansatz in „Sein und Zeit" hat. (Siehe dort besonders 56–122) Dietmar Köhler, *Martin Heidegger, Die Schematisierung des Seinssinnes als Thematik des dritten Abschnittes von „Sein und Zeit"*, Bonn 1993.

Vordergrund stellen möchte, ist es für das Verständnis des Kraftbegriffes doch sinnvoll, diesen Bezug deutlicher hervorzuheben, als Heidegger es verlangt. Er nennt lediglich die Namen Leibniz und Schelling (bzw. dessen Naturphilosophie und das „System des transzendentalen Idealismus"), um deren Einfluß auf Hegel anzudeuten. (GA 32, 149) Ein genaueres Eingehen auf die Kraft bei Leibniz, der sie als ein Vermögen der eigenen Zustandsänderung bestimmt, dann auch auf Newtons Studien zur Gravitationskraft hätten Hegels naturwissenschaftlichen und naturphilosophischen Hintergrund erhellt.[65] Dadurch daß Heidegger den Kraftbegriff auf den Kantischen kategorialen Einfluß festlegt, entgeht ihm der materielle, physikalische sowie lebendige Aspekt dieses Begriffes. Schon mit Heideggers Deutung der Kraft wird also die Bestimmung Hegels als Transzendentalphilosoph nahegelegt. Die Verkennung des Lebendigen bei Hegel setzt sich auch in der folgenden Auslegung des Lebensbegriffes fort. Dabei wird sich zeigen, daß Heidegger nicht den Prozeß, wie sich aus dem Lebendigen das Selbstbewußtsein ergibt, eigens mitdenkt. Diese Beschränkung zeigt sich bereits bei der Interpretation des Kraftbegriffes.

In einem weiteren Schritt sieht Heidegger die Gegenüberstellung von „Erscheinung und übersinnlicher Welt" ebenfalls aus dem Blickwinkel der Kantischen Philosophie. (GA 32, 152–161) Dabei bezieht er sich auf den Untertitel des Kapitels „Kraft und Verstand", den er mit Kants Gegenüberstellung von Erscheinung und Ding an sich parallelisiert. Oben wurde die Herleitung der übersinnlichen Welt aus dem Spiel der Kräfte erörtert. Heidegger geht diese Herleitung nicht mit, sondern entwickelt lediglich den Begriff der *Erscheinung*, die in der übersinnlichen Welt aufgehoben ist. So ist das Erscheinen ein Auftauchen und Verschwinden. An diesem Punkt stellt Heidegger Hegel und Kant direkt einander gegenüber. „Kant ist nun der Auffassung: Wenn und weil das, was *wir* erfahren, Erscheinung ist, ist der Gegenstand *unserer* Erkenntnis *bloße* Erscheinung. Hegel sagt umgekehrt: Gerade wenn das uns zunächst Zugängliche Erscheinung ist, muß unser wahrer Gegenstand das Übersinnliche sein." (GA 32, 156) Das heißt für die Haltung Hegels gegenüber Kant: „Ist der Erscheinungscharakter der Bewußtseinsgegenständlichkeit gesetzt, dann gerade ist die Erkennbarkeit der Dinge an sich, der übersinnlichen Welt, grundsätzlich erwiesen." (Ebd.) Eine weitere Bestimmung der Er-

---

[65] Explizit werden Leibniz und Newton in bezug auf den Kraftbegriff in der Wesenslogik genannt, vgl. WdL II, 82, Z. 1. Im naturphilosophischen Kontext zeigt Hegel die Kraft u. a. in der „Enzyklopädie" §§ 319 f.

scheinung bei Hegel ist, daß sie auch *Mitte* ist. Das Innere bzw. das Ding an sich kann also nicht erkannt werden, indem man hinter die Erscheinung zurückgeht, „sondern immer nur gerade *durch die Erscheinung als Mitte* hindurch." (GA 32, 158; vgl. PhG, 118, Z. 23 bis 36) Diese Mitte ist das absolute Wissen, das das Ding an sich erkennt.

Für Kant ist die „Möglichkeit eines ontischen theoretischen Wissens des Absoluten für den Menschen" nicht gegeben. (Ebd.) Weitere Ausführungen zu Kant macht Heidegger an dieser Stelle nicht, sondern er verweist auf sein Buch „Kant und das Problem der Metaphysik" von 1929, wo er sich ausführlich mit der „Kritik der reinen Vernunft" im Zusammenhang mit seinem eigenen Ansatz von „Sein und Zeit" auseinandersetzt.

In dem Heraklit-Seminar mit Eugen Fink gibt Heidegger in einem kurzen Überblick an, daß sich in der Kantischen Philosophie die Vernunft nicht unmittelbar auf die Erscheinungen, sondern auf die Regeln und Grundsätze des Verstandes bezieht. Die synthetische Einheit der Apperzeption ist eine Einheit in bezug auf die Objektivität. Für Hegel hingegen ist erst die Einheit von Subjekt und Objekt als positive Einheit, die den dialektischen Prozeß ausmacht, zu denken. (GA 15, 186 f.)

Aus den übergreifenden Überlegungen der Vorlesung zu Kant und Hegel zieht Heidegger folgenden Schluß bezüglich des Kapitels „Kraft und Verstand", der für die Betrachtung der gesamten Vorlesung wichtig ist: „Dieser Abschnitt ist die systematische Darstellung und Begründung des Überganges der Metaphysik aus der Basis der Fragestellung Kants in die des Deutschen Idealismus, des Übergangs von der Endlichkeit des Bewußtseins zur Unendlichkeit des Geistes." (GA 32, 161) Heideggers Deutung der Hegelschen Position als eine *transzendentale* wurde in der „Einleitung" dieser Arbeit bereits angesprochen. Heidegger gibt für seine Auslegung folgenden Grund an, der in der Philosophie Hegels selber liegen soll: „Gerade weil Hegel auf die spekulative *absolute* Überwindung der Kantischen Position drängt, mußte er ihren Grundsatz mitübernehmen, d. h. das Bewußtsein und Ich in seiner Transzendenz in den Ansatz bringen." (GA 32, 194)[66] In den Seminarprotokollen von 1968 aus Le Thor faßt Heidegger diese Gegenposi-

---

[66] Walter Bröcker geht in seinem Aufsatz von Kant aus und zeigt dann, wie Hegel Kant zu überwinden sucht und welche Unzulänglichkeiten diese Überwindung hat. Daraufhin zeigt er Heideggers Überwindung Kants. Heideggers Suche nach einem Weltverständnis übersteigt das Denken Kants in produktiver Weise. Walter Bröcker, *Hegel zwischen Kant und Heidegger*, in: Wissenschaft und Gegenwart, Heft 30, Frankfurt am Main 1965, 7–32. – Zur näheren Klärung des Begriffes „Transzendenz" vgl. das Kapitel IV, 1 „Sein und Zeit – Sein und Logos".

tionen von Kant und Hegel bezüglich des Zeitbegriffes zusammen, und diese Äußerung soll hier zur Ergänzung der obigen Ausführungen zitiert werden: „Was Kant von der transzendentalen Apperzeption sagt, ist in Rücksicht auf das endliche Wesen des Menschen gesagt, und dieser Bezug des Denkens auf die Einheit ist allein von Hegel erfaßt worden. Dies Prinzip der Vereinigung auf der Stufe des endlichen Verstandes wurde von ihm dergestalt verabsolutiert, daß Hegel die Macht der Vereinigung der absoluten Macht überträgt: was beim Menschen endlich ist, wird zum unendlichen Absoluten." (GA 15, 308)

Auch der § 11, der nun eigentlich „die Hauptschritte zu verfolgen, die Bewegung mitzugehen" (GA 32, 161) intendiert, vollzieht nicht jeden Schritt des Hegelschen Kapitels nach. Immer wieder legt Heidegger nicht nur die „Phänomenologie" aus, sondern reflektiert *seinen* methodischen Zugriff auf den Text. So stehen solche Überlegungen gleich zu Anfang des genannten Paragraphen. Das Mitgehen bedeutet für Heidegger nicht ein Beobachten der Vorgänge, „sondern gemeint ist: das absolvent verstehende Verfolgen der Gegen- und Vielseitigkeit der inneren Wesensbezüge dieser Weise des Bewußtseins, die Hegel Verstand nennt, *zum Wesen* ihres Gewußtseins und umgekehrt." (GA 32, 162) *Wie* Heidegger diese Wesensbezüge herauszustellen sucht, ist nun mitzuverfolgen. Ob eine Erkenntnis der „inneren Wesensbezüge" die Gestalt „Kraft und Verstand", deren dialektische Struktur oben umrissen wurde, auch wirklich erfaßt, ob ihr ausschließlich eine Detailanalyse gerecht werden kann oder ob sie mit einem anderen methodischen Zugriff verstanden werden kann, ist im folgenden zu zeigen.

Weil die Gestalt des „Verstandes" in diesem Kapitel auftritt, reflektiert Heidegger über die Methode, die eine Methode des Verstandes, nämlich die Dialektik ist. Zugleich ist der Verstand auch der Inhalt der Gestalt. „Und so werden wir sehen, daß da nicht so leichthin die Wahrnehmung zum Verstand vermittelt wird, nur damit etwas anderes herausspringe, sondern die wirkliche Arbeit an einer wirklichen Aufhellung des Wesens des Verstandes tritt uns entgegen." (GA 32, 163)

In diesem Kontext beginnt jetzt Heideggers Bestimmung der Kraft anhand des konkreten Textes. Sie ist ein Gegenstand des Verstandes, wobei Heidegger in einem kurzen Vorgriff die Schwierigkeit mit dem Kraftbegriff benennt. Denn in der Kraft ist das Eine und das Viele noch getrennt voneinander enthalten, da die Kraft wirklich sein soll und somit auch das Viele haben muß. Also kann die Kraft nur in dieser Zweiheit wirklich sein. Dieses Verhältnis der beiden Kräfte zueinander entwickelt Heidegger so: Die Kraft ist einerseits Ausbreitung (was dem Auch der „Wahrnehmung" entspricht), andererseits ist sie gegenüber dieser Vielfalt in sich zurückgedrängt (was dem Einssein des Dinges entspricht). Da sie beides ist, nennt Heidegger sie *„zurückgedrängtes In-sichsein als Drängen auf Äußerung"*. (GA 32, 166) Diese Bezeichnung gilt ebenfalls in der Wirklichkeit. Die Kraft ist das *Verhältnis*, und dabei ist sie eben noch nicht die ruhige Einheit der Vielen, sondern sie ist die Bewegung, die beide Seiten zum Verschwinden bringt. (vgl. PhG, 99, Z. 28) Die Wahrheit der Kraft ist also das *Spiel der Kräfte* und die *Mitte*, die zwischen ihnen liegt.

Ausgehend von dieser Erkenntnis fragt Heidegger weiter, wie sich der Verstand zu dieser Vermittlung verhält. Er zeigt, daß Hegel sich an Kants Bestimmung des Verstandes anlehnt, die Einheit des Verstandes aber spekulativ zu einer letzten Einheit führt, welche die Gegenständlichkeit des Gegenstandes ausmacht. Da das Spiel der Kräfte, das die Mitte und ein Nicht-sein ist, das Sein der Kraft ist, muß ein Inneres, *Übersinnliches* dieses Verschwinden bzw. diese Leere positiv bestimmen. Auch das Übersinnliche teilt sich in zwei Wahrheiten. Die erste entspricht der Einheit des Verstandes, der die Vereinfachung des Mannigfaltigen im Gesetz denkt. „Das Zurückführen der Erscheinung auf Gesetze aber, als auf den Grund des Spiels und seine Weise, ist das *Erklären*. Die Urhandlung des Verstandes, die Weise seines Wissens, ist das Erklären, in welcher Weise des Wissens der gewußte Gegenstand sich als Gesetz offenbart." (GA 32, 171 f.) Heidegger faßt hier in zwei Sätzen Hegels Bestimmung des Gesetzes (PhG, 104, Z. 29), das das unbedingte Allgemeine ausmachen soll, und die des Erklärens (PhG, 109, Z. 18) zusammen, wobei er die beiden Begriffe „Erklären" und „Gesetz" dann im Zusammenhang mit der Darstellung des Verstandes ausführt. Wie sich die Bewegung des Verstandes zu seinem Inneren, das noch das unerfüllte Leere ist, vollzieht (GA 32, 173; PhG, 103, Z. 25 bis 32), gilt es nun zu sehen. Heidegger deutet die Wichtigkeit dieser Überlegungen für die gesamte „Phänomenologie" an, denn mit dieser Bewegung wird der Übergang von der Endlichkeit zur Unendlichkeit gemacht.

Das Spiel der Kräfte hat die Bewegung der beiden Kräfte, die sich miteinander vertauschen lassen, gezeigt, so daß sich deren Inhalt (was sie sind) und Form (wie sie sind) entsprechen. Diese Entsprechung bzw. Einheit ist das *Gesetz*, welches als Beständiges nicht verschwindet und deshalb nicht ein unbeständiges Sinnliches, sondern ein Übersinnliches ist. Diesem Übersinnlichen steht aber noch ein Veränderliches gegenüber, denn es ist nur da, weil es das Spiel der Kräfte, also das Veränderliche, Sinnliche gibt. Außerdem gibt es nicht nur *ein* Gesetz, sondern viele Gesetze. Über diesen steht dann ein „Begriff des Gesetztes", der aber doch über das Gesetz hinaus wieder zur Kraft führt. (GA 32, 175; PhG, 106, Z. 14 bis 38) „Die Notwendigkeit der Einigung ist aus dem Prinzip des Verstandes verständlich, nicht aber die Notwendigkeit der zu Einigenden als solcher." (GA 32, 176)

So schaut Heidegger mit Hegel auf die *Bewegung*. Dieser Gedankengang ist besonders zu beachten, da Heidegger die Bewegung im Zusammenhang mit Raum und Zeit diskutiert, wodurch er die Brücke zur Unendlichkeit schlägt. Er folgt dabei noch nicht sofort der Argumentation innerhalb der „Phänomenologie", sondern zitiert zur weiteren Bestimmung der Bewegung aus der „Jenenser Logik", d. h. aus der Naturphilosophie, wo Hegel das System der Sonne, d. h. den sichselbstgleichen und somit unendlichen Äther betrachtet und in diesem Kontext zunächst den Begriff der Bewegung darstellt.[67] „Der ganze Zusammenhang ist darauf orientiert, daß in dieser Zugehörigkeit von Raum und Zeit zum Wesen der Bewegung das Wesen des Unendlichen sich bekundet." (GA 32, 177) Heidegger führt diesen naturphilosophischen Bewegungsbegriff nicht weiter aus. Dieser kurze Hinweis dient ihm als Ergänzung der Äußerungen zur Bewegung im „Kraft und Verstand"-Kapitel (PhG, 108, Z. 9 bis 36), wo der Übergang zur Unendlichkeit noch nicht vollzogen ist, denn der Unterschied ist hier noch nicht an sich selbst.

Das unbedingte Allgemeine ist durch diese Überlegungen also immer noch nicht gewonnen. Dazu muß „der Gegenstand des Verstandes als

---

[67] Vgl. in der Ausgabe „Jenaer Systementwürfe II" (J II, 205–218). Manfred Baum legt eine Studie zum Unendlichkeitsbegriff bei Hegel vor. Dabei beschreibt er die Entwicklungsgeschichte dieses Begriffes, wobei er sich insbesondere auf die „theologischen Jugendschriften" und die „Differenzschrift" von 1801 bezieht. Im Begriff der „wahren Unendlichkeit" drückt sich das Wesen des Begriffes besonders aus. So können vornehmlich durch die Unendlichkeit der „Grundzug des Hegelschen Philosophierens und die Abfolge seiner Epochen ins Relief treten." (89) In dem frühen Denken Hegels ist die Unendlichkeit noch in Verbindung mit dem Göttlichen zu denken. Ebenso wird hier das Leben im Sinne des wahren Unendlichen gefaßt. „Die Auffassung des Absoluten, nicht mehr bloß als des unendlichen Allebens, zu dem sich der endliche Mensch in einem Akt der Selbstverleugnung der Reflexion erheben kann, sondern als eines ‚Gegenstandes' der nunmehr spekulativen oder philosophischen Reflexion, die in ihrer höchsten Gestalt reine Spekulation ist, findet sich zuerst in der *Differenz*-Schrift. Hier wird die Identität des Endlichen und Unendlichen genannt, oder auch, wie Schellings *Darstellung* Vernunft, die nunmehr Objekt einer Wissenschaft ist." (110) Manfred Baum, *Zur Vorgeschichte des Hegelschen Unendlichkeitsbegriffs*, in: Hegel-Studien 11 (1976), 83–124. Eine entwicklungsgeschichtliche Begründung des Wandels von Hegels Unendlichkeitsbegriff ist so bei Heidegger nicht zu finden.

Unterschied an sich gesetzt" sein. (GA 32, 178) Es ist demnach weiter zu sehen, wie der Verstand gedacht werden muß. Der Widerspruch ist innerhalb des Verstandes; er kann gedacht werden, so daß sich die Wahrheit des Verstandes verkehrt hat. „Das Ungleiche, die Erscheinung, ist gleich, das Gleiche, das Gesetz, ist ungleich (Wechsel)." (GA 32, 179) Diese *verkehrte Welt* enthält die erste, übersinnliche Welt jetzt in sich. Das Ergebnis der Entwicklung formuliert Heidegger folgendermaßen: „Diese Einheit aber, die sich unterscheidet und im Unterschied sich das Nicht-Unterschiedene ist, ist der Unterschied an sich, der innere Unterschied, d. h. *Unendlichkeit.*" (GA 32, 180) Somit ist der absolute Begriff oder das unbedingte Allgemeine gefunden, das die Unendlichkeit ist. Hegels Gleichsetzung von absolutem Begriff, Wesen des Lebens und Seele der Welt (PhG, 115, Z. 16 f.) ergänzt Heidegger: „*wir* können sagen: *das Wesen des Seins.*" (GA 32, 180) Mit dieser Ergänzung gibt er wiederum seine eigene Sicht zu erkennen, indem er den absoluten Begriff selbst in erster Linie als Wesen des Seins begreift.

An den Schluß seiner Äußerungen zu „Kraft und Verstand" stellt Heidegger – wie an den Anfang der Auslegung dieses Kapitels – eine zusammenfassende Überlegung, die auch hier für das gesamte Hegelsche Denken geltend gemacht wird. So schließt er aus seiner Auslegung: „Der Verstand von sich aus vermag die Unendlichkeit als solche nicht zu fassen. Der Verstand stößt nur auf die Unendlichkeit und an sie, aber nicht auf sie als eine solche." (GA 32, 180) Die Unendlichkeit ist zwar nun vorhanden, das Bewußtsein kann sie aber noch nicht denken. Der Gegenstand des Bewußtseins ist nun der innere Unterschied, aber eben noch nicht es selbst.

Methodisch bleibt festzuhalten, daß Heidegger den vorangegangenen Kapiteln jeweils *en détail* gefolgt ist, seine Darstellung dieses Kapitels aber eher durch den Blick auf das Ganze des Abschnitts geprägt ist. Der „sinnlichen Gewißheit" und der „Wahrnehmung" ging Heidegger in ihren einzelnen Schritten nach und legte, wie oben entwickelt, die Argumentationsstruktur frei. Hier dagegen zeigt er zuerst philosophiehistorisch, damit einhergehend problemorientiert, und ansatzweise auch entwicklungsgeschichtlich die Bedeutung dieses Kapitels auf, das sich bei Hegel selbst durch den Seitenumfang (26 Seiten gegenüber 10 Seiten für die „sinnliche Gewißheit" und 13 Seiten für die „Wahrnehmung") von den vorangegangenen Gestalten abhebt. Erst *nach* dieser Einführung schaut Heidegger direkt auf den Hegelschen Text. Es ist also zu vermuten, daß die übergreifenden Überlegungen für sein Verständnis von

„Kraft und Verstand" grundlegender sind als die Analyse des Textes selbst. Ebenso zeigt sich durch diesen Zugriff Heideggers „Kampf" mit dem schwierigen Text. Diese Gestalt ermöglicht ihm auch eine kritische Haltung der Kantischen Philosophie gegenüber. (vgl. GA 32, 151) Die Hegelschen Bestimmungen des „Verstandes" und besonders der „Kraft" beurteilt Heidegger dagegen positiv. Daß Heidegger dabei philosophiegeschichtliche Hintergründe nicht eindeutig hervorhebt, ist bereits oben gesagt worden. Heidegger ist seinem eigenen Anspruch aber gerecht geworden, die „inneren Wesensbezüge" (GA 32, 162) des Kapitels durch die geraffte Auslegung des Kraftbegriffes im § 11 zu erfassen, obwohl er die dialektischen Schritte Hegels nicht eigens herausgearbeitet hat, sondern sich eher den inhaltlichen Bestimmungen der Kraft als ihrer dialektischen Bewegung im Nachvollzug zugewandt hat. Heidegger selbst spricht also mehr *über* die Kategorien, als daß er sie mit Hegel *„aus* dem Wesen des Verhältnisses" (GA 32, 150) entwickelt hätte.

Mit der Auslegung dieses Kapitels ist die zentrale Problematik der ganzen Vorlesung angesprochen. Heidegger veranschaulicht dieses mit dem Bild des Weges. Die „Wegkreuzung" (GA 32, 106) der Auseinandersetzung mit Hegel liegt im Seinsproblem. Mit dem Seinsproblem ist die Frage nach Endlichkeit und Unendlichkeit gegeben. Die Auseinandersetzung mit Hegel ist also auf den „Kreuzweg" (GA 32, 92) von Endlichkeit und Unendlichkeit gestellt. Indem Heidegger Hegels Denken der Unendlichkeit mitvollzieht, grenzt er sich gleichsam gegen diese ab. So sagt Heidegger auch im Heraklit-Seminar zu dem Übergang in das Unendliche: „Hegel setzt nicht erst im Endlichen an, um dann ins Unendliche zu gelangen, sondern er fängt bereits im Unendlichen an. Er ist schon von vornherein im Unendlichen." (GA 15, 85) Hegel geht demnach auch in „Kraft und Verstand" nicht wirklich von der Endlichkeit zur Unendlichkeit über, sondern der eigentliche Ausgangspunkt war immer schon die Unendlichkeit oder das Absolute, aus dem die ganze Bewegung entspringt. „Der Fortgang überzeugt nicht, solange sich das Denken auf das Endliche versteift und nicht zuvor den Sprung in das Un-endliche vollzogen hat. Alle Kritik an Hegel, die hier die zwingenden Übergänge vermißt, greift fehl und macht außerdem die »Wesensgeschichte des Geistes« zu einer Sache des »Lehrbuches«." (GA 49, 176) So versteht Hegel schließlich doch das Sein und damit die Absolvenz aus der Unendlichkeit. Wie Heidegger diesen Ansatz für sein eigenes Denken fruchtbar machen kann, indem er ihm seine Konzeption des Endlichen entgegenstellt, ist im folgenden zu fragen.

2. Die Endlichkeit des Daseins

Wenn Heidegger sich dem Zeitproblem bei Hegel zuwendet, fragt er, „ob nicht gerade *Hegels Unendlichkeit* selbst dieser *beiläufigen* Endlichkeit entsprang, um sie dann rückgreifend aufzuzehren." (GA 32, 55) An anderer Stelle fragt er in demselben Sinne, ob „das, was Hegel als die Absolvenz in der »Phänomenologie des Geistes« darstellt, nur die verhüllte Transzendenz, d. h. die Endlichkeit" (Ebd.) ist. Diese Annahme mutet seltsam an, denn sonst hebt Heidegger in der Vorlesung von 1930/31 immer wieder hervor, daß Hegel das Seiende im Ganzen als unendliches zu erfassen sucht.

Es ist eben Heideggers eigene Suche, „ob die Endlichkeit als innerste Not im innersten Sachgehalt des Grundproblems die Notwendigkeit des Fragens bestimmt." (GA 32, 56) In zwei Konditionalsätzen fragt Heidegger weiter nach möglichen Konsequenzen. Wenn die Endlichkeit nicht die Frage nach dem Sein bestimmt, dann soll nicht *gegen* Hegel ein Denken der Endlichkeit propagiert werden, sondern dann gilt es zu sehen, was Hegel überwunden hat und wie er dies konnte. Wenn allerdings doch die Endlichkeit zu der Frage gehört, „dann ist diese Endlichkeit am Ende kein Aushängeschild, unter dem zweifelhafte Altertümer angeboten werden sollen, und nicht die Frisur nach deren Schema man die Überlieferung nun einmal anders frisiert." (Ebd.) Daß die erste Möglichkeit gar nicht für Heidegger in Betracht kommt, ist schon jetzt zu sagen. Seine Auseinandersetzung mit Hegel vollzieht sich bereits auf der Basis seines eigenen Denkens, so daß er bezüglich der Zeitproblematik keine Korrektur durch Hegels Unendlichkeitsbegriff zulassen kann. Für Heidegger ist die Endlichkeit die innerste Not des Fragens nach dem, was durch die Not des Seins selbst bestimmt wird. In den „Beiträgen zur Philosophie" führt Heidegger diesen Gedanken der Not des Seins weiter aus, die sich aus der Seinsvergessenheit ergibt[68] und die den Übergang vom ersten zum anderen Anfang notwendig werden läßt.

Im folgenden gilt es, der Endlichkeit in Heideggers Denken vor dem Hintergrund seiner kritischen Auseinandersetzung mit Hegel näherzu-

---

[68] Vgl. besonders das Kapitel „II. Der Anklang" in den „Beiträgen". Wie sich die Not des Seins bei Heidegger mit der „Notwendigkeit als das Leere und Nichthafte" in der „Phänomenologie" in Beziehung setzen lassen könnte, zeigt Gabriella Baptist. „Dabei wird sich ergeben, wie schon bei Hegel diese Kategorie weit über eine bloß logische oder kosmologische Dimension hinaus ausgearbeitet wird, und wie ihre ontologische und geschichtliche Tragweite hervorgehoben wird." (310) Gabriella Baptist, *Die Not der Notwendigkeit. Geschichte und Phänomenologie des Wirklichen*, in: Hegel-Jahrbuch 1995, hrsg. v. A. Arndt, K. Bal. H. Ottmann, Berlin 1996, 310–312.

kommen. Ein Verständnis der Endlichkeit ist nur im Hinblick auf den Tod zu erreichen, der bereits in „Sein und Zeit" als existenzialer Begriff erarbeitet wurde und sich als konstitutiv für die Daseinsanalyse herausstellte, indem der Tod als „die *eigenste* Möglichkeit des Daseins" bestimmt wurde. (SuZ, 263; zum Tod allgemein vgl. §§ 46–53) Schon die Ausführungen im Sommersemester 1925 bereiten diese Analyse in „Sein und Zeit" vor, wenn Heidegger den Tod dort phänomenologisch als Daseinsphänomen interpretiert. (GA 25, §§ 33, 34) In den „Beiträgen" sagt Heidegger dann zum Tod: „Nur der Mensch »hat« die Auszeichnung, vor dem Tod zu stehen, weil der Mensch inständig ist im Seyn: Der Tod ist das höchste Zeugnis des Seyns." (GA 65, 230) Indem der Tod als höchstes Zeugnis des Seins ausgewiesen wird, ist die Endlichkeit des Seins mit angesprochen, die sich nicht in einer Unendlichkeit des Begriffes erfassen läßt.

In der Vorlesung von 1930/31 ist vom Tod in bezug auf Hegel jedoch nicht die Rede. Die Schrift über die „Negativität" dagegen zeigt Heideggers kritische Haltung zur Hegelschen Auffassung des Todes. Hier spricht Heidegger von der Negativität, die er als das Prinzip des Hegelschen Denkens bezeichnet und die im Zusammenhang mit dem Tod gedacht werden muß. Heidegger bezieht sich auf eine Stelle in der „Vorrede" der „Phänomenologie", wo von der „Macht des Negativen" und dem „Tod" die Rede ist. (PhG, 26, Z. 3 f.) Doch widerspricht Heideggers Denken des Nichts als Abgrund der Hegelschen Auffassung, da bei Hegel dieses Nicht nicht in seiner Abgründigkeit verstanden, sondern „in das »Ja« aufgehoben" wird, so daß für Hegel der Tod, der für Heidegger „das höchste Zeugnis des Seyns" ist, nicht dieselbe konstitutive Bedeutung haben kann. (GA 68, 47)[69]

Im dreizehnten und letzten Paragraphen der Vorlesung von 1930/31 faßt Heidegger die Zeitauffassung in der „Phänomenologie" zusammen. Die Endlichkeit gilt es demnach für Hegel in der „Phänomenologie" zu überwinden. Dieses Ziel tritt in besonderem Maße im Kapitel über das „unglückliche Bewußtsein" hervor, wo sich eine Sehnsucht nach der Einheit des Absoluten und somit nach dem Glück, das das Unglück, also die Endlichkeit, in sich birgt, zeigt. Diese „Art der Zusam-

---

[69] Otto Pöggeler faßt die Heidegger-Kritik an Hegel prägnant zusammen: „Hegel hat trotz seiner pathetischen Rede vom Tod diese Nichtung nicht ernst genommen. Er hat die Negativität vom positiven und negativen Urteilen über etwas her erfahren, damit metaphysisch auf die Vorgestelltheit und das Bewußtsein des Seienden zurückgeführt." Otto Pöggeler, *Hegel und Heidegger über Negativität*, a.a.O., 150.

mengehörigkeit der Entzweiten in Einem macht die *wahre Unendlichkeit des Endlichen* aus." (GA 32, 108)[70]

Mit dem Begriff der Unendlichkeit verbinden sich bei Hegel einerseits der Logos, andererseits das Ego, das Hegel Heidegger zufolge von Descartes übernimmt. Im Logos ist die Unendlichkeit verwurzelt. Der Logos ist durch Descartes auf das Ego, d. h. das Bewußtsein bezogen. Die Kritik am Logos und am Ego kulminiert im Begriff der „Ontotheoegologie", anhand dessen am Ende der vorliegenden Arbeit Heideggers Hegelkritik zusammengefaßt werden soll. Heidegger setzt nun gegen den Logos Hegels, d. h. gegen dessen Ontologie, die Zeit, so daß er schließlich bezüglich seines eigenen Denkens von einer „Ontochronie" (GA 32, 144) sprechen kann, und so macht er das Begriffspaar Sein und Zeit geltend, wohingegen bei Hegel die Gegenüberstellung von Sein und Logos das Denken bestimmt. In Anlehnung an eine Formulierung aus der „Enzyklopädie" von 1830 (§ 258) soll nicht, wie bei Hegel, der Begriff die Macht der Zeit, sondern die Zeit die Macht des Begriffes sein.

Schon zu Anfang seiner Vorlesung sagt Heidegger, wie er den Zusammenhang von Sein und Zeit bei Hegel denkt, indem er sich auf die Stelle im Kapitel über „Das absolute Wissen" beruft, wo es heißt, daß der reine Begriff die Zeit tilgt (PhG, 524, Z. 35 bis 525, Z. 12). „Das *Seins*problem kommt erst da und nur da zu seiner eigentlichen Fassung, wo *die Zeit zum Verschwinden gebracht wird.*" (GA 32, 17 f.) Das Sein ist also bei Hegel an die Unendlichkeit gebunden. Dieser Unendlichkeit steht die Endlichkeit Heideggers gegenüber, und in der Konfrontation beider Begriffe versucht Heidegger, zu Hegel „*die* Verwandtschaft zu schaffen, die notwendig ist, um den Geist seiner Philosophie zu enthüllen." (GA 32, 55) Dabei betont Heidegger, daß beide Begriffe in Verbindung mit der Seinsfrage betrachtet werden müssen. Da bei Hegel aber die „Idee des Seins" immer schon „vorausentschieden" (GA 32, 116) ist, bestimmt er auch die Zeit in diesem logisch-dialektischen Sinn und entfaltet sie nicht aus dem Seinsproblem selbst. Der Aspekt der Entscheidung begegnet auch in Heideggers Ausführungen zur „Einleitung" von 1942. „Das Entscheiden liegt hier tief verborgen: daß überhaupt »Bewußtsein« und Gegenstand und Gegenständlichkeit im Vorrang des Absoluten west." (GA 68, 137)

Heidegger sagt im Hinblick auf sein Denken: „*Das Wesen des Seins ist die Zeit.*" (GA 32, 209) Er knüpft somit an seine Ausführungen in „Sein und Zeit" an und macht demgegenüber für Hegel einen anderen Bezug von Sein und Zeit gel-

---

[70] Im Daseinskapitel der „Wissenschaft der Logik" unterscheidet Hegel die wahre und die schlechte Unendlichkeit. In den Seminaren von Le Thor hebt Heidegger diese beiden Formen der Unendlichkeit voneinander ab. (GA 15, 290)

tend: „Das Sein ist das Wesen der Zeit, das Sein nämlich qua Unendlichkeit." (Ebd.) Weiter unten formuliert er diesen Zusammenhang noch einmal. „*Hegel – das Sein (Unendlichkeit) ist auch das Wesen der Zeit. Wir – die Zeit ist das ursprüngliche Wesen des Seins.*" (GA 32, 211) Als Beleg für seine Hegel-Deutung führt er Passagen des Kapitels „Die Wahrheit der Gewißheit seiner selbst" an, wo die Unendlichkeit im Hinblick auf die Aufhebung aller Unterschiede als reine Bewegung gedacht wird. (Vgl. PhG, 122, Z. 35 bis 123, Z. 1)

Am Schluß seiner Vorlesung bezieht Heidegger den Hegelschen Zeitbegriff auf die Naturphilosophie. „Und wenn Hegel nun von der Zeit im Zusammenhang der Problematik der Geschichte und gar des Geistes spricht, so geschieht das jederzeit in einer formal erweiterten Übertragung des naturphilosophischen Zeitbegriffs auf diese Bezirke. Nicht ist umgekehrt primär die Zeitproblematik aus der Geschichte und gar des Geistes entfaltet." (GA 32, 208) Im Zusammenhang dieser Kritik ist auf den § 82 von „Sein und Zeit" zu verweisen, wo Heidegger Hegels Zeitbegriff unter die Naturphilosophie subsumiert und ihn so als „vulgären Zeitbegriff" kritisiert. Ebenso bezeichnet Heidegger hier den Zusammenhang von Geist und Zeit als eine „Konstruktion". „Weil aber doch zugleich die Zeit im Sinne der schlechthin nivellierten Weltzeit begriffen wird und so ihre Herkunft vollends verdeckt bleibt, steht sie dem Geist als ein Vorhandenes einfach gegenüber. Deswegen *muß* der Geist *allererst* »in die Zeit« fallen." (SuZ, 435; vgl. auch GA 32, 210) Heidegger stellt gegen diese Hegel unterstellte „Konstruktion" seine eigene „Konkretion". „Die vorstehende existenziale Analytik des Daseins setzt dagegen in der »Konkretion« der faktisch geworfenen Existenz selbst ein, um die Zeitlichkeit als deren ursprüngliche Ermöglichung zu enthüllen. Der »Geist« fällt nicht erst in die Zeit, sondern *existiert* als ursprüngliche *Zeitigung* der Zeitlichkeit." (Ebd.) Der Gegensatz, den Heidegger hier zu Hegel herstellt, ist jedoch als *seine* Konstruktion zu bezeichnen, da er weder den Geistbegriff bei Hegel noch den Zeitbegriff in angemessener Weise erarbeitet und die Parallelisierung auf diese Weise an Hegels Denken vorbeigeht.[71] Im Som-

---

[71] Zu dem § 82 von „Sein und Zeit" vgl. die kritische Darstellung von Andreas Luckner. Luckner kritisiert, daß Heidegger die Zeit auf die Naturphilosophie Hegels festlegt. Ebenso hat Heidegger Unrecht, wenn er Zeit und Geist bei Hegel als getrennte Bereiche beschreibt. (Vgl. 176–179) Andreas Luckner, *Martin Heidegger: »Sein und Zeit«. Ein einführender Kommentar*, Paderborn 1997. Vgl. zu diesem Paragraphen auch Denise Souche-Dague, *Une exégèse heideggerienne: le temps chez Hegel d'après le § 82 de „Sein und Zeit"*, in: Revue de Métaphysique et de Morale, Paris, 84 (1979), 101–120. Zu Heideggers Kritik an Hegels Zeitbegriff (besonders in „Sein und Zeit") vgl. Paul Surber, *Heidegger's critique of Hegel's notion of time*, in: Philosophy and Phenomenological Research, Volume XXXIX, 1978/79, 356–377.

2. Die Endlichkeit des Daseins

mersemester 1927 sagt Heidegger, was er durch die Beschäftigung mit dem vulgären Zeitbegriff zu gewinnen sucht. „Es gilt durch das vulgäre Zeitverständnis hindurch zur Zeitlichkeit vorzudringen, in der die Seinsverfassung des Daseins wurzelt und zu der die vulgär verstandene Zeit gehört." (GA 24, 324) Indem Hegel auf die Seite des vulgären Zeitverständnisses gestellt wird, fungiert er für Heidegger als Gegenbeispiel, von dem her er seinen eigenen Zeitbegriff entwickelt.

So stellt Jaspers in einem Brief vom 8. 7. 1928 an Heidegger fest, daß es in „Sein und Zeit" wohl nicht wirklich um eine Hegelkritik ging, sondern Hegel nur als „kontrastierendes Mittel" diente und Heidegger für seine Zwecke Hegel nicht nötig gehabt hätte. (Jasp., 102) In seinen Notizen zu Martin Heidegger hebt Jaspers dann in einer direkten Gegenüberstellung der beiden Denker pointiert Heideggers verfehlte Vorwürfe und Mißverständnisse hervor. So sagt er dort gegen Heideggers Kritik daran, daß bei Hegel der Geist in die Zeit falle. „Hegel: Nicht der Geist fällt in die Zeit, sondern seine Momente als endliche. Die Zeit ist Negation des Bestehens des Endlichen." Darauf notiert Jaspers, wie die Zeitauffassung bei Hegel und Heidegger zu unterscheiden ist. „Hegel: zwischen Zeit als Endlichkeit und absolutem Sein (oder zwischen Positivismus und Aufschwung zum eigentlichen Sein) Heidegger: zwischen Zeit als vulgärer Jetztfolge und Zeit als existentiellem Phänomen (oder zwischen objektivem Naturwissen und giltigem Existenzwissen)."[72] Von dieser Gegenüberstellung der Zeitauffassungen her wird der Unterschied zweier Denkweisen angedeutet. Hegels Zeitbegriff, der an sein Denken der Bewegung des Begriffes gebunden ist, steht dabei einem Zeitbegriff gegenüber, der den Horizont des Seins bildet und der sich als existentieller Begriff „primär als »sich vorwegsein« und als »Schon sein in einer Welt«"[73] verstehen läßt.

Die Auseinandersetzung mit der vulgären Zeit führt Heidegger in der Vorlesung vom Sommersemester 1927 zu der folgenden Konfrontation von Endlichkeit und Unendlichkeit: „Nur weil die Zeitlichkeit im eigentlichen Sinne endlich ist, ist die uneigentliche Zeit im Sinne der vulgären Zeit unendlich. Die Unendlichkeit der Zeit ist nicht etwa ein Vorzug der Zeit, sondern ein Privativum, das einen negativen Charakter der Zeitlichkeit charakterisiert." (GA 24, 386) Etwas weiter sagt Heidegger, daß er an dieser Stelle nicht weiter auf die Endlichkeit eingehen könne, da diese mit dem schwierigen Problem des Todes zusammenhänge.

---

[72] Karl Jaspers, *Notizen zu Martin Heidegger*, hrsg. von Hans Saner, München 1978, 28.
[73] Ebd.

In das Umfeld der Vorlesungen, die zu „Sein und Zeit" hinführen, gehört auch die Vorlesung vom Wintersemester 1925/26, die als Aristoteles-Vorlesung geplant war und sich dann Kant zuwandte. Hier setzt sich Heidegger in den §§ 20 und 21 kritisch, zuweilen polemisch, mit Hegels Zeitbegriff auseinander und ordnet ihn, zusammen mit dem Begriff des Raumes, wiederum der Naturphilosophie Hegels in der „Enzyklopädie" zu. Dabei wird Hegels Zeitdenken immer wieder mit dem des Aristoteles parallelisiert, der Heidegger zufolge die Zeit als eine Reihe von Jetztpunkten ansieht. (Vgl. besonders GA 21, 266)[74]

In demselben Semester macht Heidegger neben einer Übung zu Hegels „Wissenschaft der Logik" auch eine Übung zu Kants „Kritik der reinen Vernunft". Seine Bemerkungen in einem Brief an Jaspers vom 10.12.1925 bestätigen die kritische Haltung gegenüber Hegel in dieser Phase seines Denkens und die positive Aufnahme Kants, dessen Lehre über den Schematismus der reinen Verstandesbegriffe Heidegger für seine Zeitanalyse aufgreifen und nutzen konnte. Während sich Heidegger in diesem Brief zuvor skeptisch zum Anfang der „Wissenschaft der Logik" äußert, sagt er: „das Schönste aber, ich fange an, *Kant wirklich zu lieben*." (Jasp., 57)

Im Sommersemester 1929, in demselben Jahr, in dem auch sein Kantbuch erschien, las Heidegger in Freiburg über den Deutschen Idealismus, d. h. jetzt über Fichte, Schelling und Hegel. Im Zentrum der Vorlesung steht seine Auseinandersetzung mit Fichtes „Wissenschaftslehre", dann folgt eine Zwischenbetrachtung über den frühen Schelling, und schließlich spricht Heidegger über Hegels „Differenzschrift", wobei er sich neben der konkreten Textanalyse auch immer wieder zu Hegels Philosophie im ganzen äußert. Im Hinblick auf eine bevorstehende Beschäftigung mit Hegel reflektiert er hier „über das Wie einer zukünftigen Auseinandersetzung mit Hegel" (GA 28, 208 ff.). Diese Überlegungen deuten wohl auf die Vorlesung von 1930/31 voraus, und auch

---

[74] Zur Kritik und zum Mißverständnis der Heideggerschen Auffassung der Zeittheorie Aristoteles' als eine Reihe von Jetztpunkten sagen Otto Pöggeler und Friedrich Hogemann, daß Heidegger „trotzdem nicht auf die kontroversen Auslegungen der aristotelischen Auffassungen von Zeit und Zahl" eingeht. Heidegger stützt seine Interpretation auf einen Übersetzungsfehler. Ihm lag der Text von Bekker vor, der von einem Zeitpunkt ausgeht, der zur Vergangenheit und zur Zukunft hin offen und zählbar ist. In der Übersetzung von Ross wird der Punkt dann aber durch die Linie ersetzt. (68) Otto Pöggeler und Friedrich Hogemann, *Martin Heidegger: Zeit und Sein*, in: Grundprobleme der großen Philosophen, Philosophie der Gegenwart V, hrsg. v. J. Speck, Göttingen 1982, 48–86.

hier zeigt sich Heideggers intensive Bemühung um eine Auslegung Hegels, wobei er zu bedenken gibt, daß „diese Auseinandersetzung die strengste ist, wo es doch leicht und bequem scheinen könnte, gegen das Absolute nun eben die offenbare Endlichkeit unserer selbst auszuspielen." (GA 28, 208) Heidegger erkennt dann aber auch in Hegels Denken die Endlichkeit an, die aber dadurch noch verschärft ist, daß sie in das Absolute „verlegt" wurde. (GA 28, 210) Auch hier beruft sich Heidegger auf den § 258 in der Naturphilosophie der „Enzyklopädie", wenn er sagt, daß der Geist ewig und somit nicht der Zeit untertan, sondern „absolute Gegenwart" sei. Die Ewigkeit verhält sich zur Zeit, indem sie „die Zeit aus sich entläßt, ohne selbst in die Zeit gerissen zu werden." (GA 28, 211) Daraufhin fragt Heidegger, ob nicht vielmehr die Ewigkeit der Zeit entspringe und somit selbst endlich sei. „Wir müssen noch deutlicher fragen, ob wir denn so in der Wirklichkeit der Ewigkeit sind wie in der Zeit." (GA 28, 213) Heidegger beantwortet seine eigene Frage mit Hegels Argument, daß immer vom *Begriff* der Zeit und vom *Begriff* der Ewigkeit die Rede ist, und daß die Zeit in ihrem Begriff schon ewig ist. Da bei Hegel der Begriff als das Ewige die Sache selbst ist, gilt hier „der Begriff von Zeit qua ›Begriff‹." (Ebd.) Somit ist es unmöglich, diese Position des Deutschen Idealismus zu widerlegen, „denn woher soll die Widerlegung genommen werden?" (GA 28, 214) In diesen Überlegungen tritt Heideggers ringendes Bemühen um eine Haltung gegenüber Hegels Zeitbegriff sowie dessen Philosophie im allgemeinen zutage, das sich in den folgenden Semestern fortsetzt und Heideggers eigene Entwicklung beeinflußt.[75] Auch in der Vorlesung von 1930/31 ist immer wieder Heideggers Suchen nach einem Standpunkt gegenüber Hegel zu erkennen. Die Frage, *woher* eine Widerlegung genommen werden kann, sieht Heidegger mit der „lebendigen Frage" gegeben, die an Hegel herangetragen werden muß. Ergänzend soll noch auf eine Vorlesung hingewiesen werden, die Heidegger im Sommersemester 1930 hielt, also ein Semester bevor er über die „Phänomenologie" sprach. Sie handelt „Vom Wesen der menschlichen Freiheit". Dabei entwickelt Heidegger mit dem Freiheitsproblem die Grund- bzw. Leitfrage

---

[75] Jean-Louis Vieillard-Baron stellt in einer ausführlichen Studie die Zeitbegriffe Platons, Hegels und Heideggers dar, um daran anschließend die Begriffe Geschichte und Geschichtlichkeit zu entwickeln. Jean-Louis Vieillard-Baron, *Le temps. Platon, Hegel, Heidegger*, Paris 1978. Einen Aufsatz zum Zeitbegriff in der „Phänomenologie des Geistes" legt Joseph C. Flay vor. Er sieht Zeit und Raum in diesem Werk zusammengedacht, so daß die Begriffe den Bezug des Bewußtseins zur Welt herstellen. Joseph C. Flay, *Time in Hegel's Phenomenology of Spirit*, in: International Philosophical Quarterly, New York, Namur, 31 (1991), 259–273.

der Philosophie.⁷⁶ Im § 10 kommt Heidegger schließlich auf Hegel zu sprechen und stellt wiederum die Wirklichkeit des Geistes, der der ewige Geist ist, als „absolute Gegenwart" dar. (GA 31, 109) Bei Hegel wird demnach das Sein als beständige Anwesenheit gedacht. Die Substanz, die in der „Phänomenologie" Subjekt werden muß, macht das Sein des Seienden aus, wobei das Sein die beständige Gegenwart ist. Diese Gegenwart bestimmt Heidegger näher als „jene Gegenwart, die bei sich selbst und durch sich selbst steht, in sich reflektierte Dauer; eine Anwesenheit von der höchsten Beständigkeit, die nur die Ichheit, das Beisichselbstsein, zu geben vermag." (GA 31, 110) Hervorzuheben ist an diesen Äußerungen Heideggers Betonung der Substanz. Indem Hegel das „Sein als Substanz radikaler begreift", hebt er „die Problematik der abendländischen Metaphysik in eine neue Dimension". (GA 31, 110 f.) Die Vorlesung von 1930/31 denkt dagegen das Hegelsche Sein fast ausschließlich aus dem Subjekt, ohne den Substanzbegriff, der von Hegel als Leben gefaßt wird, gebührend zu interpretieren, geschweige denn ihn als konstitutiv zu betrachten.⁷⁷

In den „Beiträgen" wird Heideggers Kritik am Hegelschen Unendlichkeitsbegriff noch einmal explizit. „Was heißt: das Sein »ist« un-endlich? Diese Frage ist gar nicht zu beantworten, wenn das Wesen des Seyns nicht mit in Frage steht." (GA 65, 268) Heidegger stellt seine Auffassung von Endlichkeit dagegen, die aber keine ausgearbeitete Lehre der Endlichkeit sein soll, denn die Endlichkeit ist nicht als systematisch theoretisches Grundwort mißzuverstehen;⁷⁸ „und der Satz: das Seyn ist endlich, [ist] nur gemeint als übergängliche Abwehr des »Idealismus« jeglicher Art. Dagegen steht das Ereignis in seiner »Kehre«! (strittig)." (Ebd.) Daran schließt Heidegger seine Erklärung an, warum er das unendliche Sein ablehnt und was dagegen das endliche Sein bedeutet. „Wenn das Seyn als unendlich gesetzt wird, dann ist es gerade *bestimmt*. Wird es als endlich gesetzt, dann wird seine Ab-gründigkeit bejaht. Denn das Un-endliche kann ja nicht gemeint sein als das fließende, nur sich verlaufende Endlose, sondern als der geschlossene Kreis!" (GA 65, 268 f.) Die Endlichkeit ist somit an das Abgründige gebunden, ebenso

---

⁷⁶ Den Unterschied der beiden Fragen belegen viele Textstellen in den „Beiträgen". Vgl. z. B. GA 65, 171.
⁷⁷ Im anschließenden Kapitel der vorliegenden Arbeit wird diese Bestimmung des Lebens näher ausgeführt. (Vgl. III, 1)
⁷⁸ Ebensowenig ist aber die Unendlichkeit das *Grundwort* Hegels, wie Heidegger Hegel unterstellt und ihn somit mißdeutet.

2. Die Endlichkeit des Daseins

läßt sich das Sein nicht auf einen letzten Grund zurückführen. So muß Heidegger auch ein Denken in einem philosophischen System ablehnen, das das Sein *systematisch* vollständig zu ergründen sucht. „An die Stelle der Systematik und der Herleitung tritt die geschichtliche Bereitschaft für die Wahrheit des Seyns." (GA 65, 242) Dabei west das Seyn als Ereignis, das die Kehre, d. h. die Umkehr zur Wahrheit des Seyns ermöglicht.

Wie im Kapitel (I, 2) über den ersten und den anderen Anfang, so soll auch hier noch einmal zusammengefaßt werden, welche Bedeutung Hegel für Heideggers Denken der Endlichkeit hat. Es sind mit dem Begriffspaar Endlichkeit und Unendlichkeit zwei Standpunkte gegeben, die Heidegger auf einen „Kreuzweg" (GA 32, 92) stellen will. Dabei muß der Kreuzungspunkt beider Wege als die *Frage* bezeichnet werden, nämlich die Frage nach dem Wesen des Seins, die beide Philosophen „in gleicher Weise zum Gang drängt". (GA 32, 113)[79] Nach Heidegger stellt Hegel dabei aber die Frage nach dem Sein nicht direkt. Er gibt vielmehr die Antwort auf die Frage nach dem Wesen des Seienden, das er als Unendlichkeit faßt.

Da das Denken der Zeit bzw. der Endlichkeit für Heidegger in seinem gesamten Werk tragend war, könnte nur eine entwicklungsgeschichtliche Aufarbeitung den Wandlungen seines Zeitbegriffs näherkommen. Für die Auseinandersetzung mit der Hegelschen Philosophie ist festzuhalten, daß Heidegger in der Konfrontation mit Hegel nach einer Möglichkeit sucht, das Unendliche im Endlichen und das Ewige im Augenblick zu sehen. Dieser Versuch steht in Verbindung mit seinem neuen Denkansatz nach der „Kehre", die von der temporalen Interpretation zu einer Seinsgeschichte, die nach neuen Zeitbegriffen fragt, führte.

---

[79] Vgl. zu diesem Punkt auch die „Einleitung" der vorliegenden Arbeit.

III. Leben und Selbstbewußtsein

1. Die Bestimmung des Selbstbewußtseins – Die Wahrheit der Gewißheit seiner selbst und das unglückliche Bewußtsein

In dem zweiten Teil der Heideggerschen Vorlesung geht es um die Interpretation des Selbstbewußtseinskapitels. Es beginnt ein neuer Abschnitt „B. Selbstbewußtsein". So ist dieser Übergang von „Kraft und Verstand" zu „Die Wahrheit der Gewißheit seiner selbst" als Gang zu einer neuen Wahrheit zu verstehen. In Heideggers Text zur „Einleitung" der „Phänomenologie" von 1942 finden sich Hinweise zu diesem Übergang, der seinen Ausgang im Bewußtsein nimmt. „Das Bewußtsein ist durch die Gewalt seines absoluten Wesens zum Fortgang solange genötigt, als es nicht sich selbst unbedingt in seiner Wahrheit weiß und so an sich und für sich selbst es selbst ist. Durch dieses Ziel des Ganges ist nun auch jede Gestalt des Fortgangs und der Übergang von der einen zur anderen bestimmt: Es sind die aus dem inneren Hinblick auf das absolute Selbstbewußtsein sich bestimmenden Gestalten und Stufen des Selbstbewußtseins." (GA 68, 89 f.)

An anderer Stelle geht Heidegger sogar so weit zu sagen, daß die „Phänomenologie" eigentlich mit dem Selbstbewußtsein beginnt. „Die »Phänomenologie des Geistes« beginnt eigentlich erst mit B. Selbstbewußtsein; und A. ist nur die Versetzung in das Bewußtsein als die Abstraktion – die äußerste Endlichkeit des Selbstbewußtseins." (GA 49, 178) Die gesamte *Idee* der „Phänomenologie" sieht Heidegger mit der Gestalt des Selbstbewußtsein gegeben.[80] So ist für ihn der Beginn der „Phänomenologie" (mit dem Selbstbewußtsein) nicht mit ihrem tatsächlichen Anfang (mit der sinnlichen Gewißheit) identisch.

Immer wieder bestimmt Heidegger das Selbstbewußtsein als das Wesen des Bewußtseins und beruft sich dabei auf das Cartesische Cogito, das er aber deutet als ein „ego cogito me cogitare" (vgl. u. a. GA 68, 76). Neben Descartes ist das Selbstbewußtsein für Heidegger an Kant gebunden. „Hegel denkt das Selbstbewußtsein im voraus zugleich im Kantischen Sinne »transzendental«, d. h. im Hinblick auf die Gegenständlichkeit des Bewußtseinsgegenstandes." (GA 68, 91)

---

[80] Zum Problem des Selbstbewußtseins in der „Phänomenologie" siehe Otto Pöggeler, *Hegels Idee einer Phänomenologie des Geistes*, a.a.O., 231–298. Pöggeler stellt neben seiner eigenen Deutung der „Phänomenologie des Selbstbewußtseins" auch die weiteren unterschiedlichen Ansätze der Auseinandersetzung mit dem Selbstbewußtsein dar.

1. Die Bestimmung des Selbstbewußtseins

Mit diesen kurzen Vorbemerkungen zu Heideggers Sicht des Hegelschen Selbstbewußtseins in verschiedenen Schriften und Vorträgen ist jetzt zu betrachten, wie er sich in der Vorlesung von 1930/31 mit dem Selbstbewußtsein in seiner logischen Entwicklung befaßt.

Im Nachwort der Herausgeberin der Vorlesung heißt es, daß der Übergang vom Bewußtsein zum Selbstbewußtsein das Selbstbewußtsein nicht nur vom Wissen her, sondern in seinem *„Seinssinn"* (GA 32, 220) herausstellt. Es geht hier also um den Stand des Selbst, das Selbst-sein, wohingegen es sich zuvor um die Gegenständlichkeit des Gegenstandes gehandelt hat. In diesem Zusammenhang sagt Ingtraud Görland, daß Heidegger, in ähnlicher Weise wie an Kant, positiv an Hegel anknüpfen kann. „In bestimmter Hinsicht sieht Heidegger seine eigene Intention gegenüber Kant – die Darlegung der Möglichkeit des apriorischen Seinsverstehens aus dem einheitlichen Grunde der Selbstheit – auch in Hegels dialektischer Entwicklung des Bewußtseins zum Selbstbewußtsein wirksam; [...]" (GA 32, 220)

Nun soll, wie in den vorhergehenden Kapiteln, im einzelnen betrachtet werden, wie Heidegger sich mit dem Selbstbewußtsein beschäftigt. Gegenüber der Auseinandersetzung mit „Kraft und Verstand" widmet Heidegger diesem umfangreichen Kapitel nur wenige, d.h. 30 Seiten. („Kraft und Verstand" umfaßt 44 Seiten). Auch dieses Kapitel ist in zwei Paragraphen unterteilt. Zunächst gewinnt Heidegger das Selbstbewußtsein als die Wahrheit des Bewußtseins durch die Interpretation des Kapitels „Die Wahrheit der Gewißheit seiner selbst" (§ 12). Dann gibt er eine eher zusammenfassende Darstellung, indem er über das Sein des Selbstbewußtseins spricht und in diesem Zusammenhang auf das „unglückliche Bewußtsein" verweist (§ 13). Auch hier soll der methodische Zugang auf das Selbstbewußtseinskapitel Aufschluß darüber geben, wie Heidegger diese Gestalt der „Phänomenologie" faßt. Dazu ist wiederum auf das Hegelsche Kapitel selbst und dessen Argumentation zu blicken.

Heidegger faßt den Abschnitt „Die Wahrheit der Gewißheit seiner selbst", dem er sich in **§ 12** zuwendet, richtig als eine „Einleitung", die er als besonders schwierig bezeichnet. (GA 32, 197) Daß Heidegger „Einleitung" sagt, weist auch auf die Sonderstellung dieses Absatzes hin. Überblickt man die Struktur des gesamten Kapitels, so ist dieser Text als Metatext zu bezeichnen. Um den Übergang vom Bewußtsein her zu verstehen, müssen die letzten Textpassagen des vorangegangenen „Kraft und Verstand"- Kapitels mit in die Argumentation einbezogen werden. Dort wurde gezeigt, wie die Widersprüche in einer Einheit zu fassen sind und daß das Bewußtsein auf der Ebene des Verstandes den Widerspruch in sich selbst denken kann. Er ist an sich selbst oder als Unendlichkeit. So führte Hegel den Begriff des Selbstbewußtseins und den Lebensbegriff ein, die beide an die Unendlichkeit gebunden sind. (Hierzu: PhG, 115, Z. 16 f. und 117, Z. 37 bis 118, Z. 1) Nun muß er im folgenden, d. h. im Kapitel „Die Wahrheit der Gewißheit seiner selbst" zeigen, wie sich Leben und Selbstbewußtsein zueinander verhalten. „Mit dem Selbstbewußtsein sind wir also nun in das einheimische Reich der Wahrheit eingetreten." (PhG, 120, Z. 35 f.) So charakterisiert Hegel den erreichten Stand der Bewußtseinsgeschichte. Das Selbstbewußtsein hat dabei zwei Seiten, denn es ist einerseits das Bewußtsein mit einer sinnlichen Welt, also Leben, andererseits ist es auch in der Beziehung auf sich und hat die Begierde, es selbst zu werden.

Hier kann nicht der ganze Argumentationsverlauf des komplizierten Abschnitts nachvollzogen werden.[81] Es gilt lediglich im Vorblick auf Heideggers Auslegung herauszustellen, welche tragende Bedeutung das *Leben* für den gesamten Text hat. Auf die Stelle in „Kraft und Verstand", an welcher Hegel das Leben einführte, wurde im vorangegangenen Kapitel (II, 1) schon hingewiesen. (PhG 115, Z. 16 bis 22) Es zeigte sich das Leben als die „einfache Unendlichkeit". Im Kapitel „Die Wahrheit der Gewißheit seiner selbst" sagt Hegel nun, daß der Gegenstand, der für das Bewußtsein das Negative geworden ist, das Leben ist, und der Gegenstand der unmittelbaren Begierde ist ein Lebendiges. (PhG, 122, Z. 7 bis 15) So kann dann von einem Gegensatz von Leben und Selbstbewußtsein gesprochen werden.

Im folgenden beschreibt Hegel das Leben als einen Kreislauf, der sich zuerst zergliedert und dann wieder aufhebt. So hat auch das Leben zunächst zwei Seiten, wobei die eine Seite die selbständigen Gestalten sind, die ein Bestehen für sich haben und zugleich unter die Unendlichkeit des Unterschiedes fallen. Auch am Gegensatz von Leben als An sich und diesen Gestalten zeigt sich der Unterschied, denn die Gestalten sind das Andere zu diesem An sich. Aber das Leben, oder, wie Hegel es auch nennt, die „Flüssigkeit", wird durch den Unterschied selbst eine andere, „denn sie ist itzt für den *Unterschied*, welcher an und für

---

[81] Eine ausführliche Auseinandersetzung mit der logischen Struktur dieses Kapitels der „Phänomenologie" aus der Perspektive des Lebensbegriffs ist von der Verfasserin an anderer Stelle erfolgt. Annette Sell, *Aspekte des Lebens. Fichtes Wissenschaftslehre von 1804 und Hegels Phänomenologie des Geistes von 1807*, in: Sein-Reflexion-Freiheit. Aspekte der Philosophie Johann Gottlieb Fichtes, hrsg. v. Christoph Asmuth, Bochumer Studien zur Philosophie Bd. 25, Amsterdam/Philadelphia 1997, 79–94, hier bes. 85 ff.

sich selbst, und daher die unendliche Bewegung ist, von welcher jenes ruhige Medium aufgezehrt wird, das Leben als Lebendiges." (PhG, 124, Z. 12 bis 15) So hat Hegel den Prozeß des Lebens entwickelt, der gliedert und zugleich aufhebt. Während es zuvor in seiner Unmittelbarkeit war, kann es sich jetzt reflektieren, so daß von einem *selbstbewußten Leben* gesprochen werden kann.

Dieses ist die reflektierte Einheit, die nun aber auch wieder für eine zweite Seite da ist, nämlich für das Bewußtsein. Hegel muß jetzt darstellen, wie sich das *lebendige Selbstbewußtsein* hervorbringt. Dieser Gedankengang zeigt, wie sich das Leben im Selbstbewußtsein durchhält, und ist somit für den gesamten Ansatz der „Phänomenologie" bedeutungsvoll, so daß es unumgänglich ist, die einzelnen Schritte mit Hegel mitzugehen.[82] Das Selbstbewußtsein vernichtet durch die Begierde den Gegenstand, um zu sich selbst zu kommen, wobei das Leben der Gegenstand ist. Der Gedanke ist dabei, daß das Selbstbewußtsein erst durch die Aufhebung des Lebens zu sich kommen kann und daß es somit das Leben für sein Selbstwerden *braucht*. Hegel zeigt auch die Selbständigkeit des Gegenstandes auf, der das Negative an ihm selbst ist und als dieses Negative für ein Anderes sein muß. „Indem er die Negation an sich selbst ist, darin zugleich selbstständig ist, ist er Bewußtsein." (PhG, 126, Z. 20 f.) An dem Leben als Gegenstand der Begierde „ist die *Negation* entweder *an einem anderen*, nämlich an der Begierde, oder als *Bestimmtheit* gegen eine andere gleichgültige Gestalt, oder als seine *unorganische allgemeine Natur*." (PhG, 126, Z. 23 bis 26) An dieser ist die Negation absolut, sie ist die Gattung als solche oder eben als Selbstbewußtsein. Durch diese Argumentation ist also die Herleitung des Selbstbewußtseins aus dem Leben vollzogen, es ist *lebendiges Selbstbewußtsein*. Dabei ist das Selbstbewußtsein durch die Befriedigung der Begierde zur Wahrheit der Gewißheit seiner selbst gelangt, aber hierzu braucht es auch die Verdoppelung des Selbstbewußtseins. Erst wenn ein Selbstbewußtsein für ein anderes ist, kann es seine Befriedigung finden.[83] Da das Selbstbewußtsein nun zugleich Ich und Ge-

---

[82] Otto Pöggeler entwickelt den Gedanken der Zusammengehörigkeit von Leben und Selbstbewußtsein. „Das Selbstbewußtsein ist die »Wahrheit« der Gestalten des Bewußtseins; dem Bewußtsein, das die Struktur eines Dinges zu erfassen sucht, zeigt sich die Struktur in einer erfüllteren Weise am Leben und an ihm selbst." (243) Otto Pöggeler, *Hegels Idee einer Phänomenologie des Geistes*, a.a.O., 242 ff.
[83] Die Schwierigkeiten, die mit der Bestimmung des „Selbstbewußtseins für ein Selbstbewußtsein", verbunden sind, stellt Georg Römpp dar und zeigt dabei den Aufbau des Kapitels „Die Wahrheit der Gewißheit seiner selbst". Georg Römpp, *Ein Selbstbewußtsein für ein Selbstbewußtsein*, in: Hegel-Studien 23 (1988), 73–94.

genstand sein kann, spricht Hegel hier zum ersten Mal vom „Begriff des Geistes" (PhG, 127, Z. 18), und so hat das Bewußtsein im Selbstbewußtsein seinen „Wendungspunkt" (PhG, 127, Z. 25) erreicht.

Obwohl Heidegger diesen Abschnitt als „Einleitung" erkannt hat, sieht er nicht, daß Hegel seine Einleitung bzw. den Metatext noch weiterführt, indem er nicht gleich anhand der drei Beispiele (Kampf auf Leben und Tod, Herrschaft und Knechtschaft, Arbeit) das Bewußtsein prüft, sondern zuvor den Begriff der *Anerkennung* entwickelt (PhG, 127, Z. 33 bis 130, Z. 23), der die dialektische Verbindung des einen Selbstbewußtseins mit dem anderen darstellt.

Vor diesem Hintergrund gilt es, die Heideggersche Auslegung des Kapitels „Die Wahrheit der Gewißheit seiner selbst" im § 12 daraufhin zu prüfen, wie Heidegger durch den Text geht. Es beginnt also ein neuer Teil der Vorlesung, in der Heidegger bisher die ersten drei Kapitel der „Phänomenologie" interpretiert hat. Schon dem Kapitel „Kraft und Verstand" wandte er sich vornehmlich philosophiegeschichtlich zu, wohingegen er die „sinnliche Gewißheit" sowie die „Wahrnehmung" in ihren logischen Herleitungen verfolgte. Oben wurde gezeigt, welche Bedeutung das Selbstbewußtseins-Kapitel einnimmt, und daß nur ein Mitgehen mit Hegels Argumenten in den Kern dieser Gestalt führt. Heidegger schaut aber auch hier auf das Ganze des Kapitels „Die Wahrheit der Gewißheit seiner selbst", ohne dem Text im einzelnen zu folgen. Dann deuten einige Zitate im § 13 auf die Gestalt des „unglücklichen Bewußtseins" (GA 32, 202; vgl. auch GA 32, 108), und Heidegger weist auf das Vernunftkapitel voraus, wobei ebenfalls der philosophiegeschichtliche Kontext zur Argumentation herangezogen wird. Diese Auslegung gilt es nun zu betrachten.

Heidegger geht in § 12 zunächst auf die Überschreibung des Kapitels als „Die Wahrheit der Gewißheit seiner selbst" ein und hebt die Wahrheit dabei hervor, die es in den vorangegangenen Kapiteln so noch nicht gab, da dort das Wissen noch nicht das Wahre war, sondern der Gegenstand dem Wissen als ein Fremdes gegenüberstand. Nun ist das Wissen selbst für es der Gegenstand, d. h. das Wissen weiß sich selbst. So können Wahrheit *und* Gewißheit im selben Titel auftauchen als „Wahrheit der Gewißheit seiner selbst". Dieser Titel des Abschnitts B. gilt Heidegger als Indiz für die neue Stufe, die an dieser Stelle in der „Phänomenologie" erreicht ist. So kann er sich der neuen Wahrheit zuwenden, die mit dem Satz „Mit dem Selbstbewußtsein sind wir also nun in das einheimische Reich der Wahrheit eingetreten." (PhG, 120, Z. 35 f.) gegeben ist.

Heidegger hebt hervor, daß an dieser Stelle der Begriff des Geistes auftritt und somit der „Wendungspunkt" (PhG, 127, Z. 25) in der Bewußtseinsgeschichte erreicht ist. (GA 32, 187 f.) In diesem Zusammenhang nimmt er die Reflexionen über das „Wir" wieder auf, dessen Bedeutung er bei der Betrachtung der „sinnlichen Gewißheit" bereits erläutert hat. (GA 32, 65 f.) Wohingegen *wir* zuvor für das Bewußtsein stellvertretend sein mußten, kann das absolute Wissen selbst immer mehr an *unsere* Stelle treten, insbesondere nachdem es seinen Wendungspunkt mit dem Selbstbewußtsein erreicht hat. „Nach dieser Wendung bewegt sich gleichsam das Werk in der eigenen, ständig aus sich selbst schöpfenden Klarheit und verliert von da an alle zentralen philosophischen Schwierigkeiten, sofern das Wissen jetzt in sich, in seinem absoluten Wesen geklärt, nur noch bei sich selbst ist." (GA 32, 189) Wenn Heidegger an dieser Stelle bereits alle Schwierigkeiten als geklärt erachtet, verkürzt er das Anliegen der „Phänomenologie des Geistes" sowohl auf das Selbstbewußtsein hin, das erst noch eigens in den drei Beispielen geprüft soll, als auch auf den Begriff des Geistes hin, der zwar jetzt mit vorhanden, aber noch nicht in seinen Gestalten entwickelt ist. Hegel zufolge muß das Bewußtsein noch die Gestalten der „Vernunft", des „Geistes" und der „Religion" durchlaufen, bis es das „absolute Wissen" erreicht und der Geist weiß, daß er an und für sich ist.

Ebenso wie Heidegger das Wahrnehmungskapitel als „Mitte" (GA 32, 117 f.) bezeichnet hat, ist für ihn auch das Selbstbewußtseinskapitel eine Mitte zwischen Bewußtsein und Vernunft. „Das Selbstbewußtsein ist die *Mitte,* mittels derer der Geist ermittelt wird in der Geschichte der Erfahrungen, die das Wissen mit sich selbst macht. Als diese vermittelnde Mitte, die sich, sich selbst aufhebend, dem Geist als der absoluten Wahrheit übermittelt, – als diese vermittelnde Mitte zeigt das Selbstbewußtsein nicht nur in die Richtung der *Herkunft* aus dem Bewußtsein, sondern zugleich in die Richtung der *Zukunft,* die ihm als Geist *zukommt.*" (GA 32, 187) Auch Hegel bezeichnet das Selbstbewußtsein als Mitte, jedoch in anderer Hinsicht als Heidegger. Heideggers Deutung der Mitte zeigt wiederum, daß der Übergang, wie im Wahrnehmungskapitel, einen *zeitlichen* Aspekt erhält. Bei Hegel ist dieser Zeitbezug auch hier nicht gegeben. Er bezeichnet das Selbstbewußtsein als die Mitte, wodurch es sich in seine Extreme und im absoluten Übergang in sein Gegenteil setzt. Dabei ist jede Seite für die andere die Mitte. Hegel entwickelt durch diesen Gedankengang den Begriff der gegenseitigen Anerkennung, die die Verdoppelung des Selbstbewußtseins ist. (PhG, 129, Z. 12 bis 29) Dabei kann Hegel auf das „Spiel der Kräfte" zurückgreifen, wobei der Prozeß aber jetzt im Bewußtsein verläuft. Hegel sprach im Kapitel „Kraft und Verstand" von dem Begriff der Mitte, um ebenfalls ein Verhältnis zweier Extreme zu kennzeichnen. (PhG, 96, Z. 31; 99, Z. 30 ff.; 100, Z. 35 ff.; 118, Z. 25 und 29) Es stehen sich also zwei unterschiedliche Verwendungen des Begriffs „Mitte" gegenüber, was von Heidegger nicht thematisiert wird. Hegel gebraucht den Begriff der Mitte nicht im Hinblick auf den Übergang von einer Gestalt zur anderen und könnte so auch nicht, wie Heidegger, eine ganze Gestalt als Mitte bezeichnen. Ebenso ist die Mitte nicht in Verbindung mit der Zeit zu sehen.[84]

Im folgenden stellt Heidegger besonders das Faktum des *Übergangs* in den Vordergrund seiner Überlegungen, wobei er diesen allerdings nicht logisch mitvollzieht, sondern sich eher äußerlich der Bedeutung des Übergangs vom Bewußtsein zum Selbstbewußtsein nähert. (GA 32, 189 ff.) Schon an früherer Stelle hob Heidegger die Bedeutung der Übergänge für das gesamte Werk hervor, so daß sich an seiner Sicht dieser Übergänge sowohl sein methodischer Zugang zur „Phänomenologie" als auch seine Auffassung der Struktur des Werkes zeigt. „Nur so kommt der Gehalt in *Bewegung,* und die innere Bewegung des Werkes, seine Übergänge, sind das Entscheidende, nicht so sehr das greifbare Stoffliche. Übergänge müssen gegangen werden und sind nie zu erreichen, solange wir uns nur auf das eine oder andere Ufer stellen." (GA 32, 113)

Heidegger richtet bezüglich des Selbstbewußtseinskapitels auf den Übergang sein besonderes Interesse. Dementsprechend reflektiert er nun vor dem Hintergrund der Philosophiegeschichte den Übergang vom Bewußtsein zum Selbstbewußtsein, den man von der damaligen

---

[84] Jan van der Meulen spricht ebenfalls von der Mitte, aber in einem anderen Sinn. Er sucht die Mitte zwischen Hegel und Heidegger und zeigt, daß „die Mitte des Problems der Beziehung unserer beiden Denker das Problem der Mitte selbst ist." (178) Es ist das Problem des „wahren Einheitspunktes von Einzelnem und Allgemeinem, von Natur und Geist, von Widerstreit und Widerspruch. Im Schnittpunkt dieser Bestimmung aber steht der Mensch in seinem zunächst vieldeutigen Wesen, so dass die Frage sich zuspitzt. In ihm kommt die Gesetzlichkeit des Seienden zu ihrer innigsten, zugleich die grössten Ausschläge der Wesensverwandlung bedingenden Verwirklichung, als welche sie auf die Wahrheit des Seins selbst hin transparent sind." (Ebd.) So schließt er seine Schrift mit einem Kapitel über den „Menschen als Mitte und die Mitte des Menschen." (196–210) Jan van der Meulen, *Heidegger und Hegel oder Widerstreit und Widerspruch*, Meisenheim 1953.

1. Die Bestimmung des Selbstbewußtseins

Gegenwartsphilosophie, also von der Phänomenologie her für umständlich und gekünstelt halten möchte. Der Übergang erscheint Heidegger als ein „Hin und Her zwischen Gegenstand und Bewußtsein, und dieses wieder in der gegenseitigen Ausspielung der einen Bewußtseinsweise gegen die andere, um schließlich bei der These anzukommen, daß der Verstand im Grunde seine Wahrheit im Selbstbewußtsein habe – eine These, die trotz allem Aufwand dialektischer Unterscheidungen und Aufhebungen nicht einmal richtig einsichtig ist." (GA 32, 190 f.) Er stellt also dem Hegelschen Selbstbewußtsein andere Positionen zum Problem des Selbstbewußtseins gegenüber. Später faßt er in fünf Punkten prägnant zusammen, daß sich der Hegelsche Übergang zum Selbstbewußtsein von Husserl und Kant unterscheidet. (Vgl. GA 32, 200)[85]

Heidegger ist hier in seiner Argumentation genau zu folgen, denn seine Kritik an Hegel ist zunächst aus der Perspektive der Husserlschen Phänomenologie gesprochen, allerdings ohne daß Heidegger den Namen Husserls explizit erwähnt und ohne daß er hier sein eigenes Denken gegen das Hegelsche stellt. So fragt Heidegger also: „Muß dem Hegelschen Verfahren nicht entgegengehalten werden die klare und eindeutige und der Wirklichkeit vor allem unmittelbar entsprechende Erfahrung, daß wir ständig bei unseren Bewußtseinsakten und Erlebnissen auf diese als unsere eigenen, also uns selbst gehörenden bezogen sind, – ein Bezug, der doch unmißverständlich ausdrückt, daß unser Bewußtsein zugleich auch Selbstbewußtsein ist?" (GA 32, 191) An diese Frage schließen sich Äußerungen zu Descartes' Konzeption des Selbstbewußtseins an, das mit dem Cogito aussagt, daß das Bewußtsein von einem Gegenstand zugleich das Bewußtsein des Bewußtseins von dem Gegenstand, d. h. Selbstbewußtsein ist. Heidegger bezieht sich auch auf

---

[85] In seinem neusten Werk diskutiert Klaus Düsing in einem ersten Teil verschiedene Theorien des Selbstbewußtseins, um „ihre Argumentationen und ihre Prämissen zu klären und sie zu entkräften." (18), so daß er dann in einem zweiten Teil „das Unternehmen einer neuen Theorie des konkreten Selbst, nämlich seiner Selbstbewußtseinsmodelle" durchführt. (19) Im Rahmen des „ontologischen Einwands" (59–73) setzt sich Düsing mit Heideggers Sicht des Husserlschen Bewußtseinsbegriffes auseinander, wobei er die Subjektkritik des frühen Heidegger, die sich in der Beschäftigung mit Husserl gegen das transzendentale Ego wendet, von der des späteren unterscheidet, die sich als „generelle Subjektivitätskritik" erweist. (63 ff.) Düsing faßt zusammen: „Läßt die Subjektkritik des frühen Heidegger also durchaus noch eine Theorie der konkreten Subjektivität zu, die sich überdies in der Charakterisierung bestimmter Selbstbeziehungsweisen als fruchtbar auch für eine Theorie der Selbstbewußtseinsmodelle erweist, so kritisiert der spätere Heidegger in seiner Lehre von der Metaphysikgeschichte als Seinsentzugsgeschichte jede Theorie der Subjektivität." (69) Klaus Düsing, *Selbstbewußtseinsmodelle. Moderne Kritiken und systematische Entwürfe zur konkreten Subjektivität*, München 1997.

Kant, der sagt, daß jede perceptio zugleich apperceptio ist. Auch in seinen Ausführungen zur „Einleitung" der „Phänomenologie" (sowohl von 1942 als auch von 1942/43) nennt Heidegger die Selbstbewußtseinskonzeptionen Kants und Descartes'. Dort entwickelt Heidegger, daß die Selbstgewißheit des Vorstellens und des Vorgestellten das Denken der neuzeitlichen Philosophie bestimmt. (Besonders HBdE, 124–129; GA 68, 112 ff.)[86]

Da jedes Bewußtsein immer schon Selbstbewußtsein ist, verkennt Hegel das Selbstbewußtsein, „indem er die *Unmittelbarkeit* des Wissens von diesem Bezug nicht zu ihrem Recht kommen läßt." (GA 32, 191) Die Wesenseigentümlichkeit des Selbstbewußtseins hat Hegel verfehlt. Von seiner eigenen Auffassung des *Daseins* spricht Heidegger an dieser Stelle also nicht, und es ist eigenartig, warum er hier „aus einer heutigen, sogenannten »unvoreingenommenen« Blickstellung heraus" (GA 32, 190) argumentiert. Über das Verhältnis von Dasein und Bewußtsein diskutiert Heidegger aber z. B. in seinem Heraklit-Seminar mit Eugen Fink und den Teilnehmern. Das Dasein ist demnach von dem Bewußtsein, das das Wissen als Vorstellen einer Sache ist, verschieden. Heidegger erklärt dann, *worin* das Bewußtsein und der Gegenstand sind. „Also die Lichtung, in der Anwesendes einem Anwesenden entgegenkommt. Die Gegenständlichkeit für ... setzt voraus die Lichtung, in der Anwesendes dem Menschen begegnet. Das Bewußtsein ist nur möglich auf dem Grunde des Da als ein von ihm abgeleiteter Modus." (GA 15, 204 f.) Somit ist angedeutet, wie sich der Begriff des Bewußtseins dem Heideggerschen Daseinsbegriff entgegenstellt, und es zeigt sich, daß das Wissen des Bewußtseins „etwas total anderes" (GA 15, 204) als das Dasein ist. Diese Bemerkungen zum Dasein mögen hier genügen. Sie werden im anschließenden Kapitel (III, 2) weiter ausgeführt, wo es um Heideggers eigenen Ansatz geht.

Nach den kritischen Bemerkungen zum Verhältnis von Bewußtsein und Selbstbewußtsein wendet sich Heidegger in der Vorlesung von 1930/31 jetzt wieder Hegels Konzeption des Selbstbewußtseins zu, das heißt er entwickelt im folgenden *seine* Auslegung derselben.

---

[86] Daß Heidegger Hegels Descartes-Rezeption entwicklungsgeschichtlich mißversteht, zeigt Otto Pöggeler. „Heidegger sollte Hegels Berliner Äußerungen über Descartes nicht in Hegels Jenaer Arbeiten hineintragen: Descartes war für den Jenaer Hegel im wesentlichen noch der Philosoph, der in die entscheidende Entzweiung zwischen Denken und Ausdehnung führt!". Otto Pöggeler, *Selbstbewußtsein und Identität*, a.a.O., 193.

1. Die Bestimmung des Selbstbewußtseins

Heidegger stellt Bewußtsein und Selbstbewußtsein einander gegenüber und sagt, daß das Selbstbewußtsein die Wahrheit des Bewußtseins ist, oder das Bewußtsein ist Selbstbewußtsein, oder das Bewußtsein west als Selbstbewußtsein. Obwohl hier also von zwei Verschiedenen gesprochen wird, sind beide in der Selbigkeit, d. h. sie gehören zusammen. So gelangt Heidegger zu dem Resultat: „Der Übergang vom Bewußtsein zum Selbstbewußtsein ist der Rückgang in das Wesen des Bewußtseins, das wesentlich Selbstbewußtsein ist und als dieses die innere Ermöglichung des Bewußtseins ausmacht, und zwar in allem und jedem, was zum Bewußtsein selbst gehört." (GA 32, 194) Heidegger versucht durch die Schilderung dieser Bewegung des *Übergangs*, die aber ein *Rückgang* ist, zu sagen, daß das Selbstbewußtsein schon von Anfang an da ist, denn ohne es könnte es gar kein Bewußtsein geben. Dieses Argument, daß alles immer schon da ist, wurde schon in bezug auf den Begriff des Absoluten herausgestellt.[87] So sagt Heidegger auch hier, daß das Selbstbewußtsein von Anfang an da ist, und auf diese Weise wird es ihm möglich, die gesamte „Phänomenologie" aus einer transzendentalphilosphischen Perspektive zu lesen. „Wenn Hegel sich von vornherein in dieser Dimension des Selbst hält, dann ist sein Ansatz nichts Geringeres als die Verwandlung und Ausgestaltung einer Grundabsicht der Kantischen Problemstellung, die darin zum Ausdruck kommt, daß die ursprüngliche synthetische Einheit der Apperzeption – das »ich denke«, das alle meine Vorstellungen muß begleiten können – als Bedingung der Möglichkeit aller Gegenständlichkeit gefaßt wird." (GA 32, 194) Heideggers These ist, daß Hegel im Rückgriff auf Kant vom transzendentalen Bewußtsein ausgehen muß, um dann Kants Endlichkeit der Transzendenz zu überwinden. Der Begriff der *Transzendenz* ist für Heideggers Hegel-Deutung bestimmend und wird von Heidegger auf unterschiedliche Weise kritisiert, aber auch in sein eigenes Denken integriert.[88]

Wie sich der Übergang vom Bewußtsein zum Selbstbewußtsein dialektisch vollzieht, stellt Heidegger nicht in der vorliegenden Vorlesung dar. Entsprechende methodische Hinweise gibt er jedoch in seinem Vortrag über die „Einleitung" der „Phänomenologie" von 1942. Dort überträgt er den dialektischen Dreischritt auch auf die Bewußtseinsgeschichte. Das Bewußtsein ist demnach die *Thesis*, das Selbstbewußtsein

---

[87] Dieser Gedanke findet sich in der „Einleitung" der vorliegenden Arbeit.
[88] Im letzten Kapitel dieser Arbeit (IV, 1), in dem die zuvor entwickelten Begriffe im *Seins*begriff zusammenlaufen, wird die Transzendenz daher eigens erarbeitet werden müssen.

die *Antithesis* und die sie überholende Einheit, also das Absolute, die *Synthesis*. Dabei ist das Tragende, aus dem sich alles bestimmt, die Synthesis, das Absolute. Dieses ist es auch, was die Notwendigkeit des Fortgangs bewirkt. „Durch dieses Ziel des Ganges ist nun auch jede Gestalt des Fortgangs und der Übergang von der einen zur anderen bestimmt: Es sind die aus dem inneren Hinblick auf das absolute Selbstbewußtsein sich bestimmenden Gestalten des Selbstbewußtseins." (GA 68, 89 f.) Obwohl Heidegger dann die „Elevation" als das Tragende des Ganges bezeichnet, als das, was diesem zugleich den Charakter einer Prüfung verleiht, ist durch diese Äußerungen Heideggers bestätigt, daß er die Selbstprüfung des Bewußtseins nicht im Hegelschen Sinne anerkennt. Seine eigenwillige Auffassung der Dialektik und die Identifizierung von Bewußtsein und Selbstbewußtsein zeigen Heideggers Unverständnis der Bewegung bzw. der „Vermittlung des sich anders Werdens mit sich selbst" (PhG, 14, Z. 21 f.), die eben erst *mitvollzogen werden muß*, damit sich das Bewußtsein Gegenstand seiner selbst, also Selbstbewußtsein werden kann.

Aber selbst wenn das Bewußtsein als transzendentales aufgefaßt wird, ist es nach Heidegger noch nicht vollends beschrieben, denn es könnte noch dahingehend mißverstanden werden, daß es sich um einen *ontischen* Rückgang des Bewußtseins handelt. Die Unterscheidung des ontischen Bewußtseins von einem ontologischen behandelt Heidegger ebenfalls in seinen Ausführungen über die „Einleitung". (HBdE, 171 ff.) Das natürliche Bewußtsein ist ontisches Bewußtsein, indem es sich auf Seiendes richtet und dieses unmittelbar vorstellt. Ontologisch ist das Bewußtsein insofern, als es den Gegenstand (das Seiende) auf seine Gegenständlichkeit (die Seiendheit) hin versammelt, wobei es diese Gegenständlichkeit als solche aber noch nicht denken kann, so daß Heidegger das Bewußtsein schließlich als vor-ontologisches bezeichnet, da in ihm der Vergleich von ontisch und ontologisch Vorgestelltem ist. „Als die Vergleichung ist es im Prüfen. In sich selbst ist sein Vorstellen ein natürliches Sich-auf-die-Probe stellen." (HBdE, 173) Aufgrund seiner Auffassung, daß das Bewußt-sein bei Hegel das Wesen des Seins alles Seienden ist, schreibt er es auch mit Bindestrich, um den Seinscharakter hervorzuheben. (Vgl. GA 68, 78) Diese ergänzenden Hinweise zu Heideggers Deutung des Bewußtseins verdeutlichen seine *ontologische* Sichtweise dieses Begriffes.

So beschließt Heidegger seine Ausführungen in der Vorlesung mit einer zusammenfassenden Bemerkung zum Selbstbewußtsein: „Es handelt

1. Die Bestimmung des Selbstbewußtseins

sich nicht um das Selbst-*bewußt*-sein als das reflexiv Wißbare, sondern um das *Selbst*-bewußt-*sein* als eine höhere Wirklichkeit gegenüber dem Sein der für das Bewußtsein vorhandenen Gegenstände. Es gilt das *Sein* des Selbst, das Selbstsein zum absolventen Verständnis zu bringen." (GA 32, 196) Das Selbstbewußtsein ist also eher aus dem *Sein* als aus dem Wissen zu verstehen, und so kritisiert Heidegger auch den Übergang vom Bewußtsein zum Selbstbewußtsein, denn Hegel geht es dabei um „*die Überführung des Wissens in die absolute Gestelltheit des Wissenden auf sich selbst, um eine Erwirkung der in sich aufgeschlossenen Wirklichkeit des Geistes.*" (GA 32, 197)

Weil Heidegger den Übergang nicht selbst mitgegangen ist und somit auch nicht die Entwicklung des Selbstbewußtseins aus dem Leben erarbeitet hat, legt er den Übergang von vornherein auf dieses Ziel hin fest. So kann er sagen: „Die formale Gleichmäßigkeit der dialektischen Fort- und Übergänge verhüllt auch hier die Grundhaltung des Hegelschen Philosophierens und erweckt den verderblichen Schein, als handle es sich um eine nur darstellende Vorführung von Bewußtseinsgestalten, um ein Auftreten von Typen des Wissens." (Ebd.) Zuvor sprach er von der „Überführung" des Wissens, hier von einer „Vorführung" der Bewußtseinsgestalten. Mit dieser Interpretation entgeht Heidegger die dialektische *Bewegung*, die den *Übergang* zum Selbstbewußtsein ermöglicht. Das Nachgehen der Hegelschen Bewußtseinsgeschichte in der vorliegenden Arbeit soll demgegenüber zeigen, daß Hegel nur aus dieser notwendigen Bewegung heraus verstanden werden kann. So wird der Übergang zum Selbstbewußtsein auch nicht zu einer gewollten, willkürlichen Überführung, sondern zu einer notwendigen Folge der Gestalten. Auf Heideggers ungenügende Betrachtung des Lebensbegriffes wird bei der Auslegung des § 13 noch einzugehen sein, denn dieser Begriff ist sowohl inhaltlich als auch logisch für die gesamte „Phänomenologie" konstitutiv.

Anzumerken ist an dieser Stelle, daß der „Übergang" auch bei Heidegger selbst eine Rolle spielt, so zum Beispiel bezüglich seiner eigenen Denkgeschichte: „»Sein und Zeit« ist der *Übergang* zum Sprung (Fragen der Grundfrage)." (GA 65, 234; zum „Übergang" vom ersten zum anderen Anfang vgl. auch GA 65, 228 f.) Dabei ist dieser Sprung zwar nicht ein *logisch* notwendiger Sprung (oder ein „qualitativer Sprung", wie in der „Phänomenologie", 10, Z. 8), er ergibt sich aber aus einer „Not", die eine Not des Seins selbst ist. Wie im Begriff des Seins die zuvor entwickelten Begriffe zusammenlaufen, ist einstweilen im Hinblick auf das Selbstbewußtsein herauszuarbeiten. Im anschließenden Kapitel

(IV, 1) werden sie dann unter dem Titel „Sein und Zeit" – „Sein und Logos" einander gegenübergestellt.

Wie bei der Betrachtung von Heideggers methodischem Zugang zur Gestalt „Kraft und Verstand", so ist auch an dieser Stelle zu sehen, daß Heidegger in diesem Paragraphen zunächst nicht dem Hegelschen Text selbst folgt, sondern das Selbstbewußtsein mit philosophiehistorischen Argumenten zu erfassen sucht. Die Auslegungsweise unterscheidet sich hier allerdings von der Betrachtung der vorangegangenen Gestalten, insofern Heidegger nun nicht vor dem Hintergrund seines eigenen Denkens das Hegelsche Selbstbewußtsein in der „Phänomenologie" zu entfalten sucht, sondern mit Husserlschen und auch Cartesischen Termini an Hegel herangeht und ihn gleichsam kritisiert. Heideggers Argumentation, die sich nun immer mehr auf die Frage nach dem *Sein* bei Hegel und in der philosophischen Tradition konzentriert, geht zwar noch mit dem Fortschreiten der Gestalten innerhalb der „Phänomenologie" mit. Daß Heidegger diesen Fortschritt aber auf die Seinsfrage festlegt, bedeutet hier, daß seiner Ansicht nach das Selbstbewußtseins-Kapitel vom *Sein* des Selbst handelt. Dabei ist mit der Gestalt des Selbstbewußtseins aber doch noch nicht das endgültige Ziel, auch nicht in bezug auf die Unendlichkeit, erreicht. „*Das Selbstbewußtsein ist nur ein Durchgang. Es ist selbst noch ein Relatives innerhalb der Unendlichkeit, die in ihrer vollen Wahrheit im Begriff ergriffen werden soll.*" (GA 32, 196) Auch an früherer Stelle in der Vorlesung stellt Heidegger sowohl das Bewußtsein als auch das Selbstbewußtsein als relatives Wissen dar, das noch kein absolutes Wissen ist. Auch das Selbstbewußtsein bedarf also noch einer Befreiung, einer Loslösung, bis es zu einem freien, abgelösten, absoluten Wissen wird. (Vgl. GA 32, 22 f.)

Wie Heidegger den weiteren Gang beschreibt und bis zu welcher Stelle er ihn in der Bewußtseinsgeschichte mitgeht, ist im weiteren zu verfolgen.

Den Gedanken vom *Sein* des Selbstbewußtseins entwickelt Heidegger im § 13 noch weiter. „Das Sein des Selbst ist allerdings für Hegel – wie überhaupt – primär durch »Bewußtsein« und »Wissen« bestimmt, – eine Bestimmung, die zusammenhängt mit der Interpretation des Seins aus dem λόγος." (GA 32, 196) So beginnt Heidegger den neuen Paragraphen und wendet sich noch einmal dem Kapitel „Die Wahrheit der Gewißheit seiner selbst", dann auch dem „unglücklichen Bewußtsein" zu, wobei zu sehen ist, auf welche Textpassagen er sich im einzelnen bezieht.

1. Die Bestimmung des Selbstbewußtseins

Aus der jetzt erreichten Perspektive, daß es sich um das *Sein* des Selbstbewußtseins handelt, rekurriert Heidegger noch einmal auf den Übergang, der seine „Befremdlichkeit" durch diesen Hinblick auf das Sein verliert. (GA 32, 197) Demnach wird im Selbstbewußtseins-Kapitel ein neuer Seinsbegriff entwickelt. *Wie* Heidegger diesen Begriff bei Hegel vorfindet, ist im Argumentationsgang genau zu verfolgen, da Heidegger in einer ganz eigenen Weise auf bestimmte Teile des Kapitels blickt.

Auf den Gedanken der Doppelung des Gegenstandes für das Selbstbewußtsein, das die Begierde nach der Selbstwerdung hat, geht Heidegger zuerst ein, indem er diese Verdoppelung als das „entscheidende Moment für die spekulative Konstruktion des Selbstbewußtseins" (GA 32, 200), auch im Hinblick auf die zu erreichende Selbständigkeit des Selbstbewußtseins, bezeichnet. Mit Verweis auf die Wichtigkeit dieses Übergangsstadiums innerhalb der Entwicklung des Selbstbewußtseins gibt Heidegger einen kurzen Rückblick auf den bis jetzt erreichten Stand des Selbstbewußtseins und leitet dann zum „unglücklichen Bewußtsein" über. Die Argumentation führt zu einem *Beispiel* der phänomenologischen Prüfung des Bewußtseins, das Hegel selbst erst an das Ende des Kapitels stellt. (PhG, 143, Z. 23 bis 156, Z. 27)

Der innere Unterschied kann jetzt im Bewußtsein sein. „Im Ichsein hat die Selbstgleichheit des Sichandersseins ihr einheimisches Reich." (GA 32, 201) Mit diesem Resultat ist aber der „Stachel einer neuen Problematik" (Ebd.) gegeben, denn nun stellt sich die Frage nach der *Einzelheit* des Ich. Obwohl das Selbstbewußtsein den inneren Widerspruch in sich hat, bleibt das Absolute immer noch das Andere oder das Extreme zu ihm. Heidegger zitiert hierzu eine Stelle aus dem Abschnitt B. über die Freiheit des Selbstbewußtseins, d. h. aus dem dritten Exempel dieser Gestalt, dem „unglücklichen Bewußtsein". „»Das Bewußtsein ... seines Daseins und Tuns ist nur der Schmerz über dieses Dasein und Tun«." (GA 32, 201 f.) In der „Phänomenologie" selbst heißt es an dieser Stelle: „Das Bewußtsein des Lebens, seines Daseins und Tuns ist nur der Schmerz über dieses Dasein und Tun, denn es hat darin nur das Bewußtsein seines Gegenteils als des Wesens, und der eigenen Nichtigkeit." (PhG, 145, Z. 9 bis 12) Auffällig ist, daß Heidegger das Zitat um den Genitiv „das Bewußtsein des Lebens" *verkürzt*. Die bewußte Auslassung kann auch als Hinweis für Heideggers Unterbewertung des Lebens innerhalb der „Phänomenologie" gesehen werden.

In dem Moment, wo sich das Selbstbewußtsein zu seiner „eigenen Wesenheit" entfaltet, wird es unglücklich. „Es kann sich selbst nicht eigentlich als das begreifen und nehmen, als was es dabei schon in gewisser Weise seine eigene Wahrheit versteht, als das absolute Unwandelbare, das sich, d. h. die Wahrheit, weder im Objekt, dem Gegenstand, noch ausschließlich im Subjekt dieses Objektes findet, sondern in einem höheren Selbst, das sich als die Einheit des ersten Selbstbewußtseins und des Bewußtseins vom Objekt weiß, als Geist bzw. – in der Vorform desselben – als Vernunft." (GA 32, 202) So weist Heidegger auf die Gestalt der „Vernunft" voraus, indem er auch das Selbstbewußtseins-Kapitel (B.) als Mitte beschreibt, die zwischen „A. Bewußtsein" und „C. Vernunft" steht. Dabei ist das Wissen vom Absoluten bereits im „unglücklichen Bewußtsein" vorhanden, indem es sich in seinem Unglück weiß.

Was dieses Exempel des *unglücklichen Bewußtseins* für den Argumentationsverlauf im Selbstbewußtseinskapitel bedeutet, arbeitet Heidegger nicht heraus. Überraschend ist, daß er nur die Titel der Abschnitte „Selbstständigkeit und Unselbstständigkeit des Selbstbewußtseins; Herrschaft und Knechtschaft" sowie „Freiheit des Selbstbewußtseins; Stoizismus, Skeptizismus, und das unglückliche Bewußtsein" nennt (GA 32, 198), ohne auf die übrigen Beispiele einzugehen.

Die Bedeutung dieser Beispiele im „Selbstbewußtseins"-Kapitel der „Phänomenologie" soll nun kurz skizziert werden. Das „unglückliche Bewußtsein" ist bei Hegel erst das dritte Exempel innerhalb der Ausführungen darüber, in welchen Formen (die der Geistesgeschichte entnommen sind) sich die Freiheit des Selbstbewußtseins vollzieht.

Im *Stoizismus* (PhG, 136, Z. 31 bis 140, Z. 11) soll das Bewußtsein zunächst lernen, daß es im Denken, das als Begriff ist, frei ist. Dabei ist das Bewußtsein aber leblos geworden, denn das Leben ist in den Gedanken gehoben. Außerdem gibt es keinen Inhalt mehr, das Denken ist nur reine Form, und so kommt es zur Langeweile. Die Prüfung an dieser Gestalt zeigt zum einen, daß es nicht befriedigen kann, wenn das Leben nicht mehr als die Substanz vorhanden ist, und zum anderen, daß sich in dieser Form keine absolute Negation vollzogen hat, sondern nur eine unvollendete, die zwar im Gedanken stattfindet, wobei aber der Inhalt des Gedankens ein bestimmter bleibt.

Mit dem *Skeptizismus* zeigt Hegel, wie das Bewußtsein die Unwesentlichkeit und die Unselbständigkeit des Anderen will. Der Skeptizismus wird nun an der Welt, also an der vielfachen Gestaltung des Lebens, zur

1. Die Bestimmung des Selbstbewußtseins 97

realen Negation. Er ist eine dialektische, negative Bewegung, die sich auf alle Bewußtseinsgestalten richtet (also auch auf die sinnliche Gewißheit, die Wahrnehmung und Kraft und Verstand), wobei er aber in seiner einseitigen Bewegung alles verschwinden läßt, d. h. das Gegebene, das Bestimmte und den Unterschied. (Vgl. Hegels Kritik des Skeptizismus an anderer Stelle; PhG, 62, Z. 5 bis 30 und PhG, 67, Z. 23 bis 31) So stiftet er die Verwirrung des Selbstbewußtseins, das vom Selbstgleichen zum Zufälligen hinübergeht, ohne daß beide Extreme miteinander vermittelt werden können. Die Einseitigkeit des Skeptizismus führt in Widersprüche, die sowohl die sinnliche wie die gedankliche Vorstellung betreffen.

Durch diese beiden Beispiele wird deutlich, daß das Bewußtsein in dem sichselbstgleichen und in dem verwirrten Bewußtsein noch nicht mit sich vermittelt ist. Aber die Darstellung der zwei Beispiele ist notwendig, um das Beispiel des *unglücklichen Bewußtseins* zu verstehen, das von Heidegger auf den Seinsbegriff bezogen wird, ohne es weder in seiner Argumentation zu verfolgen noch es in seiner Stellung innerhalb der „Phänomenologie" wahrzunehmen und ohne den geistesgeschichtlichen Hintergrund zu beleuchten. Hegel sagt zu diesem Bewußtsein, daß es zwar entzweit, diese Entzweiung aber in Einem ist: „Seine wahre Rückkehr in sich selbst, oder seine Versöhnung mit sich wird den Begriff des lebendig gewordenen und in die Existenz getretenen Geistes darstellen, weil an ihm schon dies ist, daß es als Ein ungeteiltes Bewußtsein ein gedoppeltes ist." (PhG, 144, Z. 11 bis 15) In dieser Einheit ist das Unwandelbare sein Wesen, und das Wandelbare ist das Unwesentliche. Dabei ist das Bewußtsein zwar noch auf der Seite des Wandelbaren, aber es muß sich unter Schmerzen von dieser Seite durch Aufhebung befreien, wenn sich auch das Einzelne nicht ganz vertilgen läßt. Auf dreifache Weise ist das Einzelne mit dem Unwandelbaren verknüpft: 1. Beide sind in einer Einheit miteinander verbunden. 2. Das Unwandelbare hat die Einheit an ihm selbst. 3. Das Unwandelbare ist selbst als Einzelnheit im Unwandelbaren.

Das Bewußtsein ist also entzweit und somit ein unglückliches Bewußtsein. Erst die Betrachtung dieser Entwicklung läßt erkennen, warum das Bewußtsein eigentlich unglücklich ist. Das Bewußtsein erscheint jetzt zwar am Unwandelbaren, aber dieses ist noch nicht an und für sich. Es ist also noch ein Moment des Jenseits geblieben. (PhG, 146, Z. 38) Das Bewußtsein muß nun das Verhältnis zum ungestalteten Unwandelbaren aufheben, um in Beziehung mit dem gestalteten Unwandelbaren zu kommen. Die Bewegung, wie sich dieses Einssein vollziehen soll, ist erneut eine dreifache. Diese Dreifachheit wiederholt sich dann auf der Ebene des gestalteten Unwandelbaren, also im Jenseits. 1. In der *Andacht* hat sich das Bewußtsein noch nicht mit dem gestalteten Unwandelbaren vermittelt, denn es ist noch in einer innerlichen Bewegung des Gemüts. 2. Das Bewußtsein, das im Unwandelbaren ist, teilt sich in die Extreme des tätigen Diesseits und der passiven Wirklichkeit. Das Unwandelbare, das die Macht über alle Bewegungen des Bewußtseins hat, verzichtet auf seine Gestalt, und das einzelne Bewußtsein dankt dem Unwandelbaren und versagt sich die Befriedigung des Bewußtseins seiner Selbständigkeit. Dadurch, daß sich jetzt beide Momente aufgehoben haben, entsteht ihre Einheit. Aber indem sich das Bewußtsein im Danken reflektiert, gerät es wieder in die Einzelnheit. Damit bleiben auch im Verhältnis von *Verzicht* und *Entsagung* die beiden Extreme in ihrer Spaltung bestehen. 3. Hegel kommt damit zu einem dritten Verhältnis, das er die *Aufopferung* nennt. Im ersten Moment war das Bewußtsein inneres Gemüt und noch nicht wirklich. Im zweiten geschieht die Verwirklichung im äußeren Tun und Genießen. Die Wirklichkeit ist dann im dankenden Anerkennen zerstört und niedergeschlagen. „Dieses Niederschlagen ist aber in Wahrheit eine Rückkehr des Bewußtseins in sich selbst, und zwar in sich als die ihm verhaftete Wirklichkeit." (PhG, 153, Z. 11 bis 14) Es tritt also ein Drittes hinzu, welches die Mitte ist. In dieser Mitte dient ein Extrem dem anderen. Sie selbst ist unmittelbar mit dem unwandelbaren Wesen verbunden. Durch den Verzicht in der Aufopferung beider Seiten, also indem der Vermittler das Tun auf sich nimmt, kann das Bewußtsein für sich sein und somit durch den Vermittler sein Unglück der Entzweiung verwinden und sich mit dem Unwandelbaren vermitteln. Ohne daß der Ausdruck Gottes genannt wurde, war das Ziel der Prüfung mit Hilfe der Beispiele die Vermittlung des endlichen Bewußtseins mit Gott.

Somit sind die Beispiele des Abschnitts „B. Freiheit des Selbstbewußtseins" logisch durchschritten. Es ergibt sich ein unzureichendes Bild der gesamten Gestalt des Selbstbewußtseins, wenn man nur der Heideggerschen Interpretation folgt, in der auch die drei Exempel „Kampf auf Leben und Tod" (PhG, 130, Z. 24 bis 131, Z. 40), „Herrschaft und Knechtschaft" (PhG, 132, Z. 1 bis 134, Z. 39) und „Arbeit" (PhG, 134, Z. 40 bis 136, Z. 27) nicht entwickelt werden. Auch diese Prüfungen, die das Bewußtsein durchlaufen muß, werden von Heidegger nicht mitvollzogen. Gerade in diesen drei Exempeln zeigt sich aber, wie sich das Selbstbewußtsein aus dem Leben emporarbeiten muß, und die logische Auseinandersetzung des Herrn (also des Selbstbewußtseins in seiner Selbständigkeit) mit dem Knecht (also mit dem Leben in seiner Unselbständigkeit) erweist, daß der Knecht in der Arbeit selbständig werden kann. Auch in den Beispielen „Stoizismus" und „Skeptizismus" spielte das Leben eine tragende Rolle, die von Heidegger nicht gesehen wurde.

Das Ergebnis von Heideggers Ausführungen ist, daß das unglückliche Wissen das *Sein* des Selbstbewußtseins ausmacht. Mit diesem Ergebnis blickt er auf den ganzen Weg der „Phänomenologie", der sich seiner Ansicht nach immer schon aus dem absoluten Sein bestimmte. Daß diese Festlegung wesentliche Aspekte des Selbstbewußtseins unberücksichtigt läßt und über diese Gestalt in Heideggers Darstellung nicht viel ausgesagt wird, hat die obige Darstellung gezeigt. Der Abschnitt über „Die Wahrheit der Gewißheit seiner selbst" oder, wie Heidegger sagt, die „Einleitung", bereitet diesen Seinsbegriff vor.

So schaut Heidegger nun auf diese Einleitung zurück und unterscheidet zwei Abschnitte, in denen der neue Seinsbegriff entwickelt wird. (GA 32, 203)[89] Der *erste* Abschnitt reicht von „Der Gegenstand, welcher für das Bewußtsein [...]" (PhG, 122 Z. 7) bis „[...], für welches es als diese Einheit, oder als Gattung, ist." (PhG, 125, Z. 23 f.), der *zweite* von „Dies andere Leben aber, [...]" (PhG, 125, Z. 25) bis „[...] den geistigen Tag der Gegenwart einschreitet" (PhG, 127, Z. 28), d. h. bis zum Ende des Kapitels. (GA 32, 203)[90]

Der erste Abschnitt nennt das Leben, das als das Negative der Gegenstand für das Selbstbewußtsein ist. Hier entwickelt Hegel, wie oben im einzelnen gezeigt, wie das Leben zum reflektierten Leben, also *selbstbewußtes Leben* wird.

Der zweite Abschnitt zeigt, wie das Selbstbewußtsein durch die Begierde das selbständige Leben vernichtet, seine Befriedigung nur in einem anderen Selbstbewußtsein erreicht und *lebendiges Selbstbewußtsein* wird. Durch beide Momente des Selbstbewußtseins ist der Begriff des Geistes jetzt vorhanden.

„Wir sagten, es handle sich um die Auseinanderlegung eines neuen *Seinsbegriffs*: das kann nur bedeuten: Es handelt sich um das Verständnis des Seins in einem anderen Sinne als in dem bisherigen Stadium der »Phänomenologie«, und zwar in dem Sinne, der für Hegel die Bedeu-

---

[89] Die Textangaben werden hier sofort auf die Studienausgabe der GW Bd. 9 übertragen.
[90] Hier wurde wegen der Deutlichkeit die letzte Zeile des jeweiligen Absatzes angegeben, Heidegger hat jeweils die erste Zeile zitiert.

tung des absoluten Seinsbegriffes erfüllt." (GA 32, 203 f.) Wenn sich an dieser Stelle das Selbstbewußtsein als der Begriff des Geistes erwiesen hat, so ist damit noch nicht das „Endstadium" (GA 32, 204) der „Phänomenologie" erreicht. Es geht also nicht darum, daß das *Verständnis des Seins* in einem anderen Sinne hervortritt, sondern *das Sein wird sich selbst* erst im „absoluten Wissen" völlig durchschaubar, nachdem es die weiteren Gestalten der „Vernunft", des „Geistes" und der „Religion" durchlaufen hat.[91]

Für Heidegger bedeuten aber die Textpassagen aus dem Kapitel „Die Wahrheit der Gewißheit seiner selbst" schon die Vollendung des Seinsbegriffs. „Wir kommen daher mit dem genannten Stück an eine Stelle, aus der wir zum ersten Mal wirklich belegen können, *daß und inwiefern die Wissenschaft der Phänomenologie des Geistes nichts anderes ist als die Fundamentalontologie der absoluten Ontologie*, und d. h. der Onto-logie überhaupt." (Ebd.)

Diese Haltung führt Heidegger zu dem Urteil, daß bei Hegel das Selbstbewußtsein im vorhinein aus dem Sein gedacht ist, und er sieht nicht, daß der Prozeß der Herleitung, also die dialektische Bewegung, den „Selbstand" des Selbstbewußtseins ermöglicht. Diese Bewegung muß nachvollzogen werden, denn eine Festlegung auf den Seinsbegriff *im vorhinein* trifft nicht die Intention dieses Kapitels, in dem gezeigt wird, wie sich Leben und Selbstbewußtsein zueinander verhalten, wie sich das letztere aus dem ersteren herausarbeitet.[92]

Schließlich verweist Heidegger auf eine Stelle im „Kraft und Verstand"-Kapitel, an welcher der absolute Begriff als das einfache Wesen des Lebens bestimmt wird (PhG, 115, Z. 16 f.), und er klingt etwas überrascht, wenn er fragt: „Warum hier plötzlich »Leben«?" (GA 32, 206) Heideggers Frage ist selbst recht überraschend, denn auf den Seiten zuvor

---

[91] Für eine ausführliche Auseinandersetzung mit der Stellung des Selbstbewußtseins innerhalb der „Phänomenologie" vgl. Otto Pöggeler, *Hegels Idee einer Phänomenologie des Geistes*, a.a.O., 231–298, zum Verhältnis von Leben und Selbstbewußtsein 233 und 242–257. Klaus Düsing diskutiert das Selbstbewußtsein in der „Phänomenologie" im Hinblick auf die Subjektivität. Klaus Düsing, *Hegels „Phänomenologie" und die idealistische Geschichte des Selbstbewußtseins*, in: Hegel-Studien 28 (1993), 103–126.
[92] Wie sich Substanz und Subjekt zueinander verhalten, sagt Heidegger an anderer Stelle: „Das wahrhaft Seiende ist nicht nur als *Substanz*, sondern als *Subjekt* aufzufassen. Das sagt: Substanzialität muß, um das Sein des Seienden ganz zu verstehen, gefaßt werden als *Subjektivität*." (GA 31, 109 f.)

interpretierte er ja die Kapitel der Hegelschen „Phänomenologie", in denen das Leben eine tragende Rolle spielt. Er spricht fast am Ende seiner Vorlesung und somit seines Ganges durch dieses Werk noch von einem „plötzlichen" Auftauchen des Lebens. Dabei verweist Heidegger auf eine Passage aus Aristoteles' „De Anima" (B. 4. 415b, 13), die er dahingehend deutet, daß Leben eine Weise des Seins sei, und sagt, daß in diesem Sinne auch der Lebensbegriff in der „Phänomenologie" gedeutet werden müsse.[93]

Daran anschließend zitiert Heidegger einen Satz aus Hegels „theologischen Jugendschriften": „»Reines Leben ist Sein.«" (GA 32, 206) Dabei berücksichtigt Heidegger jedoch nicht, daß der Hegel der Frankfurter Zeit den Seinsbegriff noch nicht in der Weise der „Phänomenologie" verwendet hat.[94] Da Heidegger den Lebensbegriff nicht für den Aufbau der „Phänomenologie" in seiner Wichtigkeit erkennt, fragt er sich, warum überhaupt zur Entwicklung des Seinsbegriffs das Leben benötigt wird. (Dieses Unverständnis drückt sich auch in der Formulierung „Leben qua Sein" aus. Vgl. GA 32, 209) So sucht er noch einmal bei Aristoteles (unter Berufung auf De Anima B. 1. 412 a, 14) die Bestätigung, daß es sich um „das *sich aus sich* erzeugende und in seiner Bewegung *sich in sich* haltende *Sein*" handelt. (GA 32, 207) Heidegger betrachtet hierzu noch einmal den Abschnitt, in dem Hegel das selbstbewußte Leben entwickelt, und übersetzt im Grunde genommen den Lebensbegriff in den Seinsbegriff, ohne die substantielle Eigenständigkeit des Lebens, die Hegel auch in der „Vorrede" hervorhebt, in der „Phänomenologie" anzuerkennen. (Vgl. PhG, 5, Z. 3; 7, Z. 15)[95]

---

[93] In der Vorlesung über „Die Grundbegriffe der antiken Philosophie" vom Sommersemester 1926 stellt Heidegger unter dem Titel „Ontologie des Lebens und des Daseins" den Lebensbegriff des Aristoteles in „De Anima" dar. Im Hinblick auf die Seinsbestimmungen δύναμις und ἐνέργεια erhält Heidegger zufolge der Begriff der ζωή eine exemplarische Bedeutung. „Ja, es ist gerade die erstmalige phänomenologische Erfassung von Leben, was zur Bewegungsinterpretation führte und die Radikalisierung der Ontologie ermöglicht." (GA 22, 182) Zu Heideggers Bezug auf Aristoteles' Lebensbegriff vgl. Otto Pöggeler, *Selbstbewußtsein und Identität*, a.a.O. Pöggeler kritisiert, daß der Hinweis auf Aristoteles „die (neuspinozistische) Atmosphäre, in der der junge Hegel dachte" (191), nicht erfaßt.
[94] Zu diesen Problemen der Entwicklungsgeschichte des Begriffes „Leben" vgl. Otto Pöggeler, *Selbstbewußtsein und Identität*, a.a.O., 191 ff.
[95] Hans-Georg Gadamer sieht den Zusammenhang von Sein und Leben nicht als einen „künstlichen". Es besteht sogar eine „strukturelle Entsprechung" zwischen beiden. Hans-Georg Gadamer, *Wahrheit und Methode. Grundzüge einer philosophischen Hermeneutik*, Gesammelte Werke Band 1, Tübingen ⁵1986. (256 ff.) Herbert Marcuse spricht vom Seinsbegriff des Lebens in bezug auf die „Phänomenologie des Geistes". Herbert Marcuse, *Hegels Ontologie und die Grundlegung einer Theorie der Geschichtlichkeit*, Frankfurt am Main 1932.

102   III. Leben und Selbstbewußtsein

An diese Auslegung des Lebens schließt Heidegger folgende Überlegung an, indem er sich weiterhin auf den Abschnitt über das selbstbewußte Leben bezieht: „Und nun fügt Hegel ganz unvermittelt, wie selbstverständlich, mitten in der Erläuterung des Seinsbegriffes, wo er dessen erste zusammenfassende Definition gibt, in einer Apposition ein: »das einfache Wesen der Zeit, das in dieser Sichselbstgleichheit die gediegene Gestalt des Raumes hat«." (GA 32, 207) Auch hier zeigt sich Heidegger wieder überrascht über das „unvermittelte" Vorgehen Hegels, jetzt „plötzlich" von Raum und Zeit zu sprechen. Wie schon bei der Betrachtung des Kraftbegriffs (vgl. GA 32, 178), so bezieht Heidegger auch hier Hegels Äußerungen auf die Naturphilosophie der „Jenenser Logik", was es ihm ermöglicht, die Zeit und den Raum, und das heißt eben die Momente des Lebens, im Kontext der Naturphilosophie zu sehen.[96] Heidegger geht in diesem Zusammenhang zu Ausführungen über Sein und Zeit in seinem eigenen Sinne und bei Hegel über, die den Schwerpunkt des letzten Kapitels der vorliegenden Arbeit bilden.[97]

Heidegger beendet ein wenig abrupt seinen Gang durch die „Phänomenologie" in der Vorlesung mit weiteren Erläuterungen zum Leben. Bezug nehmend auf Hegels Rede vom „Kreislauf" (PhG, 125, Z. 4) unterscheidet er erst jetzt die verschiedenen Momente des Lebens, wie sie Hegel in dem Abschnitt über das selbstbewußte Leben darstellt. (PhG, 123, Z. 33 bis 39) Das erste Moment grenzt die selbständigen Gestalten gegeneinander ab, wobei nicht gesehen wird, daß sie an sich kein Bestehen haben. Im zweiten Moment werden die Gestalten der Unendlichkeit des Unterschiedes unterworfen. Die Momente verdoppeln sich dann, da jedes je in sein Gegenteil verkehrt wird. Das Leben besteht in der kreisenden Bewegung und nicht aus der bloßen Zusammensetzung dieser Momente. Es ergibt sich eine „höhere Einheit", also das Selbstbewußtsein, das aber nicht isoliert für sich besteht, „sondern in dieser seiner höheren Einheit *verweist* das Leben auf das Höhere der Höhe, in der

---

[96] Heideggers Festlegung des Hegelschen Zeitbegriffs auf die Naturphilosophie unter Berücksichtigung der „Jenenser Logik" hebt auch Ivan Dubsky hervor. Er spricht von zwei verschiedenen Momenten der Zeit in dieser „Logik": „diejenige, die als objektiv bezeichnet wird, und diejenige über die man als subjektive spricht." (73) Hegel will beide Seiten verbinden. „In den weiteren Werken Hegels sehen wir, wie beide Seiten – jede für sich – thematisiert werden. Dabei ist allerdings auch die geistige Zeit im wesentlichen durch die Zeitauffassung in ihrer naturphilosophischen Gestalt bestimmt." (Ebd.) Ivan Dubsky, *Über Hegels und Heideggers Begriff der Zeit*, in: Hegel-Jahrbuch 1961, 73–84.
[97] Vgl. Kapitel IV, 1 der vorliegenden Arbeit.

alle Aufhebung ist, nämlich auf ein Wissen, das nun selbst Leben, Selbständigkeit sein muß." (GA 32, 213)

So hat sich Heidegger am Ende der Vorlesung, die wohl wegen des Semesterendes abgebrochen werden mußte, der logischen Entwicklung des Lebens zumindest ansatzweise zugewandt, wobei er diesen Begriff doch wieder unter den Begriff des Seins subsumiert, was dem Leben sowohl in der „Phänomenologie" als auch in der Entwicklungsgeschichte des Hegelschen Denkens nicht gerecht wird.

Heideggers Beurteilung des Lebensbegriffs im Deutschen Idealismus findet seine Ergänzung wenige Jahre später in den „Beiträgen". Ungewöhnlich ist hier Heideggers Vorwurf an den Deutschen Idealismus, zu „lebensnah" zu sein sowie seine Kritik am „Biologismus" des Deutschen Idealismus. „Die Verirrung dieses deutschen Idealismus, *wenn* überhaupt in diesen Bereichen so geurteilt werden kann, liegt nicht darin, daß er zu »lebensfern« war, sondern umgekehrt ganz und völlig in der Bahn des neuzeitlichen Daseins und des Christentums sich bewegte, statt über das »Seiende« hinweg die Seinsfrage zu stellen. Der deutsche Idealismus *war zu lebens-nah* und zeitigte in gewisser Weise selbst die ihn ablösende Unphilosophie des Positivismus, der jetzt seine biologistischen Triumphe feiert." (GA 65, 203, vgl. auch 221)

Auch in diesem Kapitel sollen Überlegungen zur *Methode* Heideggers die Betrachtung beschließen. So ist noch einmal hervorzuheben, daß Heidegger sich von der Detailanalyse der Gestalten „sinnliche Gewißheit" und „Wahrnehmung" bereits im Kapitel „Kraft und Verstand" entfernt hat. Seine Auslegung wurde immer stärker von philosophiegeschichtlichen Einordnungen des Hegelschen Denkens geprägt. Dabei zeigte sich zunehmend das *Sein* als tragender Begriff für seine Rezeption der „Phänomenologie". Seine Auseinandersetzung mit dem Selbstbewußtseinskapitel weist neben Hinweisen zum philosophiegeschichtlichen Kontext (besonders im Hinblick auf Descartes und Kant) aber auch einzelne Detailanalysen des Kapitels „Die Wahrheit der Gewißheit seiner selbst" auf. Dabei gehen diese Analysen jedoch nicht (wie noch bei der „sinnlichen Gewißheit" und bei der „Wahrnehmung") textchronologisch mit, sondern werden von Heideggers eigenen Hinweisen, besonders zum Seinsbegriff, begleitet.

2. Dasein und Leben

Besonders im Denken des frühen Heidegger ist der Lebensbegriff bestimmend. Dabei entfalten sich Heideggers Argumente vor dem traditionellen Hintergrund der Phänomenologie Husserls, der Hermeneutik Diltheys sowie der Lebensphilosophie. Zu dieser Zeit geht es Heidegger um eine faktische, vortheoretisch geschichtliche Lebenserfahrung, und er entwickelt in dieser Phase seines Denkens die „formal anzeigende" Hermeneutik.[98] Ab 1923 tritt der Lebensbegriff dann bei Heidegger immer mehr zurück. Der Daseinsbegriff wird nun ausgearbeitet und 1927 in „Sein und Zeit" systematisch dargestellt.

Besonders die Vorlesung vom Wintersemester 1919/20 zeugt von Heideggers Auseinandersetzung mit dem Lebensbegriff. Hier versucht er, eine „Ursprungswissenschaft" vom „Leben an und für sich" zu entwickeln. Das Grundproblem dieser Wissenschaft ist sie selbst als Wissenschaft für sich selbst. „Sie ist *die* Urwissenschaft, die Wissenschaft vom absoluten *Ursprung* des Geistes an und für sich – »Leben an und für sich«." (GA 58, 1) Obwohl die Terminologie des „An und Für sich" und in diesem Zitat sogar des Geistes einen Einfluß Hegels vermuten läßt, wird der Name Hegel hier nur in philosophiehistorischen Kontexten genannt, so daß von einer positiven Aufnahme des Hegelschen Lebensbegriffes nicht gesprochen werden kann.[99] Es sollte in dieser Vorlesung im faktischen Leben ein Ursprungsgebiet gefunden werden, wobei sich Heidegger zufolge das Leben in drei „Bekundungsgestalten" zeigt: Als Selbstwelt, als Mitwelt und als Umwelt. Dabei geht es vornehmlich um das Leben der Selbstwelt, deren Ausdrucksformen Heidegger im einzelnen nachgeht. (GA 58, 41–64)[100]

In der Vorlesung vom Wintersemester 1921/22 spricht Heidegger (im III. Teil) wiederum über das „faktische Leben" und entwickelt dabei

---

[98] Eine entwicklungsgeschichtliche Studie zur „formalen Anzeige" legt Georg Imdahl vor. Georg Imdahl, *„Formale Anzeige" bei Heidegger*, in: Archiv für Begriffsgeschichte, Band XXXVII, Bonn 1994, 306–332. Vgl. zur formalen Anzeige auch Otto Pöggeler, *Heidegger und die hermeneutische Philosophie*, Freiburg/München 1983, 288 ff.

[99] Daß die Formulierung des „An und für sich" auf Hegel zurückgeht, konstatiert Georg Imdahl, ohne jedoch einen systematischen Zusammenhang von Hegel und Heidegger bezüglich dieses Begriffes herstellen zu können. Vgl. Georg Imdahl, *Das Leben verstehen. Heideggers formal anzeigende Hermeneutik in den frühen Freiburger Vorlesungen*, Würzburg 1997, 109.

[100] Diesen Aspekt der Vorlesung hebt Theodore Kisiel hervor. „Denn das eigentlich Neue in dieser Vorlesung ist die Zurückführung der faktischen Lebenserfahrung zu ihrem Ursprungsgebiet in Selbsterfahrung, in der »Zugespitztheit des Lebens als Selbstwelt«." (104) Theodore Kisiel, *Das Entstehen des Begriffsfeldes ›Faktizität‹ im Frühwerk Heideggers*, in: Dilthey-Jahrbuch Band 4 (1986/1987), 91–120.

2. Dasein und Leben

„Grundkategorien des Lebens,"[101] (GA 61, 85–130) sowie den Begriff der „Ruinanz".[102] (GA 61, 131–155) Anhand kategorialer Strukturen differenziert Heidegger seinen Lebensbegriff in dieser Vorlesung weiter aus. Dabei werden die Kategorien aber nicht von einer außenstehenden Instanz an das Leben herangetragen. „Die Kategorien sind nichts Erfundenes oder eine Gesellschaft von logischen Schemata für sich, »Gitterwerke«, sondern sie sind in ursprünglicher Weise *im Leben selbst am Leben*; am Leben, daran Leben zu »bilden«." (GA 61, 88) Hervorzuheben ist an dieser Stelle der Begriff der „Sorge", den Heidegger hier einführt, um zu zeigen, wie das Leben in der Welt faktisch vollzogen wird. (GA 61, 89–99) „Leben ist im weitest gefaßten Bezugssinn: sorgen um das »tägliche Brot«." (GA 61, 90)

Im Zusammenhang mit Heideggers Bemühen um den Lebensbegriff ist auch ein Brief an Elisabeth Blochmann vom 1. 5. 1919 aus Freiburg von Interesse, in dem Heidegger über das Leben nicht nur als Wissenschaftler nachdenkt. In freundschaftlicher Gesinnung zu Elisabeth Blochmann schreibt er von den „begnadeten Augenblicken" des Lebens, die nicht nur im Genuß zu erfahren, sondern „in die Rhythmik alles kommenden Lebens" einzubeziehen sind. Dabei soll nicht die Reflexion das Leben überdecken, denn sonst verliert es „eine Grundkraft seiner Strömung". (Vgl. Blochm., 14) „Das neue Leben, das wir wollen, oder das in uns will, hat darauf verzichtet, universal d. h. unecht und flächig (oder flächlich) zu sein – sein Besitztum ist Ursprünglichkeit – nicht das Erkünstelte-Konstruktive sondern das Evidente der totalen Intuition." (Blochm., 15) Nun handelt es sich hier nicht um einen Beitrag zur wissenschaftlichen Forschung, aber diese Äußerungen zeugen von Heideggers Streben nach Echtheit und Ursprünglichkeit auch in seinem persönlichen Leben.

In dieselbe Zeit fallen auch Heideggers „Anmerkungen zu Karl Jaspers »Psychologie der Weltanschauungen«" (1919/21). Vor dem Hintergrund dieser kritischen Rezension faßt Heidegger seinen Begriff von Leben in einem Brief an Jaspers vom 27. 6. 1922 folgendermaßen zusammen: „Es muß ins Klare gebracht werden, was es heißt, mensch-

---

[101] Carl-Friedrich Gethmann gibt eine Interpretation der Vorlesung und liest sie im Hinblick auf den Ansatz von „Sein und Zeit". Zu den „Grundkategorien des Lebens" schreibt er: „Diese Grundkategorien sind nicht nur generisch Vorläufer der späteren Existenzialien, sie haben auch in spezie ihre Entsprechung in der existenzialen Analytik" (37). Carl-Friedrich Gethmann, *Philosophie als Vollzug und als Begriff. Heideggers Identitätsphilosophie des Lebens in der Vorlesung vom Wintersemester 1912/22 und ihr Verhältnis zu »Sein und Zeit«*, in: Dilthey-Jahrbuch 4 (1986/87), 27–54.

[102] Zum Begriff der „Ruinanz" vgl. Georg Imdahl, *Das Leben verstehen*, a.a.O., 219 ff.

liches *Dasein* mitausmachen, daran beteiligt sein; d. h. aber, es muß der Seinssinn von Leben-Sein, Mensch-Sein ursprünglich gewonnen und kategorial bestimmt werden. Das Psychische ist nicht etwas, das der Mensch »hat«, bewußt oder unbewußt »hat«, sondern etwas, das er ist und das ihn lebt. D. h. prinzipiell: Es gibt Gegenstände, die man nicht hat, sondern »ist«; und zwar noch solche, deren Was lediglich ruht in dem »Daß sie sind« – genauer: Die alte ontologische Scheidung von Was – und Daßsein genügt nicht nur nicht inhaltlich – sondern hat einen Ursprung, in dessen Sinn-bereich eine heute verfügbare Seinserfahrung von Leben (kurz gesagt die »historische«) nicht liegt." (Jasp., 26 f.) Mit diesen Worten ist nun der Begriff des Daseins auf den Lebensbegriff bezogen und damit auch eine Bestimmung des Seinssinns gefordert, die Heidegger allerdings erst in „Sein und Zeit" vornimmt, wobei sich dann die Bedeutung des Lebensbegriffes verändert und dieser vom Daseinsbegriff verdrängt wird. Darüber hinaus klingt in dem Brief Heideggers Kritik an der ontologischen Unterscheidung von essentia und existentia an. Demnach stellt sich für Heidegger die Aufgabe einer Neubildung der alten Ontologie, um „eigenes-gegenwärtiges Leben in seinen Grundformen zu fassen und zu leiten." (Ebd.)

Wenn sich Heidegger mit dem Leben und den Theorien des Lebens seiner Zeit beschäftigt, so ist seine Haltung gegenüber der Lebensphilosophie immer eine kritische, denn ihr Mangel ist, „daß das »Leben« selbst nicht als eine Seinsart ontologisch zum Problem wird." (SuZ, 46) Ebenso grenzt Heidegger in „Sein und Zeit" seine Daseinsanalytik gegen Anthropologie, Psychologie und Biologie ab. Letztere ist als Wissenschaft vom Leben im Dasein begründet. Leben ist nach Heidegger also nur im Dasein zugänglich. So stellt er hier Leben und Dasein direkt gegenüber. „Leben ist weder pures Vorhandensein, noch aber auch Dasein. Das Dasein wiederum ist ontologisch nie so zu bestimmen, daß man es ansetzt als Leben – (ontologisch unbestimmt) und als überdies noch etwas anderes." (SuZ, 50) Hier wehrt sich Heidegger also gegen eine Identifikation von Leben und Dasein. Dabei erscheint das Leben als ein „Zwischen" zwischen Dasein und purem Vorhandensein. Weiterhin warnt Heidegger davor, das Dasein als Leben mit einer Art „Mehr" zu bestimmen.

Wenn Heidegger das In-der-Welt-sein diskutiert, stößt er wiederum auf den Begriff des Lebens, der für die Biologie tragend ist, wobei diese Wissenschaft seiner Auffassung nach die Struktur des In-der-Welt-seins nicht selbst schaffen kann, sondern sie voraussetzen muß. „Die Struktur selbst kann aber auch als Apriori des thematischen Gegenstandes der Biologie philosophisch nur expliziert werden, wenn sie zuvor als Daseinsstruktur begriffen ist. Aus der Orientierung an der so begriffenen ontologischen Struktur kann erst auf dem Wege der Privation die Seinsverfassung von »Leben« apriorisch umgrenzt werden." (SuZ, 58) Hier legt Heidegger also den systematischen Zusammenhang von Leben, Dasein und In-der-Welt-Sein dar.

Auch in den „Beiträgen zur Philosophie" findet sich noch diese Kritik an der Biologie, die durch ihren wissenschaftlichen Zugriff den Bezug zum Lebendigen unterbrechen kann. Eine Bestimmung des Lebens ist nicht möglich, „solange das Lebendige nicht zum anderen Widerklang des Da-seins geworden" ist. (GA 65, 276) Wenn das Leben aber zum Gegenstand der Wissenschaft wird, so entzieht es sich. Soll das Verhältnis zum Lebendigen aber nicht zerstört werden, so ist es eher *außerhalb* einer Wissenschaft zu suchen.

Unter dem Einfluß der Philosophie Max Schelers wird im Sommersemester 1928 in der Vorlesung „Metaphysische Anfangsgründe der Logik im Ausgang von Leibniz" der Begriff des Lebens in Heideggers Denken wieder bedeutsam, und er spricht im Anschluß an Schelers „Metanthropologie" von einer „Metontologie". (Vgl. GA 26, besonders 196–202) Durch die Metontologie oder metaphysische Ontik werden das Leben und die Natur als Voraussetzung des Daseins angesetzt, so daß die Fundamentalontologie von „Sein und Zeit" an das ontische Fundament zurückgebunden wird, wobei das Dasein, in Anschluß an Scheler, von einem Göttlichen her gedacht werden soll.[103]

Im Wintersemester 1929/30 wendet sich Heidegger wieder der Lebensthematik zu. Er zeigt einen neuen Zugang zum Leben und entwickelt eine Wesensbestimmung des Organismus, denn das „Lebendige ist immer Organismus. Was ein Lebendes je als dieses eine in seiner Einheit bestimmt, ist sein Organismuscharakter." (GA 29/30, 311) Heidegger fragt auch nach Stein, Tier und Mensch. Dabei charakterisiert er den Stein als „weltlos" und das Tier als „weltarm", wohingegen der

---

[103] Vgl. zur Auseinandersetzung mit Scheler Otto Pöggeler, *Der Denkweg Martin Heideggers*, a.a.O., 374 ff.; – ders., *Heideggers logische Untersuchungen*, in: Martin Heidegger: Innen – und Außenansichten, hrsg. vom Forum für Philosophie Bad Homburg, Frankfurt am Main 1989, 91. Vgl. auch Dietmar Köhler, *Die Schematisierung des Seinssinnes*, a.a.O., 5 und 30–42.

Mensch „weltbildend" ist.¹⁰⁴ Die Frage nach dem Leben ist also im Zusammenhang mit dem Weltproblem und mit dem Problem der Endlichkeit zu diskutieren. Das Dasein ist dabei inmitten des Seienden. „Inmitten des Seienden heißt: Die lebendige Natur hält uns selbst als Menschen in einer ganz spezifischen Weise gefangen, nicht aufgrund eines besonderen Einflusses und Eindruckes, den die lebendige Natur auf uns macht, sondern aus unserem Wesen, ob wir dasselbe in einem ursprünglichen Verhältnis erfahren oder nicht." (GA 29/30, 403 f.) In dieser Interpretation des Lebens sind Anklänge an Heideggers frühe Vorlesungen, besonders an die Vorlesung vom Wintersemester 1919/20, zu finden, wobei hier aber der Daseinsbegriff an die Daseinsanalytik von „Sein und Zeit" anknüpfen kann und somit eine weitreichendere Bedeutung gewinnt als in den frühen Vorlesungen.

Soweit ist die Beziehung von Leben und Dasein umrissen, und der Überblick zeigt die Wandlung dieses Verhältnisses in Heideggers Denken bis 1930. Nun stellt Hegel in der „Phänomenologie des Geistes" Leben und Selbstbewußtsein einander gegenüber. Um zu sehen, wie sich dieses Begriffspaar der Hegelschen „Phänomenologie" zu Heideggers Denken des Daseins verhält, ist noch einmal auf die Beziehung von Dasein und Bewußtsein einzugehen.¹⁰⁵ Im ersten Teil dieses Kapitels wurde bereits auf Heideggers Unterscheidung dieser Begriffe im Heraklit-Seminar hingewiesen. Dort heißt es: „Die Gegenständlichkeit für ... setzt voraus die Lichtung, in der Anwesendes dem Menschen begegnet. Das Bewußtsein ist nur möglich auf dem Grunde des Da als ein von ihm abgeleiteter Modus." (GA 15, 204 f.) Das Bewußtsein ist immer ein Bewußtsein von etwas, es stellt diese Sache vor und ist so auf den Gegenstand gerichtet. Im § 15 der Vorlesung „Grundprobleme der Phänomenologie" von 1927 stellt Heidegger zusammenfassend seine Auffassung des Daseins bzw. des Selbst in Abgrenzung von der traditionellen Beziehung von Subjekt und Objekt dar, indem er das *idealistische* Bewußtsein nennt, das als Bewußtsein von sich sich zugleich seiner selbst

---

¹⁰⁴ In der Vorlesung vom Sommersemester 1934 spricht Heidegger ebenfalls von Stein, Pflanze und Tier, die für ihn dort „zwar rechnungsmäßig in der Zeit,,, aber „nicht *zeitlich*" sind. Nur das Dasein des Menschen wird von der Macht der Zeit erfüllt und ist somit geschichtlich. Das Leben ist hier nicht mehr auf das menschliche Dasein bezogen. „Das Sein der Pflanzen und Tiere = Leben. Das Sein der Zahlen = Bestand. Das Sein der Gesteine = Vorhandensein. Das Sein des Menschen = Dasein." (Logik, 86)
¹⁰⁵ Hier geht es ausschließlich um Heideggers Verhältnis zu *Hegels* Bewußtseinsbegriff. Bewußtsein und Dasein lassen sich ebenso bezüglich Husserl und Heidegger unterscheiden. Vgl. zu dieser Problematik die Arbeit von Friedrich-Wilhelm von Herrmann, *Der Begriff der Phänomenologie bei Heidegger und Husserl*, Frankfurt am Main 1981.

bewußt, also Selbstbewußtsein ist. „Aber diese formalen Bestimmungen, die das Gerüst für die Bewußtseinsdialektik des Idealismus abgeben, sind doch weit entfernt von einer Interpretation der phänomenalen Tatbestände des Daseins, d. h. von dem *wie* sich dieses Seiende ihm selbst in seiner faktischen Existenz zeigt, wenn man das Dasein nicht mit vorgefaßten Ich- und Subjektbegriffen der Erkenntnistheorie vergewaltigt." (GA 24, 225 f.)[106] Heidegger gibt 1930/31 dann eine Definition für das Hegelsche Bewußtsein: „Dieses relative Wissen – das in seinem Gewußten befangene und gefangene Wissen – nennt Hegel das »Bewußtsein«." (GA 32, 21) Etwas später folgt eine weitere Definition in drei Punkten. Bewußtsein ist „1. Jede Art von Wissen; 2. Auf die Dinge bezogen, ohne sich selbst als Wissen zu wissen; 3. Bewußtsein im Sinne des Selbstbewußtseins." (GA 32, 23)

Die Unterschiede von Hegels Bewußtseinsbegriff und Heideggers Konzeption des Daseins treten nun deutlicher hervor. Das Dasein, zu dessen Sein das Seinsverständnis gehört, muß sich nicht in der Weise des dialektischen Fortgangs als Gegenstand seiner selbst bewußt werden. Es ist als es selbst schon *vor der Reflexion* da und ist dabei *immer schon* auf den Gegenstand bezogen. „Wir sagen das Dasein bedarf nicht erst einer Rückwendung zu sich selbst, gleich als stünde es, sich selbst hinter dem eigenen Rücken haltend, zunächst starr den Dingen zugewandt vor diesen, sondern nirgends anders als in den Dingen selbst, und zwar in denen, die das Dasein alltäglich umstehen, findet es sich selbst." (GA 24, 226)

Nachdem nun Heideggers Verständnis des Lebens und des Daseins skizziert worden ist, muß sich zeigen, wie Heidegger sich dem Lebensbegriff in Hegels Denken vor dem Hintergrund des Unterschiedes von Dasein und Bewußtsein zuwendet. Dabei ist zu fragen, ob Heidegger sein eigenes Denken an diesem Begriff im Hegelschen Sinne orientieren konnte.

Wenn Heidegger 1925 in einem Brief an Jaspers über das Werden innerhalb der „Wissenschaft der Logik" spricht, so ist ihm dieser Prozeß unklar. „Hier komme ich nicht weiter, und das »Loch«, das hier im dialektischen Gang liegt, ist das fundamentalste – denn es [ist] mir der Beweis – daß Hegel von Anfang an Leben – Existenz – Prozeß und dergleichen kategorial verfehlt. D. h. er sah nicht, daß der überlieferte Kategorien-

---

[106] Der Hinweis auf GA 24 findet sich bei Manfred Frank, der die Problematik des § 15 kurz skizziert und J.-P. Sartres Kritik an Heideggers Ersetzung des Bewußtseins durch das Dasein erwähnt. Manfred Frank (Hrsg.), *Selbstbewußtseinstheorien von Fichte bis Sartre*, Frankfurt am Main 1991, 516 ff.

stand der Ding- und Weltlogik grundsätzlich nicht zureicht – und daß radikaler gefragt werden muß nicht nur nach Werden und Bewegung, Geschehen und *Geschichte* – sondern nach dem Sein selbst." (Jasp., 59)

Schon mit dieser Äußerung wird Heideggers Kritik an Hegel deutlich. Er wirft Hegel nämlich vor, er habe die Seinsfrage nicht gestellt. Aus dieser Perspektive der unterlassenen Seinsfrage sieht Heidegger die kategoriale Verfehlung des Lebens, der Existenz und des Prozesses und stellt so drei Begriffe nebeneinander, die er unter eine Ding- und Weltlogik subsumiert, ohne deren Bedeutung bei Hegel konkret zu überprüfen.

In den „Beiträgen" zeigt Heidegger auf, wie der „Sprung" in den Bereich der Seinsgeschichte führt. Es soll sich der Mensch in der „Nähe zum Seyn sammeln, die allen »Lebensnahen« befremdlich bleiben muß." (GA 65, 227) Oben wurde von Heideggers Vorwurf an den Deutschen Idealismus gesprochen, dieser sei „zu lebensnah". So kann der Deutsche Idealismus auch die von Heidegger geforderte Nähe zum Sein nicht erreichen, und ebenso kann der Idealismus nicht in den „anderen Anfang" führen. Das gilt besonders für die Philosophie Hegels, dessen Denken auch in der geschichtlichen Wirklichkeit seine Auswirkungen hatte, so etwa durch den Marxismus. Heidegger kritisiert in der Schrift über die „Negativität" diesen Gesichtspunkt der Hegelschen Philosophie. „Wirkung und Wirksamkeit auf das sogenannte Leben ist kein möglicher Gesichtspunkt für die Beurteilung einer Philosophie und somit auch nicht für die Abschätzung des Wertes einer Auseinandersetzung mit ihr; denn alles »Leben« und was man so nennt, »lebt« nur aus der Verkennung und Abkehr *von* der Philosophie, – womit nur gesagt ist, daß es der Philosophie notwendig und in einer sehr verfänglichen Weise bedarf. Die Philosophie aber kann eine solche *Abwendung* des »Lebens« von ihr niemals für einen Mangel halten, sondern muß von der Notwendigkeit derselben wissen." (GA 68, 9) Das Leben wird hier also als geschichtlich politische Wirklichkeit gedeutet, auf die Hegel Einfluß nahm und selbst auch nehmen wollte, wohingegen sich für Heidegger die Philosophie nicht durch die Wirkung bestimmen läßt. Wie die Philosophie geschichtlich ist, kann nur im philosophischen Denken erfahren werden, das sich nur im Rückzug vom Leben entwickeln kann. Diese Einstellung Heideggers zum Verhältnis von Philosophie und geschichtlicher Wirklichkeit schließt jedoch die Gefahr oder sogar Unabwendbarkeit einer politischen Indifferenz oder Verirrung ein.

Faßt man nun Heideggers Sicht des Hegelschen Lebensbegriffes in systematischer und lebenswirklicher Hinsicht zusammen, so wird zunächst deutlich, daß Heidegger den Hegelschen Lebensbegriff nicht in angemessener Weise aufgenommen hat. Das zeigt auch die unzureichende Interpretation dieses Begriffes im Selbstbewußtseins-Kapitel der „Phänomenologie". Heidegger legt hier den Lebensbegriff auf das Sein fest, ohne die Besonderheiten des Lebens eigens herauszuarbeiten, so daß er sich von diesem Begriff weder abstößt noch sich davon für sein Denken anregen läßt.

Blickt man auch auf die weiteren Auseinandersetzungen Heideggers mit Hegel, so ist hier ebenfalls keine Beeinflussung Heideggers durch Hegels Lebensbegriff erkennbar. Die kritischen Äußerungen zum Lebensbegriff des Deutschen Idealismus zeigen, daß Heidegger die Probleme, die sich mit dem Leben in der Hegelschen Philosophie stellen, verschlossen blieben, so daß er sich zu diesem Begriff auch nicht in eine Gegenposition stellen konnte, wie das in bezug auf den absoluten Anfang und die Unendlichkeit der Fall ist.[107]

Es bleibt schließlich zu fragen, ob für das Begriffsfeld der „Faktizität" in Heideggers frühem Denken die Aufarbeitung des selbstbewußten Lebens in der „Phänomenologie" nicht von Nutzen gewesen wäre. Heideggers Rede vom „Leben an und für sich" in der Vorlesung von 1919/20 zeigt den Ansatz für eine Anknüpfung. Hier entwickelt Heidegger eine Bestimmung des Selbst, das im faktischen Leben lebendig vollzogen wird. „Es zeigt sich, *daß das faktische Leben in einer merkwürdigen Zugespitztheit auf die Selbstwelt gelebt, erfahren und dementsprechend auch historisch verstanden werden kann.*" (GA 58, 59) Im faktischen Leben tritt also die Selbstwelt in ausgezeichneter Weise hervor, wobei sie immer als Vollzug im faktischen Leben verwurzelt bleibt. Obwohl sich Hegel und Heidegger in ganz unterschiedlicher Weise dem Leben zuwenden und sich Methode, Begrifflichkeit sowie Zielsetzung ihres Denkens unterscheiden, ist in beiden Fällen die Problematik des Verhältnisses von faktischem oder substantiellem Leben und Selbstwelt oder Selbstbewußtsein angesprochen.

---

[107] Tilman Borsche stellt dem Lebensbegriff Hegels den Begriff des Lebens bei Nietzsche gegenüber. Dabei unterscheidet er drei unterschiedliche Lebensbegriffe bei Hegel: Das Leben der Idee, des Begriffs und des Geistes. Die Erweiterung des Lebensbegriffes bei Nietzsche führt zur Erweiterung der Philosophie. Das Sein wird durch den Begriff des Lebens ersetzt. So kommt es zur „Verzeitlichung dessen, was wahrhaft und wirklich ist, ja der Wahrheit und der Wirklichkeit selbst." (263) „Die Zeit, so könnte man Hegels Position in diesem Punkt zusammenfassen, *die Zeit* bleibt Moment der Ewigkeit. [...] Nietzsche verlagert hier lediglich den Akzent, doch verkehrt sich damit das ganze Verhältnis. Für Nietzsche wird die Ewigkeit zu einem Moment der Zeit." (264) Tilman Borsche, *Leben des Begriffs nach Hegel und Nietzsches Begriff des Lebens*, in: Orientierung in Zeichen. Zeichen und Interpretation III, hrsg. v. Josef Simon, Frankfurt am Main 1997, 245–266.

IV. Sein und Zeit – Sein und Logos

1. Heideggers Kritik am Hegelschen Seinsbegriff

In dem letzten Kapitel dieser Arbeit wird Heideggers Kritik an der Philosophie Hegels zusammengefaßt. Nachdem nun Heideggers Gang durch die Gestalten der „Phänomenologie" bis zum Selbstbewußtsein nachvollzogen wurde, läßt sich sein Einwand gegen Hegel auf den Begriff des Seins hin zuspitzen.[108] Im Sein laufen die Probleme des Anfangs, der Zeit und des Lebens und Selbstbewußtseins zusammen; jetzt muß sich zeigen, wie Heidegger diese Themen unter den Begriff des Seins faßt und daran seine Hegel-Kritik anschließt.

Obwohl der Seinsbegriff in allen Gestalten bereits enthalten war, wurde er bei der Betrachtung der Auslegung des Selbstbewußtseins-Kapitels in besonderer Weise bedeutsam. Heidegger thematisiert im letzten Paragraphen seiner Vorlesung das *Sein* des Selbstbewußtseins (§ 13) und stellt im letzten Abschnitt (§ 13 b) in diesem Zusammenhang dem Hegelschen Begriffspaar Sein und Zeit seine eigene Rede von „Sein und Zeit" gegenüber. „Wenn das Hineindeuten der Problematik von »Sein und Zeit« irgendwo schlechthin widersinnig ist, dann bei Hegel." (GA 32, 209) Auch hier wird wieder Heideggers Haltung gegen Hegel deutlich, so daß sich keine Brücke von seinem zu Hegels Ansatz bauen läßt. „Denn die These: *Das Wesen des Seins ist die Zeit* – ist das gerade Gegenteil von dem, was Hegel in seiner ganzen Philosophie zu erweisen suchte. Dann aber muß die Hegelsche These auch umgekehrt lauten: Das Sein ist das Wesen der Zeit, das Sein nämlich qua Unendlichkeit." (Ebd.) Diese seinem Denken von „Sein und Zeit" diametral entgegengesetzte Formel sucht Heidegger im folgenden anhand von Hegels Aussagen zu belegen.

Oben wurde schon Heideggers Auslegung des Lebensbegriffs kritisch betrachtet; in diesem Zusammenhang verweist Heidegger hier auf eine Stelle im Abschnitt „Die Wahrheit der Gewißheit seiner selbst", um seine Behauptung zu stützen, bei Hegel sei das Sein das Wesen der Zeit. Hegel bestimmt in dem von Heidegger genannten Abschnitt das Leben

---

[108] Wolfgang Neuser stellt Hegels Begriff des Seins als Letztbegründung, das also einen dauerhaften Grund hat, dem Heideggerschen Sein als Entwurf, der noch offen und unbestimmt ist, gegenüber. Dabei wird Neuser weder dem Hegelschen noch dem Heideggerschen Seinsbegriff mit seinen Ausführungen gerecht. Wolfgang Neuser, *Der Begriff des Seins bei Hegel und Heidegger*, in: prima philosophia 4, Cuxhaven 1991, 439–455.

(PhG, 122, Z. 35 bis 40), und Heidegger zitiert: „Die Rede ist da vom Leben qua Sein im Sinne des »inneren Unterschiedes«. Und es wird gesagt: »Das *Wesen* [d. h. das wahrhafte Sein] ist die Unendlichkeit als das *Aufgehobensein* aller Unterschiede, ...« und dann wird fortgefahren: »das einfache Wesen der Zeit ...« – d. h. *das Wesen des Seins ist das Wesen der Zeit.*" (GA 32, 209) Dieser Satz gilt Heidegger zufolge aber nur, wenn die Zeit die Gestalt des Raumes hat. Heidegger löst hier einen Satz aus der Hegelschen Argumentation heraus, in der Hegel das Sein im Gegensatz zu den vorangegangenen Gestalten jetzt als „jene einfache flüssige Substanz der reinen Bewegung in sich selbst" (PhG, 123, Z. 13 f.) zu erweisen sucht, um seine eigene These zu erhärten, daß bei Hegel das Sein das Wesen der Zeit sei. Dabei deutet Heidegger nur kurz an, daß die Vergangenheit das Wesen der Zeit ausmache, denn es ist nur dasjenige seiend, was schon in sich zurückgegangen ist. Es handelt sich um ein Zurückgegangenes, Vorheriges, Ruhiges, das somit überzeitlich ist.[109] Heidegger faßt diese Gedanken nun noch einmal zusammen, indem er seine Auffassung des Zusammenhangs von Sein und Zeit der Hegelschen gegenüberstellt. „*Hegel* – das Sein (Unendlichkeit) ist auch das Wesen der Zeit. *Wir* – die Zeit ist das ursprüngliche Wesen des Seins." (GA 32, 211)

Der Hauptunterschied beider Seinsbegriffe läßt sich für Heidegger nun klar benennen. Während er das Sein auf die Zeit hin interpretiert, richtet Hegel seinen Seinsbegriff auf den λόγος aus. „Die Richtung unseres Weges, der den Hegelschen kreuzen soll, ist angezeigt durch »Sein und Zeit«, das heißt negativ: Zeit – *nicht λόγος.*" (GA 32, 143) So ergibt sich einerseits die Gegenüberstellung von Sein und Zeit – Sein und Logos, die im folgenden zu erläutern ist, indem Heideggers Interpretation bzw. Kritik des Hegelschen Seinsbegriffs näher ausgeführt wird.[110] An-

---

[109] Zum Vorrang der Vergangenheit sagt Heidegger an anderer Stelle: „Hegel spricht zuweilen, wie wir schon sahen, vom Gewesensein, aber nie von der Zukunft. Das stimmt mit dem zusammen, daß für ihn die Vergangenheit ein ausgezeichneter Charakter der Zeit ist; sie ist das Vergehen und das Vergängliche, immer Vergangene." (GA 32, 116)

[110] Mit der Gegenüberstellung von Heideggers Verstehen des Seins und Hegels absolutem Wissen befaßt sich Christopher P. Smith. Er setzt dabei das Heideggersche Dasein als *endliches* Bewußtsein dem Hegelschen *unendlichen* (Selbst-) Bewußtsein gegenüber. Christopher P. Smith, *Heidegger's Critique of Absolute Knowledge*, in: The New Scholaticism, Washington D. C. 45 (1971), 56–86. Den Zusammenhang von Logos und Zeit bei Hegel zeigt Bernhard Lakebrink. „Dieser Logos in der Seinsweise der Logik verharrt nicht in einem metaphysischen Jenseits, sondern das menschliche Denken, seine eigene Endlichkeit negierend, ist eben dieser Logos selbst. Das Unendliche ist somit der Prozeß, ein Tun, ein freies Überwinden alles dessen, was in Endlichkeit und Zeitlichkeit gefesselt liegt, ist ein »Vernichten des Nichtigen«, ist »negatio negationis«." (284) Bernhard Lakebrink, *Hegels Metaphysik der Zeit*, in: Philosophisches Jahrbuch, Freiburg/München 74 (1966/67), 284–293.

dererseits bleibt zu fragen, wie Heidegger mit dieser Gegenüberstellung methodisch und inhaltlich weiterdenken kann. Vom „Kreuzweg", auf den Heideggers Auseinandersetzung mit Hegel gestellt ist, wurde im Verlauf der Arbeit bereits mehrfach gesprochen. Als Kreuzungspunkt wurde dabei die *Frage* nach dem Sein genannt. Wie sich auf Heideggers Seite die Zeit, auf Hegels Seite der Logos in einer *Aus*-einandersetzung *zu*-einander stellen, gibt Heidegger folgendermaßen zu verstehen: „Es ist also nicht ein einfaches formales Entweder-Oder, auf ein solches Entweder-Oder läßt sich überhaupt eine philosophische Auseinandersetzung nicht bringen. Wir wollen damit nur angedeutet haben, aus welchen Dimensionen wir herkommen, wenn wir uns mit Hegel in der Frage nach dem Sein treffen." (GA 32, 145) Neben Heideggers Hinweisen auf das Sein in allen Gestalten der „Phänomenologie" begleiten auch immer wieder Reflexionen zur Methode und zum Ziel der Auslegung seinen Gang. Es ist am Ende der Untersuchung der Vorlesung daher der Verlauf der Interpretation Heideggers im ganzen zu überblicken, so daß auch diese Reflexionen überprüft werden können.

Obwohl es sich hier lediglich um einen Vorlesungstext handelt, dem zwar eine gut ausgearbeitete Nachschrift sowie eine Transkription der Urschrift von Heidegger selbst zugrunde liegen (vgl. GA 32, 217 ff.), der aber doch nicht als systematisches Werk konzipiert wurde, ist ein Nachgehen der einzelnen aufeinander folgenden Denk- und Auslegungsschritte sinnvoll und sogar unumgänglich. Denn Heidegger erhebt mit seiner Vorlesung selbst den Anspruch, „das *innere Gesetz* des Werkes zu wecken und sich auswirken zu lassen für den jeweiligen Tiefgang und die Größe des Ganzen." (GA 32, 63) Die Äußerungen über seine Methode der Auslegung zeigen, daß der Vorlesungstext durchaus in seiner Gestaltung, das heißt auch in seiner *Dramaturgie* betrachtet werden muß. Dabei kann der Begriff des Seins als Zielpunkt des Ganges angesehen werden. Mit der letzten, nur unvollständig ausgelegten Gestalt des Selbstbewußtseins erreicht dieser Seinsbegriff nach Heidegger seinen Höhepunkt in der Bewußtseinsgeschichte der „Phänomenologie".

Es geht Heidegger um die Fragen, die er selbst in der Interpretation an Hegel richtet. In der Konfrontation mit Hegel soll sich zeigen, „ob das Sein in seinem Wesen endlich ist [...]. Oder – so ist dieselbe Frage auch zu fassen – ob die Unendlichkeit des absoluten Wissens die Wahrheit des Seins bestimmt und so alles Endliche in sich schon aufgehoben hat, so daß alles Philosophieren nur *in* diesem Aufheben und *als* solches Aufheben sich bewegt, d. h. *Dialektik* ist." (GA 32, 106) Das „Gespräch" mit Hegel ermöglicht Heidegger aber eher die Akzentuierung seiner eigenen Argumente, denn eine Umkehr zu Hegels dialektischem Denken war schon von vornherein ausgeschlossen. Die Möglichkeit, daß die Unendlichkeit des absoluten Wissens die Wahrheit des Seins bestimmt, war für Heidegger nie wirklich gegeben. So heißt es schon bald in der Vorlesung: „Sein und Sein sind also für Hegel und für uns aus letzten und ersten Gründen ein Verschiedenes. Aber nicht das Verschiedene zweier entgegengestellter und sich gleichgültiger Standpunkte, nicht das Verschiedene, das dahingeschieden und abgestorben ist und jetzt als toter Unterschied verhandelt werden könnte, sondern *die* Verschiedenheit, die nur möglich ist in der gleichen Abgeschiedenheit vom Belanglosen und Alleinberedeten und nur möglich ist in der Verpflichtung zum Einen, Einfachen, Einmaligen, Wesentlichen." (GA 32, 60) Doch unterscheidet sich Heideggers Art des Denkens von derjenigen Hegels. Einen wesentlichen Gegensatz bildet die Methode: „Hegels Philosophie (Methode) ist die Dialektik, das heißt: 1. Das Seinsproblem bleibt auf den λόγος orientiert; 2. diese »logische« Orientierung aber ist Unruhe, ist absolvent aus der Un-endlichkeit verstanden." (GA 32, 93)

Die Beweggründe für diese Kritik an Hegels Orientierung am λόγος sind nun zu erhellen, indem Heideggers eigenes Bemühen um einen Begriff vom λόγος exemplarisch skizziert wird. Als Heidegger im Sommersemester 1925 die Methode der Husserlschen Phänomeno-*logie* beschreibt und sich gegen diese abzugrenzen sucht, setzt er sich in einem vorbereitenden Teil auch mit dem λόγος auseinander. Der Hauptteil gilt dann der Entwicklung des Zeitbegriffs. Heidegger bezeichnet den ursprünglichen Sinn des λόγος im Anschluß an Aristoteles als λέγειν, das Reden oder Rede von etwas ist. „Genauer bestimmt *Aristoteles* den Sinn des λόγος als ἀποφαίνεσθαι – *sehen lassen von etwas an ihm selbst und zwar* – ἀπό – *von ihm selbst her.* In der Rede soll, insofern sie echt ist, das, was geredet wird – ἀπό – aus dem, worüber geredet wird, geschöpft sein, so daß die redende Mitteilung in ihrem Gehalt, in dem, was sie sagt, das, worüber sie redet, offenbar und dem anderen zugänglich macht. Das ist der strenge und funktionale Sinn des λόγος, wie ihn *Aristoteles* herausgearbeitet hat." (GA 20, 115) Diesem λόγος ἀποφαντικός, der das Sehen-lassen des Gesprochenen an ihm selbst ist und somit das theoretische Erfassen ausmacht, steht der λόγος σημαντικός gegenüber, der sich von der theoretischen Rede unterscheidet. Heidegger führt für diesen λόγος als Beispiele den Ausruf, die Bitte, den Wunsch und das Gebet an. (Vgl. GA 20, 116)[111]

In der Auseinandersetzung mit der Tradition suchte Heidegger sein eigenes Denken, und das heißt auch eine Logik, zu entwickeln. So hielt er im Wintersemester 1925/26 ein Vorlesung über Logik in Verbindung mit der Frage nach der Wahrheit. Hier bestimmt Heidegger den λόγος in den §§ 11 bis 13 wiederum vor dem Hintergrund der Aristotelischen Philosophie und stellt ihn als den Satz dar, der der Ort der Wahrheit ist. Dabei wird der Satz als Aussage bestimmt. „Das Wesen des Satzes ist das ἀποφαίνεσθαι – sehen lassen ein Seiendes, ἀπό: von ihm selbst her. Der Redesinn der Aussage ist dieses Sehenlassen (δηλοῦν). Der λόγος ist ἀποφαντικός, dessen auszeichnende Möglichkeit des Redens im Sehenlassen liegt, der seiner Redewendung nach etwas zum Sehen bringen kann; oder kurz: ἀπόφανσις – Aussage, angemessener: Aufzeigung." (GA 21, 133) Die Aussage läßt also etwas sehen, was dann erfaßt werden kann. Im folgenden fragt Heidegger, weshalb der λόγος auch falsch sein, d.h. etwas verdecken kann. Somit kommt Heidegger zu zwei weiteren Strukturen des λόγος – auf der einen Seite ist er ein Zusammensetzen (σύνθεσις), auf der anderen ein Auseinandernehmen (διαίρεσις). „Die Synthesis (Verbinden) ist Bedingung der Möglichkeit des Entdeckens (Wahrheit). Die διαίρεσις (Trennen) ist Bedingung der Möglichkeit des Verdeckens (Falschheit)." (GA 21, 137) Nun gilt es nach Heidegger ein Phänomen zu finden, das *vor* der sprachlichen Ausdrucksbeziehung liegt, und den λόγος als wahren oder falschen erst möglich macht. Diesen Gedanken vollzieht Aristoteles aber nicht mehr. Er bleibt mit seinem Logosbegriff immer an die Sprache gebunden, und so muß Heidegger im § 12 unabhängig von Aristoteles fragen, was die Struktur des λόγος überhaupt erst möglich macht. An dieser Stelle tritt nun Heideggers Abgrenzung gegen Aristoteles deutlich hervor. Eine Aussage ist immer an das gebunden, *worüber* sie etwas aussagt. In diesem Worüber liegt auch, daß man über die Bewandtnis oder den Gebrauch des Dinges, über das man etwas sagt, Bescheid weiß. „Gebrauch ist nur ein naheliegender Modus des Grundsinnes als des Seins zur Welt, des Besorgens. Dasein ist an ihm selbst von Hause aus

---

[111] Eine umfassende Studie zu Heideggers Wahrheitsbegriff in seinem frühen Denken legt Daniel O. Dahlstrom vor. Er zeigt in einem Kapitel, wie Heidegger vor dem Hintergrund des Aristotelischen λόγος als Aussage die Struktur des hermeneutischen und apophantischen Als entwickelt. (129–163) Daniel O. Dahlstrom, *Das logische Vorurteil. Untersuchungen zur Wahrheitstheorie des frühen Heidegger*, Wien 1994.

welt-offen, offen für die Welt, die ihrerseits aufgeschlossen ist." (GA 21, 143)[112]

Mit diesen Hinweisen auf das Dasein, das sich weltoffen zu den Dingen verhält, die immer schon aufgeschlossen sind, entwickelt Heidegger seine Rede von einem *hermeneutischen Als*. Denn immer wenn der Mensch mit etwas zu tun hat bzw. etwas vor sich hat, hat er es *als* etwas vor sich. „Diese Als-Struktur ist dabei nicht notwendig bezogen auf Prädikation. Im Zu-tun-haben mit etwas vollziehe ich darüber keine thematisch prädikativen Aussagen." (GA 21, 144) Diese Dimension, die Heidegger hier zu erfassen sucht, liegt also *vor* dem sprachlichen Ausdruck und ist an ein Verhalten, nicht an die Sprache gebunden. Es geht also um ein immer schon sein in der Welt. „Das schlichte Erfassen also gerade der natürlichst gegebenen Umweltdinge ist ein ständiges *Zurückkommen* auf ein begegnendes, und ein ständiges Zurückkommen, das notwendig ein Zurückkommen ist, weil nämlich mein eigentliches Sein als besorgendes In-der-Welt-zu-tun-haben charakterisiert ist als Immer-schon-vorweg-sein-bei-etwas." (GA 21, 147) Mit dieser Struktur des Sich-vorweg-seins als ein Zurückkommen ist schon der Zeitbegriff mitvorhanden, der dann in „Sein und Zeit" erst ausführlich entfaltet wird. An dieser Stelle geht es um die Erkenntnis, daß die Als-Struktur des hermeneutischen Als das Sein des Daseins zur Welt bestimmt. Dann spricht Heidegger noch vom *apophantischen Als*. Dieses Als ist mit dem Bestimmen „als das aufzeigende Beibringen eines Vorhandenen in seinem so und so Vorhandensein" gegeben. (GA 21, 158) Das Bestimmen kann also kein ursprüngliches Verhältnis zum Seienden ausmachen, und so kritisiert Heidegger das apophantische Als, das in der philosophischen Tradition vorherrschte. Der λόγος als Bestimmen ist demnach lediglich ein abgeleitetes Phänomen, so daß mit ihm nicht die Frage nach dem Sein gestellt werden kann.

Im § 13 fragt Heidegger dann noch einmal im Rückgriff auf Aristoteles nach der Möglichkeit, wie der λόγος falsch sein kann. Dabei zeigt sich die Synthesis als die Bedingung von Falschheit und Wahrheit. Heidegger gibt daraufhin drei Strukturbedingungen für die Falschheit an, die miteinander verflochten sind. Erstens ist hierzu ein vorgängiges

---

[112] Über die unterschiedlichen Auffassungen des Weltbegriffs diskutieren Heidegger und Fink in dem Colloquium von 1952. Heidegger sagt hier: „Nach Fink liegt die Dialektik notwendig im Weltbegriff. [...] Im Verlauf meines Weges hat sich die Interpretation des Wesens der Welt verschoben, was schließlich in den letzten Veröffentlichungen zum Unterschied von Welt und Ding führte. Welt ist nicht letzte Bestimmung. »Welt« und »Ding« sind eine analoge Fassung der metaphysischen Unterscheidung von Sein und Seiendem, eine Basis zur Sichtbarmachung der ontologischen Differenz." (Coll., 12)

Meinen und Haben des Worüber nötig. Zweitens kann etwas nur als etwas sein, sofern das Sehenlassen des Worüber von einem anderen her gegeben ist. Drittens ist das Sehenlassen von einem anderen her an die Möglichkeit des Beisammens von etwas mit etwas gebunden. (Vgl. GA 21, 187)

Im § 14 faßt Heidegger seine Ergebnisse zusammen, indem er den Aristotelischen Seinsbegriff dahingehend kritisiert, daß hier die Frage nach der Wahrheit als Bestimmung von Sein zwar vollzogen ist, aber nicht eigens gestellt wurde. Zudem ist das Sein bei Aristoteles als Präsenz bzw. Anwesenheit gedacht. „Entdecktheit, d. h. hier reine Gegenwart, ist als Gegenwart der höchste Modus für Anwesenheit. Anwesenheit aber ist die fundamentale Bestimmung von Sein." (GA 21, 193) Der Zusammenhang von Sein und Zeit sowie die Bestimmung der Gegenwart als lediglich *ein* Modus der Zeit blieb der griechischen Philosophie aber noch verborgen. Der erste Philosoph, der den Zusammenhang erahnte, war Kant, und so bricht Heidegger hier seine Ausführungen über Aristoteles ab. Er argumentiert im zweiten Hauptstück der Vorlesung weiter mit Kant, wobei er dessen Lehre von der Schematisierung der reinen Verstandesbegriffe für die Entwicklung seiner Zeitauffassung aufnimmt.

Die Auseinandersetzung Heideggers mit dem Aristotelischen Logosbegriff ist für die spätere Betrachtung seiner Kritik am Hegelschen Begriff des Logos festzuhalten. Denn auch Hegels Denken ist in einer solchen Weise an die Sprache gebunden, daß ein ursprünglicher Zugang zum Seienden nicht gegeben ist. Diese Gebundenheit des Hegelschen Denkens an die Sprache ist dann noch im Hinblick auf den „spekulativen Satz" zu erörtern.

Im Kontext seiner methodischen Überlegungen für die Ausarbeitung der Seinsfrage beschäftigt sich Heidegger in „Sein und Zeit", in ähnlicher Weise wie schon im Sommersemester 1925, mit der Phänomenologie. Dieser Ausdruck enthält das Phänomen und den Logos, wobei Heidegger zuerst den Begriff des Phänomens erörtert. (SuZ, 28–31) Daran schließt sich eine Auseinandersetzung mit dem Begriff des Logos an. Auch hier greift Heidegger auf die Aristotelische Bestimmung des λόγος als δηλοῦν und ἀποφαίνεσθαι zurück, womit die „apophantische Rede" angesprochen ist. Die Fundamentalontologie hat das Dasein zum Gegenstand und fragt im Gegensatz zur Phänomenologie nach dem Sinn von Sein. Die Methode ist hier die hermeneutische Auslegung. „Der λόγος der Phänomenologie des Daseins hat den Charakter des ἑρμηνεύειν, durch das dem zum Dasein selbst gehörigen Seinsverständnis der eigentliche Sinn von Sein und die Grundstrukturen seines eigenen Seins *kundgegeben* werden. Phänomenologie des Daseins ist Hermeneutik in der ursprünglichen Bedeutung des Wortes, wonach es das Geschäft der Auslegung bezeichnet." (SuZ, 37) Somit ist Heideggers Logosbegriff als ein *hermeneutischer* gegenüber einem λόγος im Sinne der apophantischen Rede abzugrenzen.

Dieser kurze Abriß der Heideggerschen Kritik am Logosbegriff der philosophischen Tradition sollte einerseits verdeutlichen, daß Heidegger nicht dahingehend mißzuverstehen ist, daß er selbst auf den λόγος verzichten wollte. Es geht ihm (auch in seiner Hegel-Kritik) um eine bestimmte Form des λόγος, die am Begrifflichen orientiert bleibt und das Faktische, Endliche unter diesen Begriff stellt. Andererseits zeigt sich mit dieser Absetzung gegen den traditionellen Logos Heideggers eigener Ansatz eines hermeneutischen Denkens. Was er aber unter dem Λόγος in bezug auf Hegel versteht, ist nur in Andeutungen zu erfahren.[113] Um eine genaue Beurteilung Heideggers zu dieser Problematik zu erhalten, ist es zunächst erforderlich, Hegels Anknüpfung an die griechische Philosophie aus der Sichtweise Heideggers zu betrachten.[114]

In dem Aufsatz „Hegel und die Griechen" stellt Heidegger Hegels Philosophie im Kontext des griechischen Denkens dar und zeigt dabei, wie Hegel die griechischen Grundworte in den „Vorlesungen über die Geschichte der Philosophie" übersetzt, sie bestimmten Philosophen zuordnet und dann auf das Sein bezieht: 1. Ἕν (das All) – Parmenides; 2. Λόγος (die Vernunft) – Heraklit; 3. Ἰδέα (der Begriff) – Platon, 4. Ἐνέργεια (die Wirklichkeit) – Aristoteles. (vgl. HudG, 434)[115] Der Lo-

---

[113] Hans-Georg Gadamer sieht im Hinblick auf die Heideggersche Auffassung des Logos den Bezug zu Hegels Anknüpfung an die griechische Philosophie. Hegel mußte Heidegger „als der letzte Grieche erscheinen – so wahr der Logos der eigentlich griechische Urgedanke ist, den Hegel wie ein Vollender auch auf die Welt der Geschichte auszudehnen gewagt hat." Hans-Georg Gadamer, *Neuere Philosophie I. Hegel-Husserl-Heidegger*, a.a.O., 305.

[114] Wenn Heidegger über Hegel und die Griechen spricht, so sieht er dieses Verhältnis sehr allgemein. Nur eine genaue Studie kann Hegels Denken der griechischen Philosophie näherkommen. Vgl. hierzu die Arbeit von Klaus Düsing, *Hegel und die Geschichte der Philosophie. Ontologie und Dialektik der Antike und Neuzeit*, Darmstadt 1983, besonders 40–159.

[115] Heidegger setzt sich im Sommersemester 1926 mit den Grundbegriffen der antiken Philosophie auseinander. (GA 22) Hier entwickelt er die Begriffe der griechischen Philosophen im einzelnen, die er im vorliegenden Aufsatz nur schematisch nennt.

gosbegriff wird also Heraklit zugeordnet, wobei der λόγος für Heraklit das Sein des Seienden ist. Hegel deutet aber Heraklit nicht auf dessen Verständnis des λόγος hin, sondern für ihn ist der λόγος „die Vernunft im Sinne der absoluten Subjektivität". (HudG, 436) Das Sein begreift er als das abstrakte Allgemeine. Da Heraklit für Hegel der erste war, der das Prinzip der Dialektik erkannte, konnte er diesen Aspekt der Philosophie in sein spekulatives Denken aufnehmen. So zeigt Heidegger, wie Hegel das griechische Denken in seine „Logik" integrieren konnte, wobei es aber noch nicht das Sein als abstraktes Allgemeines zu denken vermochte. „Das Sein und somit das in den Grundworten Vorgestellte ist *noch nicht* bestimmt und *noch nicht* vermittelt durch und in die dialektische Bewegung der absoluten Subjektivität. Die Philosophie der Griechen ist die Stufe des »Noch nicht«." (HudG, 438) Heidegger kritisiert Hegel für die historischen Unrichtigkeiten seiner Interpretation des griechischen Denkens, da Hegel „das Wesen der Geschichte aus dem Wesen des Seins im Sinne der absoluten Subjektivität erfahren hat". (HudG, 441) Dabei steht aber dieser Gesichtspunkt, *woher* das Wesen des Seins erfahren wird, noch *vor* der Beurteilung nach historischen Fehldeutungen. Sonst würde der Vorwurf an Hegel, nicht historisch korrekt vorzugehen, seltsam anmuten, da Heidegger sich in seinem eigenen Denken gegen die philosophiehistorische Gelehrsamkeit ja häufig zur Wehr setzt. Auch er befragt die Geschichte der Philosophie auf sein Anliegen hin, was oft nicht mit einer philologisch historischen Forschung in Einklang zu bringen ist. Wenn Heidegger für Hegel geltend macht, dieser erfahre das Wesen der Geschichte aus dem Wesen des Seins im Sinne der absoluten Subjektivität, so muß für sein Denken gesagt werden, daß er das Wesen der Geschichte aus dem Wesen des Seins im Sinne der Seinsgeschichte erfährt. Daß dabei eine derartige Festlegung Hegels auf die absolute Subjektivität nicht den gesamten Kern seiner Philosophie und somit auch nicht die Konzeption der „Phänomenologie des Geistes" trifft, sollte die vorliegende Arbeit durch den Nachvollzug der Bewußtseinsgeschichte in der „Phänomenologie" demonstrieren.

Am Ende von Heideggers Reflexionen zu Hegel und den Griechen steht ein Fazit. „Die Besinnung auf Hegels Auslegung der griechischen Lehre vom Sein versuchte zu zeigen, daß das »Sein«, womit die Philosophie beginnt, als Anwesenheit nur west, insofern die Ἀλήθεια schon waltet, daß die Ἀλήθεια selbst jedoch hinsichtlich ihrer Wesensherkunft ungedacht bleibt." (HudG, 444) Auch Hegel bleibt die Ἀλήθεια als Grundwort der Philosophie verborgen, indem er das Sein schon vom Subjekt her denkt. Das „Noch nicht" des griechischen Denkens kann aber nicht durch eine spekulative Logik überwunden werden, so daß dann alles klar und offen zu begreifen wäre, sondern dieses „Noch nicht" ist das Ungedachte im Sinne der Ἀλήθεια, und diesem kann und soll auch gar nicht genügt werden.

Heidegger bestimmt 1958 in „Hegel und die Griechen", wie gezeigt, den λόγος Hegels als absolute Subjektivität. Im Wintersemester 1966/67 fragt er in den Seminaren zu Heraklit noch einmal, was das Logische bei Hegel sei. Er nennt hier drei Momente des Logischen: das „Abstrakte, Dialektische und Spekulative" (GA 15, 198), wobei damit aber noch nicht gesagt ist, was das Logische eigentlich ist. Daraufhin schlägt Heidegger die Brücke von Hegels Bestimmung der Logik als „Wissenschaft *der reinen Idee*, das ist, der Idee im abstrakten Elemente des *Denkens*" im § 19 der „Enzyklopädie" zum Begriff der Idee. „Die absolute Idee Hegels ist dann das vollständige Sichwissen des absoluten Subjekts. Sie ist der innere Zusammenhang der drei Momente des Geistes." (GA 15, 200) So zeigt sich auch hier für Heidegger der Zusammenhang von Logik und absolutem Subjekt.

Wie die Logik überhaupt entstehen konnte und worauf sich die „ständig steigernde Machtstellung des Logischen" in der philosophischen Tradition gründet, fragt Heidegger in seiner Vorlesung „Einführung in die Metaphysik" vom Sommersemester 1935. Auch an dieser Stelle verweist Heidegger auf den § 19 der Enzyklopädie, und er zitiert Hegel: „»Das Logische (ist) die absolute Form der Wahrheit und, noch mehr als dies, die reine Wahrheit selbst.« [...] Dieser Machtstellung des »Logischen« entspricht es, daß Hegel jene Lehre, die sonst allgemein »Metaphysik« heißt, bewußt »*Logik*« nennt." (EiM, 93) Mit dieser Beurteilung des Zusammenhangs von Metaphysik und Logik geht Heidegger über den Prozeß der Entwicklung dieses Verhältnisses in Hegels Denken hinweg. Hegel las in Jena noch über Logik und Metaphysik, wobei beide Bereiche getrennt waren. Entwicklungsgeschichtlich läßt sich aufzeigen, wie sie sich dann immer mehr entsprachen, so daß für die „Wissenschaft der Logik" von einer Trennung nicht mehr gesprochen werden kann. [116]

Im weiteren diskutiert Heidegger die Beziehung von λόγος und φύσις, wobei beide Begriffe in der Philosophiegeschichte immer mehr auseinandertreten und die φύσις vom λόγος oder von der ἰδέα über-

---

[116] Vgl. Otto Pöggeler, *Hegels Idee einer Phänomenologie des Geistes*, a.a.O., 133–146.

deckt wird. Durch Hegels Dialektik erfährt der Logos dann „die *höchste Steigerung*". (EiM, 143) „Sehen wir jetzt das über φύσις und λόγος Gesagte zusammen: Die φύσις wird zur ἰδέα (παράδειγμα), Wahrheit wird Richtigkeit, zum Ursprung der Kategorieen, zum Grundsatz über die Möglichkeiten des Seins. [...] Die Wandlung von φύσις und λόγος und damit die Wandlung ihres Bezugs zueinander ist ein Abfall vom anfänglichen Denken. Die Philosophie der Griechen gelangt zur abendländischen Herrschaft nicht aus ihrem ursprünglichen Anfang, sondern aus dem anfänglichen Ende, das in *Hegel* groß und endgültig zur Vollendung gestaltet wird." (EiM, 144) So wird durch den λόγος das Denken der Idee und den Kategorien unterstellt, und die φύσις zunehmend vom λόγος beherrscht.[117]

Nun wird auch verständlich, warum Heidegger im Wintersemester 1929/30 sagt, daß der Ansatz beim λόγος ungeeignet für die Entfaltung des Weltproblems ist. „Deshalb muß dieses Problem hintangehalten werden, solange der λόγος im weiteren Sinne – und seine Abwandlungen – die Problematik der Metaphysik beherrscht, solange Metaphysik »Wissenschaft der Logik« ist (*Hegel*)." (GA 29/30, 508) Heideggers Ziel ist es dabei, die Metaphysik zu verwinden, d.h. sie „in ein ursprüngliches Dasein zu verwandeln, um daraus die alten Grundfragen neu entspringen zu lassen." (Ebd.) Erst so kann das Wesen der Welt bestimmt werden, ohne daß es durch den λόγος oder die Metaphysik verstellt wird. Heidegger geht also auch hier von einer „vorlogischen Offenbarkeit des Seienden" (GA 29/30, 510) aus, die den λόγος erst ermöglicht, und die „ein Grundgeschehen des Daseins" (GA 29/30, 511) ist, in dem auch die Als-Struktur enthalten ist. Durch den traditionellen Logos wurde aber das *vor* ihm liegende Grundgeschehen und somit das Weltproblem überhaupt nicht gesehen.

Damit ist nun Heideggers Schwierigkeit angedeutet, wie er das Sein zu fassen sucht, d.h. wie er nach ihm fragen will, ohne sein Denken dem Logos zu unterstellen. In den „Beiträgen" *spricht* er von der „Erschweigung", die sich gegen das begriffliche Denken der Dialektik wendet. „Wir können das Seyn (Ereignis) nie unmittelbar sagen, deshalb auch nicht mittelbar im Sinne der gesteigerten »Logik« der Dialektik. Jede Sage spricht schon *aus* der Wahrheit des Seyns und kann sich nie un-

---

[117] Zum Physis-Begriff Heideggers vgl. „Vom Wesen und Begriff der Physis", in: Wegmarken, 239–301.

1. Heideggers Kritik am Hegelschen Seinsbegriff

mittelbar bis zum Seyn selbst überspringen. Die Erschweigung hat höhere Gesetze als jede Logik". (GA 65, 79) So gelten Heideggers Angriffe immer wieder der Dialektik. Mit dieser Äußerung stellt er sich zunächst gegen Hegel, dessen Denken vom Begriff, d. h. eben auch von der Sprache abhängt. Dann sagt Heidegger aber weiter, daß die Erschweigung aus dem wesenden Ursprung der Sprache erst entspringt. Somit steht das Sein zwar in Verbindung mit der Sprache, aber die Wahrheit der Sprache ist nicht im Sinne einer Aussagewahrheit zu verstehen. So versucht Heidegger das Fragen und die Suche nach dem Sein zu umschreiben. Dabei ist das Suchen schon ein „Sich-in-der-Wahrheit-halten." (GA 65, 80) Indem man fragt, hat man also schon gefunden. *„Und das ursprüngliche Suchen ist jenes Ergreifen des schon Gefundenen, nämlich des Sichverbergenden als solchen."* (Ebd.) Es bleibt jedoch die Schwierigkeit bestehen, wie Heidegger dieses Fragen derartig von dem Satz als Aussage befreien kann, daß es sich noch sinnvoll als Sprachliches in einer Sprache darstellen läßt.

Nun ist der wesentliche Grundzug der Kritik Heideggers in den verschiedenen Schriften am Hegelschen Seins- bzw. am Logosbegriff umrissen. Es ist im folgenden herauszuarbeiten, wie diese Kritik durch weitere Aspekte spezifiziert wird, so daß sich nach der Erörterung aller Einzelprobleme zeigt, wie die Begriffe ineinandergreifen, und sich dann ein Gesamtbild der Heideggerschen Hegel-Kritik in bezug auf die „Phänomenologie des Geistes" ergibt.

So gilt es nun Heideggers Vorwurf an Hegel, daß das Sein nicht nur an den Logos, sondern auch an die *Unendlichkeit* gebunden sei, näher auszuführen. Diese Auffassung Heideggers trat bereits bei der Auslegung des Kapitels „Kraft und Verstand" hervor, das den Übergang von der Endlichkeit zur Unendlichkeit in der „Phänomenologie" hervorbrachte, so daß dort schon von der Zeitproblematik die Rede war. In seiner Auslegung verfolgte Heidegger zwar den Übergang von der Endlichkeit zur Unendlichkeit, wobei aber die Unendlichkeit schon als Voraussetzung der Endlichkeit galt. Dabei ist die Unendlichkeit das Wesen des Seins. Auch den λόγος hat Hegel, wie Heidegger zeigt, in der Unendlichkeit festgemacht. (Vgl. GA 32, 108, siehe auch 114) So kommt Heidegger zu der Ansicht, daß Hegel und der Deutsche Idealismus insgesamt der Endlichkeit nicht gerecht geworden sind. „Idealismus: Metaphysik, aber zugleich Endlichkeit verkannt! Das innerste Problem nicht gefaßt, und gerade deshalb diese ungeheure Anstrengung in der Besinnung auf ›Ich‹ und Subjekt. Fichtes Tathandlung. Hegels Phänomenologie des Geistes – und der Begriff der Freiheit. [...] Der Endlichkeit Herr zu werden, sie zum Verschwinden bringen, statt umgekehrt sie auszuarbeiten." (GA 28, 46 f.) Heideggers Äußerungen zu Fichte, Hegel und Schelling zeigen also auch in der Vorlesung vom Sommersemester 1929 seine Kritik am Unendlichkeitsbegriff, mit welchem Zeit als innerstes Wesen der Endlichkeit des Daseins verkannt wird. Durch die idealistische Bestimmung der Unendlichkeit wird aber gerade das Wesen des Seins verstellt. „Wenn das Seyn als unendlich gesetzt wird, dann ist es gerade *bestimmt*. Wird es als endlich gesetzt, dann wird seine Abgründigkeit bejaht." (GA 65, 268 f.) Diese Abgründigkeit läßt sich aber nicht mit einer Logik begründen.

Eine weitere Erklärung zum Hegelschen Unendlichkeitsbegriff ist nun noch in der Vorlesung von 1930/31 über die „Phänomenologie des Geistes" zu betrachten. „Das Sein ist hier bestimmt als Unendlichkeit. Sein ist nicht etwa das Unendliche selbst, sondern »Sein ist Unendlichkeit« besagt: Sein hat die Grundbedeutung der Gesetztheit im spekulativen Satz." (GA 32, 145, vgl. auch 93, 198) Sagt Heidegger dagegen: „Sein ist Endlichkeit", so bedeutet das: „Sein als Horizont der ekstatischen Zeit." (Ebd.) Anhand des spekulativen Satzes faßt Heidegger seine Kritik am Logos- und Zeitbegriff Hegels zusammen. Die Verbindung von Sein und Unendlichkeit durch die Copula zeigt ihren gemeinsamen Ort im spekulativen Satz an. Der Unterschied zwischen Subjekt und Objekt ist zwar aufgehoben, aber eben in einem Satz. Heideggers Sein ist dagegen nicht an eine logische Aussage gebunden; es ist *als* Horizont der ekstatischen Zeit.[118]

Heidegger gibt nun eine Definition des Hegelschen Seins. Es bedeutet „erstens: Das indifferente Substantiv des neutralen »ist« qua copula; zweitens ist es die Kennzeichnung eines jeglichen Seienden qua Wirklichen, und drittens meint es in eingeschränkter Bedeutung *die Gegenständlichkeit des Gegenstandes des Bewußtseins*." (GA 32, 198)

---

[118] In seiner Arbeit zur Textgeschichte Heideggers setzt sich Dieter Thomä in einem Exkurs über Hegel und Schelling mit dem spekulativen Satz auseinander. (162–240) Dabei fragt er danach, ob sich mit Schelling oder Hegel im Hinblick auf die Zeit und das Sein „eine spezifische Vorgeschichte zu Heidegger darstellen" läßt. (163) „Diese Frage liegt quer zu der Abgrenzung, die Heidegger selbst während seiner ganzen ›Textgeschichte‹ gegenüber Hegel und Schelling einhält." (Ebd.) Zu diesem Zweck betrachtet er den spekulativen Satz. Wie Heidegger aber selbst den spekulativen Satz kritisiert, zeigt Thomä nicht. Dieter Thomä, *Die Zeit des Selbst und die Zeit danach. Zur Kritik der Textgeschichte Martin Heideggers. 1910–1976*, Frankfurt am Main 1990. Zur „Kopula" vgl. GA 24, 252 ff. Mit dem spekulativen Satz setzt sich Heidegger auch in den Seminaren mit Eugen Fink auseinander. (Vgl. GA 15, 153)

1. Heideggers Kritik am Hegelschen Seinsbegriff

In diesem Sinne bestimmt Heidegger in seiner Schrift über die „Negativität" den Hegelschen Seinsbegriff von der Gegenständlichkeit her. „Was dagegen *Hegel* mit »Sein« bezeichnet, dem geben *wir* den Namen »Gegenständlichkeit«, eine Benennung, die durchaus das trifft, was Hegel selbst *auch* meint." (GA 68, 10) Die Bestimmung des Gegenstandes ist hier im Kantischen Sinne gedacht, d. h. der Gegenstand wird erst von einem transzendentalen Subjekt zur Erscheinung gebracht. (Vgl. GA 68, 138) Die Gegenständlichkeit (also das Sein) des Gegenstandes entspringt bei Hegel dem Bewußtsein. Der Prozeß der Umkehrung zum anderen Gegenstand, wodurch eben der neue Gegenstand oder die Gegenständlichkeit entsteht, wird in der „Einleitung" der „Phänomenologie" beschrieben. Die Entsprechung von Sein und Gegenständlichkeit folgt Heidegger zufolge der Notwendigkeit des Hegelschen Denkens, und das heißt dem dialektischen Prozeß selbst. So betrachtet Heidegger die Entstehung des neuen Gegenstandes auch im Hinblick auf den Begriff der Erfahrung. „Hegels Bestimmung der Erfahrung als Entspringenlassen des neuen wahren Gegenstandes zeigt die Fassung des Gegenstandsbegriffes im absoluten transzendentalen Sinne." (N II, 463) Der Gegenstand kann erst durch ein Subjekt, das ein Ich, ein ego cogito ist, entstehen. „Erst da wird es zugleich möglich und unumgänglich, diese Gegenständlichkeit selbst als »den neuen wahren Gegenstand« zu begreifen und ins Unbedingte zu denken." (N II, 463 f.)

Die philosophiegeschichtlichen Bezüge zwischen Kant und Hegel erörtert Heidegger auch in dem „Colloquium über Dialektik" vom 15. September 1952. „Seit Kant ist das Seiende als Gegenstand des denkenden Bewußtseins gefaßt. Sein ist Gegenständlichkeit. Die Dimension, in der Sein als Gegenständlichkeit gedacht wird, ist das Bewußtsein. Weil also der Bezug von Sein und Denken selbst in die Subjektivität fällt, muß er dialektisch gedacht werden." (Coll., 17) Etwas später erläutert Heidegger dann den Unterschied zwischen Hegel und Kant bezüglich der Gegenständlichkeit. „Zwischen Gegenständlichkeit des Gegenstandes bei Kant und dem Erscheinenden bei Hegel ist ein Unterschied. Bei Kant ist die Gegenständlichkeit des Gegenstandes Erscheinen *für* die Subjektivität, bei Hegel geschieht das Erscheinen des Erscheinenden im Wesen, dieses eben ist die Subjektivität." (Coll., 19) Nun ist Heideggers Kritik am Hegelschen Seinsbegriff um eine weitere Sichtweise ergänzt. Heidegger arbeitet hier mit seinem eigenen Argument, das er für Hegels Begriff der Gegenständlichkeit entwickelt hat. Seine Deutung der Gegenständlichkeit überträgt Heidegger also auf Hegel, so daß er sagen kann, daß Hegels Seinsbegriff dem entspricht, was er selbst als Gegenständlichkeit, die durch Subjektivität entsteht, bezeichnet.

In diesem Zusammenhang ist auch Heideggers weitere Bestimmung des Hegelschen Seinsbegriffs in der Schrift über die „Negativität" zu verstehen: „Sein ist Vor-stellen und Vor-gestelltheit des Vor-stellens; unbedingte Subjektivität." (GA 68, 12) So richtet sich Heideggers Kritik immer wieder gegen das vorstellende Denken im Deutschen Idealismus, das immer an ein Ich gebunden ist, das sich als Ich vorstellt. Dieses Vorstellen muß im Idealismus aber noch absolut werden und sich von der Einseitigkeit befreien, daß es sich nur auf sich richtet. „Deshalb muß das Sichvorstellen werden zum *Sich*wissen im absoluten Sinn, zu jenem Wissen, das in einem weiß die Notwendigkeit des Bezugs vom Gegenstand zum Ich und des Ich zum Gegenstand." (GA 65, 202)

Was Heidegger selbst im „wesentlichen und d. h. zugleich anfänglich geschichtlichen Sinne" als Sein bezeichnet, wird bei Hegel „Wirklichkeit" genannt. (GA 68, 10) Diese Wirklichkeit definiert Heidegger nun folgendermaßen: „*Wirklichkeit*: Seiendheit als Vorgestelltheit der absoluten Vernunft. Vernunft als absolutes Wissen – unbedingt sich vor-stellendes Vorstellen und dessen Vorgestelltheit." (Ebd.) Der Begriff der Wirklichkeit ist dabei durch die ἐνέργεια und die ἐντελέχεια des Aristoteles geprägt. (GA 68, 50) Dann spricht Heidegger in dieser Schrift auch vom „Unbegriff des Seins" bei Hegel (GA 68, 31), da dieser das Sein als Un-bestimmtheit und Un-mittelbarkeit denkt. (GA 68, 19 f.) Diese Überlegungen führen Heidegger zu zwei weiteren Definitionen. „*Das Sein*: 1. aus dem *Abbau* (Negation) der absoluten Negativität; sie wird zur *Aussetzung* gebracht (das Un – aller Bestimmung und Vermittlung, d. h. aller Unterscheidung; 2. die absolute Wirklichkeit, deren Energie die absolute Negativität, selbst aus der Absage an das Seiende, genauer: an den Unterschied von Sein und Seienden." (GA 68, 24) Die Begriffe Abbau und Absage bestimmen hier also den Hegelschen Seinsbegriff. Im Abbau erfährt das Sein ein „Entwerden". Es bleibt eben unbestimmt und bedingungslos. Indem Hegels Denken eine Absage an den Unterschied von Sein und Nichts enthält, wird auch der Unterschied von Sein und Seiendem und somit die ontologische Differenz nicht gedacht. (Vgl. auch GA 68, 20; 25; 32 f.)[119]

An diesen Äußerungen zeigt sich wiederum Heideggers Schwierigkeit mit dem Anfang der „Wissenschaft der Logik", von dem schon mehrfach in dieser Arbeit die Rede war. So läßt er sich auch hier nicht auf den Hegelschen Versuch eines absoluten, reinen Anfangs selbst ein, indem er die Entwicklung von Sein und Nichts zum Werden mitdenkt, sondern löst die

---

[119] Vgl. Otto Pöggeler, *Hegel und Heidegger über Negativität*, a.a.O., 149.

drei Begriffe aus ihrem dialektischen Zusammenhang, um von einem *äußeren* Standpunkt aus zu kritisieren, Hegel habe den Ursprung der Negativität nicht eigens gedacht, sondern das Nichts immer schon in das versöhnende Ja aufgehoben. Nur weil Heidegger schon vom Werden ausgeht, kann er von einem Ent-werden sprechen.

Den Begriffen von *Abbau* und *Absage* stellt Heidegger dann seine Auffassung des Seins als *Abgrund* gegenüber. (Vgl. GA 68, 45–49) „Das Seyn als Abgrund ist das Nichts." (GA 68, 48) Mit diesem Denken des Abgrundes versucht Heidegger, im Gegensatz zu Hegel, das Nichts wirklich ernst zu nehmen und es nicht nur als einen „Anhang" des Seins zu betrachten. Das kann er nur, wenn Sein und Nichts nicht als unbestimmte, unmittelbare dasselbe, sondern, indem beide Begriffe „»grund«verschieden das Eine sind! Jenes, was erst »Ent-scheidung« eröffnet." (GA 68, 47) Hier zeigt sich Heideggers Bemühen gegen Hegel, das Sein in seiner Abgründigkeit zu denken, ohne es immer schon in ein Ja aufgehoben zu haben.

Diese Kritik Heideggers an der Negativität betrifft in besonderem Maße die „Wissenschaft der Logik". Um ein umfassenderes Bild von Heideggers Umgang mit der Hegelschen Philosophie zu erhalten, sollte die Gegenüberstellung von Sein und Nichts den *grund*legenden Unterschied beider Philosophen verdeutlichen. Für die Betrachtung der „Phänomenologie des Geistes" galt es, die Bedeutung der Gegenständlichkeit und des Vorstellens für den Hegelschen Seinsbegriff zu erarbeiten. Es stellt sich als das dritte Hauptmoment der Heideggerschen Kritik am Seinsbegriff in der „Phänomenologie" (neben λόγος und Unendlichkeit) der Begriff des *Subjekts* heraus, der sich für Heidegger an das Cartesische *Cogito* anschließt.

Fragt man nun nach der Begründung für Heideggers Kritik am Cartesischen Cogito, so gibt eine Äußerung in der Freiburger Vorlesung vom Sommersemester 1925 klare Hinweise. „Ich weiß um das Realsein der Welt, einzig sofern ich bin. Nicht ‚cogito sum' ist die Formulierung für einen primären Befund sondern *‚sum cogito'*, und dieses ‚sum' dabei nicht in dieser ontologischen Differenz wie bei *Descartes* und allen Nachfolgern genommen – als Vorhandensein eines Denkdinges –, sondern ‚sum' als Aussage der Grundverfassung meines Seins: ich-bin-in-einer-Welt und deshalb vermag ich überhaupt zu denken." (GA 20, 296) Hier tritt Heideggers Ansatz deutlich hervor, demzufolge das Sein nicht erst von einem Ich konstituiert wird, sondern von einem immer schon in der Welt seienden Ich her gedacht wird. Dieses In-der-Weltsein ist dabei bereits die Voraussetzung für das Denken. Für Hegel dagegen ist das Ich oder das Cogito „der feste Boden, auf dem die Philosophie sich wahrhaft und vollständig ansiedeln kann." (HudG, 429; vgl. auch HBdE, 128)[120] Hegel steht mit seiner Konzeption des Selbstbewußtseins also noch ganz in der Tradition des Cartesischen Cogito, wobei er jedoch noch einen Schritt weiter geht als Descartes. Zu der Problematik des Übergangs vom Bewußtsein zum Selbstbewußtsein ist bereits im Kapitel III, 1 dieser Arbeit Stellung bezogen worden. Dabei wurde deutlich, daß Heidegger das Selbstbewußtsein als Voraussetzung für das Bewußtsein betrachtet, und daß er das Bewußtsein nicht als ein solches ansieht, das *auch* Selbstbewußtsein ist und sich erst in einer Prüfung als Selbstbewußtsein erweisen muß. (Vgl. GA 32, 191 ff.) Das Hegelsche Bewußtsein ist bei Heidegger immer schon aus dem Selbstbewußtsein heraus gedacht. Es ist also immer schon da, so wie das Absolute immer schon da ist. So kommt Heidegger auch zu der Ansicht, daß es Hegel eher um das *Selbst*-bewußt-*sein* als um ein Selbst-*bewußt*-sein geht (vgl. GA 32, 196), wobei Hegel mit diesem Seinsbegriff die Cartesische und die Kantische Position überwindet und als „Vollender der Metaphysik" gelten kann.[121]

Im Anschluß an den Subjektbegriff ist noch auf den Begriff des *Willens* hinzuweisen, der von Heidegger im „Holzwege"-Aufsatz auf das Absolute bezogen wird. „Die Parusie des Absoluten geschieht als die Phänomenologie. Die Erfahrung ist das Sein, demgemäß das Absolute bei uns sein will." (HBdE, 200) Heidegger nimmt diesen Gedanken des Willens 1936 in seiner Nietzsche-Vorlesung auf. „Und Hegel begriff in seiner »Phänomenologie des Geistes« (1807) das Wesen des Seins als Wissen, das Wissen jedoch wesensgleich mit dem Wollen." (N I, 45, auch 69) Neben Hegel nennt Heidegger hier auch Schelling, in dessen „Freiheitsschrift" vom „Wollen als Ursein" die Rede ist. Von beiden Willensbegriffen spricht Heidegger, wenn er Nietzsches „Willen zur Macht" als Charakter des Seins beschreibt, wobei damit nicht gesagt werden soll, daß Nietzsche seinen Willensbegriff nur in „Abhängigkeit" von diesen Philosophen entwickeln konnte.[122] „Das Seiende nach

---

[120] Heideggers entwicklungsgeschichtliche Ungenauigkeit der Hegelschen Descartes-Auffassung ist oben schon bemerkt worden. (Kapitel III, 1)

[121] Zu Heideggers eigener Kritik am Kantischen Ichbegriff vgl. GA 24, 201 ff.

[122] Leszek Kolakowski kritisiert Heideggers Nietzsche-Lektüre insbesondere im Hinblick auf die Zusammenstellung von Negativität und Wille zur Macht, wobei letzterer in einem negativen Licht erscheint. Leszek Kolakowski, *A comment on Heidegger's comment on Nietzsche's alleged comment on Hegel's comment on the power of negativity*, in: The Heidegger Case on Philosophy and Politics, ed. by T. Rockmore and J. Margolis, Philadelphia 1992, 255–262. Zum Verhältnis von Heidegger zu Nietzsche und Hegel vgl. auch: David F. Krell, *Heidegger, Nietzsche, Hegel. An essay in descensional reflection*, in: Nietzsche-Studien, Berlin, Bd. 5 (1976), 255–262.

seinem Grundcharakter als Willen begreifen, ist keine Ansicht von einzelnen Denkern, sondern eine Notwendigkeit der Geschichte des Daseins, das sie begründen." (N I, 46)

So laufen nun die Bezüge von *Ich/Subjekt*, *Unendlichkeit* und *Logos* zusammen. Ihr Zusammenhang untereinander wurde erarbeitet, so daß sich zeigt, wie diese Bereiche in ihrer Verflechtung die Grundpfeiler der Heideggerschen Hegel-Kritik darstellen. Heidegger faßt seine Kritik in diesem Sinne zusammen: „Das wahrhaft wirklich Unendliche in dem erklärten logischen Sinne ist das Subjekt, und zwar – wie sich in der »Phänomenologie« zeigen muß – das absolute Subjekt als Geist. Umgekehrt entnehmen wir hieraus für die Auseinandersetzung, daß das Subjekt, das Ich, primär gefaßt ist als »Ich denke«, d. h. logisch. Weil aber dieses Logische das Dialogisch-Dialektische ist, kann nun Hegel, und der Deutsche Idealismus überhaupt, die Allheit des Seienden in seinem Sein aus der Ichheit als der Unendlichkeit begreifen." (GA 32, 111)

Diese Beurteilung des Hegelschen Denkens führt dazu, daß Heidegger Hegel schließlich undifferenziert als *Transzendentalphilosophen* bezeichnet und die „Phänomenologie des Geistes" unter diesen transzendentalphilosophischen Voraussetzungen liest.[123]

„Wenn Hegel sich von vornherein in dieser Dimension des Selbst hält, dann ist sein Ansatz nichts Geringeres als die Verwandlung und Ausgestaltung einer Grundabsicht der Kantischen Problemstellung, die darin zum Ausdruck kommt, daß die ursprüngliche synthetische Einheit der Apperzeption – das »ich denke«, das alle meine Vorstellungen muß begleiten können – als Bedingung der Möglichkeit aller Gegen-

---

[123] Wie die Beziehung von Geschichte und Zeit in Husserls Transzendentalphilosophie zu denken ist und wie sie sich von Heideggers Denken unterscheidet, erörtert Kurt R. Meist. Dabei stellt er am Ende seiner Abhandlung Heideggers Denken von Sein (im Horizont der Geschichte) und Zeit vergleichend neben den Husserlschen Ansatz. Es „kommt durch die Problematik eben dieser (scheinbar zwangsläufigen) Korrelation von »Sein« und »Zeit« *als* systematische Grundfrage allererst in den Blick, die bei Husserl und Heidegger in je verschiedener Weise über die transzendentalphänomenologische Analytik des individuierten »egologischen« Zeitbewußtseins bzw. die existenziale Analytik des faktischen Daseins hinaus die Auslegung des Seins im Ganzen aus dem Horizont der Geschichte bewegt und in differente Positionen auseinandertreten läßt." (107) Kurt R. Meist, *Die Zeit der Geschichte. Probleme in Husserls transzendentaler Begründung einer Theorie der Geschichte*, in: Zeit und Zeitlichkeit bei Husserl und Heidegger, Phänomenologische Forschungen 14, Freiburg/München 1983, 58–110. – Zu der transzendentalphilosophischen Auslegung Heideggers vgl. Robert R. Williams, *Hegel and Heidegger, Commentary by Eric von der Luft*, in: Hegel and his Critics, Philosophy in the Aftermath of Hegel, ed. by W. Desmond, New York 1989, 135–162. bes. 139 ff.

ständlichkeit gefaßt wird." (GA 32, 194) Hegel folgt also zunächst ganz der Kantischen Konzeption, um diese dann in seinem Denken zu verabsolutieren, indem er das Absolute in seiner Unendlichkeit denkt, das heißt für Heidegger, indem er es voraussetzt.

So wie Heidegger das Kantische „Ich denke" auf das Hegelsche bezieht, zieht er auch die Parallele zum „transzendentalen Ego" Husserls. „Gewöhnlich sagt man, daß die heutige Phänomenologie mit der Hegelschen nichts zu tun hat. So einfach liegen die Dinge nicht. Die heutige Phänomenologie hat, mit gewissen Kauteln gesprochen, sehr viel mit Hegel zu tun, nicht mit der Phänomenologie, sondern mit dem, was Hegel als Logik bezeichnete. Diese ist mit gewissen Vorbehalten mit der heutigen phänomenologischen Forschung zu identifizieren." (GA 21, 32) Diese Parallele deutet Heidegger aber nur an, ohne näher auszuarbeiten, wie sich das „transzendentale Ego" Husserls zu dem Hegelschen Bewußtsein stellt. An anderer Stelle betont Heidegger dann, daß ein Bezug zwischen der „Phänomenologie des Geistes" und Husserl nicht herzustellen ist. „Die »Phänomenologie« hat nichts zu tun – weder im Thema noch in der Behandlungsart, vor allem nicht in der Grundfragestellung und Absicht – mit einer Phänomenologie des Bewußtseins im heutigen Sinne, d. h. im Sinne Husserls." (GA 32, 40)

Schaut man auf Heideggers Haltung gegenüber der Transzendentalphilosophie Kants in den zwanziger Jahren, d. h. vor der „Kehre", so zeigt sich, daß Heidegger in seinen Schriften und Vorlesungen dieser Zeit die Transzendentalphilosophie in seinen fundamentalontologischen Ansatz zu „integrieren" suchte, indem er die Schematisierung der reinen Verstandesbegriffe für sein Denken der Zeitlichkeit nutzte. (Vgl. hierzu besonders § 69 c von „Sein und Zeit"). In den dreißiger Jahren ließ er diesen Ansatz zwar hinter sich und suchte u. a. mit Hegel einen neuen Weg zu finden, unterstellte ihm dabei aber ein transzendentalphilosophisches Denken, so daß sein Blick auf Hegel bereits durch diese Festlegung vorgeprägt bleibt. So wird Hegel für ihn zu einem Gegenüber, gegen das es sich abzugrenzen gilt.

Mit dem Seinsbegriff einhergehend muß also der Begriff der *Transzendenz* thematisiert werden. Schon bei der Interpretation des Kapitels über „Kraft und Verstand" wurde der Bezug zur Kantischen Philosophie erarbeitet. In Kants Denken der Apperzeption sieht Heidegger, wie gezeigt, auch den Grund für Hegels Konzeption des transzendentalen Selbstbewußtseins. „Gerade weil Hegel auf die spekulative *absolute* Überwindung dieser Kantischen Position drängt, mußte er ihren

Grundsatz mitübernehmen, d. h. das Bewußtsein und Ich in seiner Transzendenz in den Ansatz bringen." (GA 32, 194) Für Hegel gilt demnach, sich in seinen philosophischen Gegner hineinzuversetzen und den Grundsatz in sein Denken aufzunehmen, um daraufhin diese Position zu überwinden. Entsprechend sagt Heidegger in „Identität und Differenz", daß „die Sache des Denkens" für Hegel das Denken selbst ist. „Was hier die Gedachtheit des Gedachten besagt, können wir nur von Kant her verstehen, vom Wesen des Transzendentalen, das Hegel jedoch absolut, und d. h. für ihn spekulativ, denkt." (IuD, 32, zu Kant und Hegel vgl. auch 37 f.) Auch in diesem Zitat wird Heideggers Rezeption der Hegelschen Philosophie aus der Perspektive Kants deutlich. Die Konjunktion *jedoch* zeigt dabei Hegels spekulative Überwindung der Kantischen Position, so daß bei Hegel das absolute sich Denken des Denkens selbst das Sein ist. Den „Grundsatz", den er dabei nach Heidegger von Kant übernimmt, also das Selbstbewußtsein als die Bedingung der Möglichkeit für die Bewußtseinsgegenstände, wird ausführlich in dem Vortrag von 1942 über die „Einleitung" der „Phänomenologie" sowie im „Holzwege"-Aufsatz entwickelt.

Wie Heidegger nun den Begriff der Transzendenz bestimmt, ist nicht leicht zu fassen, denn dieser Begriff wird von ihm in recht unterschiedlicher Weise gebraucht.[124] In den „Beiträgen" sagt er zur Bestimmung dessen, was zum Begriff des Idealismus gehört: „Unter »Transzendenz« wird Verschiedenes begriffen, das sich dann zugleich wieder verkoppelt." Daraufhin unterscheidet Heidegger fünf Bestimmungen der Transzendenz. (Vgl. GA 65, 216 ff.) Erstens gibt es die *ontische* Transzendenz. Diese ist das Seiende, das über dem Seienden, also Gott ist. Zweitens gibt es die *ontologische* Transzendenz. Hier wird die Seiendheit als das Generelle, das vor und über dem Seienden ist und im κοινόν liegt, gemeint. Drittens nennt Heidegger die *fundamentalontologische* Transzendenz, wie er sie in „Sein und Zeit" entwickelt hat. Mit dieser Bestimmung erhält die Transzendenz ihren ursprünglichen Sinn zurück. Das Dasein, das immer schon im Offenen des Seienden steht, ist dazu ausgezeichnet, das Seiende auf das Sein hin zu überschreiten. Die Transzendenz ist im Dasein an das Seinsverständnis gebunden. An die-

---

[124] Die verschiedenen Bedeutungen des Begriffes „transzendental" bei Heidegger stellt Dietmar Köhler heraus. Dietmar Köhler, *Die Schematisierung des Seinssinnes*, a.a.O., 70. Auch Ekkehard Fräntzki spricht von Heideggers Aufnahme des Transzendenzbegriffes im Anschluß an Kant. Daraufhin problematisiert Fräntzki das Denken der „Kehre". Ekkehard Fräntzki, *Die Kehre. Heideggers Schrift „Vom Wesen der Wahrheit". Urfassungen und Druckfassungen*, Pfaffenweiler 1985. Siehe ebenfalls zu Heideggers Kehre zur Seinsgeschichte: Werner Marx, *Heidegger und die Tradition*, Stuttgart 1961, 165–173.

ser Stelle erwähnt Heidegger aber nicht mehr, daß der ekstatische Charakter der Zeit die Transzendenz ermöglicht, die ihrerseits das Seinsverständnis ermöglicht. Diese Verbindung von Verstehen und Zeitlichkeit bzw. Temporalität, die Heidegger noch in „Sein und Zeit" und in den Vorlesungen, die zu „Sein und Zeit" hinführen, entwickelt hat, denkt er in den „Beiträgen" nicht mehr.[125] So besagt die Transzendenz hier: „in der Wahrheit des Seyns stehen, freilich ohne dies zunächst zu wissen und zu erfragen." (GA 65, 217) Im Abschnitt „V. Die Gründung" kommt Heidegger noch einmal auf die Transzendenz zurück und warnt vor einer Verstellung des Daseins als Ich oder Subjekt, wenn von dem Überstieg des Daseins gesprochen wird. Um das Mißverständnis eines Subjektivismus zu verhindern, gibt er hier eine Bestimmung des Daseins, die ganz im Sinne des Ereignisses und nicht mehr aus dem daseinsanalytischen Ansatz von „Sein und Zeit" heraus gedacht ist. „*Dasein* steht anfänglich in der Gründung des Ereignisses, ergründet die Wahrheit des *Seins* und geht nicht vom *Seienden* zu dessen Sein über. Vielmehr geschieht die Ergründung des Ereignisses als Bergung der Wahrheit im Seienden und als Seiendes und so ist, wenn überhaupt noch ein Vergleich möglich wäre, was nicht zutrifft, das Verhältnis ein umgekehrtes." (GA 65, 322) Viertens betrachtet Heidegger die Transzendenz in *erkenntnistheoretischer* Hinsicht, die mit Descartes beginnt und die ein Überschreiten des Subjekts über das Objekt ausschließt, wobei Heideggers Denken des Daseins diese Form der Transzendenz aber im vorhinein schon überwindet. Fünftens beschreibt Heidegger die Transzendenz im Hinblick auf die *Metaphysik* im allgemeinen, die es auch zu überwinden gilt, denn für sie bedeutet die Transzendenz „den Ausgang von dem als bekannt und vertraut genommenen »Seienden« für einen irgendwie gerichteten Hinausgang darüber." (GA 65, 218)

Mit diesen Überlegungen zum Transzendenzbegriff ist zum einen angedeutet, wie sich dieser Begriff in Heideggers Denken entwickelt hat. Im Umkreis von „Sein und Zeit" gebraucht er ihn noch im Rahmen der temporalen Interpretation. In der 1929 entstandenen Schrift „Vom Wesen des Grundes" wird die Transzendenz als „Bezirk" der Frage nach dem Grund bezeichnet. Heidegger nennt hier die Welt als das „Wohin" das Dasein das Seiende übersteigt. (WdG, 137–162, besonders 139) In

---

[125] Zu dieser Problematik der „temporalen Interpretation" vgl. besonders die §§ 19–22 in der Vorlesung vom Sommersemester 1927. Einen entwicklungsgeschichtlichen Überblick über den Zeitbegriff in dieser frühen Phase des Heideggerschen Denkens gibt Theodore Kisiel, *Der Zeitbegriff beim frühen Heidegger*, in: Phänomenologische Forschungen 14, Freiburg/München 1983, 192–211.

den „Beiträgen" wird das Dasein dann aus der Gründung des Ereignisses gedacht.

Zum anderen sollte gezeigt werden, was Heidegger meint, wenn er von Hegel als Transzendentalphilosophen spricht und wie diese Bezeichnung von dem Gebrauch der Transzendenz in seinem eigenen Denken abweicht. Diesbezüglich fragt Heidegger dann in der Vorlesung von 1930/31, ob das, „was Hegel als die Absolvenz in der »Phänomenologie des Geistes« darstellt, nur die verhüllte Transzendenz, d. h. die Endlichkeit" sei. (GA 32, 92) Hier versucht Heidegger, über das Hegelsche Denken hinauszugehen, indem er fragt, ob nicht auch dessen Denkweise in der Transzendenz seines eigenen Denkens der Endlichkeit anzusiedeln sei.[126] Kurz darauf betont Heidegger dann wieder, daß es ihm aber nicht um ein „Gegenhalten von zwei Standpunkten" geht. (Ebd.) Mit diesen Gedanken ist Heideggers Methode der Auslegung des Hegelschen Werkes angesprochen, wobei diese methodischen Überlegungen, wie mehrfach hervorgehoben, die gesamte Arbeit begleiten und im „Schluß"-Kapitel noch einmal zusammenfassend erörtert werden.

Wenn man nun auf Hegels Begriff des Seins selbst blickt, so zeigt sich, daß sich dieser im Laufe seines eigenen Denkens häufig gewandelt hat. Nur eine genaue entwicklungsgeschichtliche Studie kann zeigen, wie Hegel das Sein in seinen sich verändernden systematischen Ansätzen denkt.[127] Diese *Entwicklung* des Seinsbegriffs bei Hegel sieht Heidegger in seiner Betrachtung nicht. Deshalb deutet er auch das Sein in der „Phänomenologie" einseitig, und das heißt lediglich aus seiner eigenen Perspektive. Hegel beginnt in der „Phänomenologie des Geistes" (und auch in der „Wissenschaft der Logik") mit den Kategorien der Qualität und Quantität.[128] Im Sein ist aber bereits die Relation enthalten, also die Substanz mit ihren Akzidenzien. Es handelt sich also nicht um ein „singuläres" Sein, sondern um das Sein in seiner Mannigfaltigkeit. Die Gestalt der „sinnlichen Gewißheit", in der das Sein zum ersten Mal in die-

---

[126] Vgl. auch Heideggers Frage an anderer Stelle in der Vorlesung: „Es muß gefragt werden, ob nicht gerade Hegels Unendlichkeit selbst dieser beiläufigen Endlichkeit entsprang, um sie dann rückgreifend aufzuzehren." (GA 32, 55)

[127] Diese Studie legt z. B. Takao Shikaya vor. Sie verfolgt den Seinsbegriff Hegels von 1797 bis zur „Wissenschaft der Logik" von 1812. Takao Shikaya, *Die Wandlungen des Seinsbegriffs in Hegels Logik-Konzeption*, in: Hegel-Studien 13 (1978), 119–158.

[128] Wenn Heidegger 1939 die abendländische Metaphysik als Logik darstellt, beginnt er ebenso mit der Kategorie der Qualität (Beschaffenheit), darauf folgt die Quantität (Ausdehnung), dann die Relation (Verhältnis). (Vgl. N I, 529)

sem Werk auftritt, versucht, mit dem Beispiel des „Diesen" unmittelbare Gegenstandserkenntnis auszudrücken, wobei es eben schon um die Realität bzw. um die Existenz geht. Die „sinnliche Gewißheit" sagt von dem, was sie weiß, nur, daß es ist. (PhG, 69, Z. 21) Heidegger erklärt hierzu richtigerweise: „Denn für sie ist dieses, *weil es ist*, und es besteht für dieses Wissen gar keine Instanz, die gefragt werden könnte, *warum* dieses Seiende ist, sondern es ist nur, weil es ist." (GA 32, 79)

Die Textstruktur der „sinnlichen Gewißheit" und Heideggers Mitgehen mit dieser Gestalt sind im Kapitel I, 1 über den „Anfang" aufgedeckt worden. Es zeigt sich, daß Heidegger diese Gestalt zwar in ihrer logischen Entwicklung verfolgt hat, aber den systematischen Stellenwert der Gestalt für die gesamte „Phänomenologie" nicht genügend einbezogen hat. Heidegger zeigt sich zwar durchaus problembewußt, wenn er sagt, daß die Terminologie der „Phänomenologie" „noch nicht *die* Festigkeit hat, wie sie dann in der »Logik« zur Anwendung und später in der »Enzyklopädie« souverän zum Ausdruck kommt." (GA 32, 60 f.) Diese etwas „lockere" Terminologie liegt nach Heidegger nicht an der Unsicherheit Hegels, sondern in der Sache selbst. Wieso die „Sache" aber einen lockeren Ton erfordert, zeigt Heidegger nicht näher. Er zitiert etwas später die Stelle in der „sinnlichen Gewißheit", wo es um „das Sein der Sache" (PhG, 69, Z. 22) geht (GA 32, 78 f.), dann die Passage, in der Hegel sagt, daß an dem reinen Sein, wenn wir zusehen, noch vieles andere beiherspielt. (PhG, 70, Z. 6 ff.) Nun bezeichnet Heidegger das „reine Sein" als „Vorhandenheit des sinnlichen Gegenstandes und seines Wissens" (GA 32, 82)[129], dann als „die wahre Unmittelbarkeit" (GA 32, 83), aber erstaunlicherweise folgt hier keine weitere Auseinandersetzung mit dem Seinsbegriff innerhalb dieses Kapitels der „Phänomenologie", so daß für Heideggers Kritik am Hegelschen Seinsbegriff, die oben anhand der mit dem Sein verknüpften Begriffe erarbeitet worden ist, Hegels Bestimmung des Seins in der „sinnlichen Gewißheit" aber keine besondere Berücksichtigung findet.

„»*Sein*« ist das *Grundwort* der Philosophie." (GA 68, 9) Diese Aussage gilt für das Heideggersche Denken. Wie Heidegger seine Haltung auf die Hegelsche Philosophie überträgt, ist erörtert worden. Hierbei zeigte sich, wie die in dieser Arbeit entwickelten Begriffe an das Sein gebunden sind und sich der Seinsbegriff durch die gesamte Auslegung

---

[129] An anderer Stelle sagt Heidegger zu Sein und Vorhandenheit: „Was Hegel das Seiende und das Sein nennt, bezeichnen wir mit den Worten: das ›Vorhandene‹ und seine ›Vorhandenheit‹." (GA 32, 59)

hindurchzieht. Dabei erschwert diese Festlegung des Hegelschen Denkens auf das Sein (z. B. bezüglich des Lebensbegriffes) eine differenziertere Betrachtung der „Phänomenologie". Das absolute Sein wird nach Heidegger dann mit dem „unglücklichen Bewußtsein" erreicht. „Wir kommen daher mit dem genannten Stück an eine Stelle, aus der wir zum ersten Mal wirklich belegen können, *daß und inwiefern die Wissenschaft der Phänomenologie des Geistes nichts anderes ist als die Fundamentalontologie der absoluten Ontologie,* und d. h. der Onto-logie überhaupt. Die »Phänomenologie des Geistes« ist das Endstadium der möglichen Begründung einer Ontologie." (GA 32, 204)

Aus den verschiedenen und miteinander verflochtenen Äußerungen über das Sein setzt sich bei Heidegger der Begriff der „Onto-theo-egologie" zusammen, mit dem er seine Hegelkritik zusammenfaßt. Wie dieser Begriff bei Heidegger verwendet wird und wie er sich ihm, und das heißt auch Hegel, mit seinem Denken entgegensetzt, soll im folgenden Kapitel erörtert werden.

2. Onto-theo-ego-logie

„Die Seinsfrage im Ganzen ist onto-theo-ego-logisch." (GA 32, 183)[130] Nur auf der Basis dieses Satzes läßt sich nach Heidegger das Hegelsche Denken richtig verstehen. Denn für Heidegger ist Hegels Philosophie des absoluten Seins nicht dessen eigene Neuschöpfung, sondern aus der Tradition des abendländischen Denkens heraus entstanden. Wie Heidegger die Bezüge zur griechischen Philosophie, zu Descartes und zu Kant denkt, wurde oben aufgezeigt. In der Vorlesung von 1930/31 versucht Heidegger, bei der Interpretation der „Phänomenologie des Geistes" diese Anknüpfungen herauszuarbeiten, um Hegels Stellung als „Vollender der Metaphysik" verständlich zu machen. Die Begriffe ὄν, θεός, ego und λόγος durchziehen dabei Heideggers gesamte Argumentation in bezug auf die „Phänomenologie". Am Schluß des Ganges durch dieses Werk zeigt sich, wie diese Begriffe zusammenhängen und Heideggers Kritik an Hegels Philosophie bestimmen.

„Die Frage nach dem ὄν ist vom antiken Ansatz her onto-logisch, zugleich aber schon, wie es bei Plato und Aristoteles heraustritt, wenngleich nicht entsprechend begrifflich entfaltet, onto-theo-logisch." (Ebd.) Es zeigt sich also, daß diese vier Begriffe, die das Wesen der Metaphysik ausmachen, nicht isoliert voneinander betrachtet werden können, sondern daß sie in der Philosophiegeschichte in Verbindung miteinander vorkommen. Auch in der christlichen Theologie ist zum Beispiel nicht nur der Logos ein relevanter Begriff, sondern ebenso ist das Ego hier mitbestimmend. In seiner Vorlesung über „Schellings Abhandlung über das Wesen der menschlichen Freiheit" vom Sommersemester 1936 stellt Heidegger in einem Exkurs den Begriff der Ontotheologie dar. Hier heißt es: „Das Fragen der Philosophie ist immer und in sich beides, onto-logisch und theo-logisch, im ganz weiten Sinne." (SCH, 62, vgl. auch 79) Etwas weiter sagt Heidegger: „Je ursprünglicher sie beides in einem ist, um

---

[130] Hans-Georg Gadamer sieht die Vorlesung von 1930/31 noch nicht im Hinblick auf Heideggers Denken nach der „Kehre", obwohl sie schon ganz im Sinne der Seinsgeschichte gelesen werden muß und somit den Ansatz von „Sein und Zeit" bereits verlassen hat. „Die kürzlich erschienene Heidegger-Vorlesung von 1930/31 über Hegels ›Phänomenologie des Geistes‹ ist daher ganz der Aufgabe gewidmet, die Fragestellung von ›Sein und Zeit‹ gegen die am Logischen orientierte Onto-Theologie Hegels abzuheben. Im Vergleich dazu hat die in den ›Holzwegen‹ veröffentlichte Interpretation der ›Einleitung‹ (Hegels Theorie der Erfahrung), die erst 1942 entstanden ist, eine ganz andere Haltung. Sie ist bereits, um mit Heidegger zu sprechen – »unausgesprochen vom Ereignis her gedacht«." Hans-Georg Gadamer, *Neuere Philosophie I. Hegel-Husserl-Heidegger*, a.a.O., 305.

so eigentlicher ist sie Philosophie. Und die Schellingsche Abhandlung ist deshalb eines der tiefsten Werke der Philosophie, weil sie in einem einzigartigen Sinne ontologisch und theologisch zugleich ist." (Ebd.)

Die Bedeutung des θεός hebt Heidegger in seiner Abhandlung über Schellings „Feiheitsschrift" heraus und würdigt dort besonders die Verbindung von Onto- *und* Theologie bei Schelling. Diese Verbindung macht die „Frage nach dem Grund des Seienden im Ganzen und der ontologischen Frage nach dem Wesen des Seienden als solchen, das Insich-kreisen einer Onto-theo-logie" aus. (SCH, 79) In diesen Kontext der Ontotheologie stellt er auch Hegels „Phänomenologie". „Eine solche – nur anderer Art – ist auch Hegels »Phänomenologie des Geistes«, eine solche Onto-theo-logie, wieder anderer Art, ist auch Nietzsches Entwurf zu seinem Hauptwerk dem »Willen zur Macht«." (Ebd.)[131] Die Vorlesung enthält aber keine eingehende Auseinandersetzung mit der „Phänomenologie". Nur zu Anfang stellt Heidegger Hegel und Schelling direkt einander gegenüber, dabei fällt ihm auf, daß die „Freiheitsschrift" zumeist im Schatten der Hegelschen „Phänomenologie" stand und daß er mit seiner Auslegung jetzt die Frage der Schellingschen Abhandlung neu stellen wolle. (SCH, 14 ff.)[132]

Auch in der Vorlesung vom I. Trimester 1941 über die „Freiheitsschrift" vergleicht Heidegger Schelling und Hegel bezüglich der Auffassungen von Theologie und nennt das Religionskapitel der „Phänomenologie", mit dem eben noch nicht das absolute Wissen erreicht ist. In anderer Weise äußert sich Schelling nach Heideggers Zitat aus den Stuttgarter Privatvorlesungen über die Theologie, die Gott im Sinne eines besonderen Objekts versteht, „während die Philosophie Gott zugleich als höchsten Erklärungsgrund aller Dinge betrachtet und daher die Idee Gottes auch über andere Gegenstände verbreitet." (GA 49, 112) Der Gottesbegriff erhält in der Heideggerschen Interpretation der „Freiheitsschrift" eine andere Bedeutung als ihm in der „Phänomenologie" zukommt. So legt Heidegger das Kernstück der „Freiheitsschrift" im ersten Kapitel des zweiten Teiles der Vorlesung als „die von Gott ausgehende Betrachtung" aus, d. h. als die „unmittelbare Erläuterung

---

[131] Wenn Heidegger Hegel und Schelling bezüglich des Willensbegriffs zueinanderstellt, wird auch immer Nietzsche miteinbezogen. Vgl. SCH, 224 und GA 49, 102; 194. Vgl. zu Nietzsche auch das „Schluß"-Kapitel der Arbeit.
[132] Das Verhältnis von Schelling und Hegel aus Heideggers Perspektive kann an dieser Stelle nicht gebührend behandelt werden. In einigen schematischen Veranschaulichungen stellt Heidegger diese Beziehung an folgenden Stellen dar: SCH, 223 f. und GA 49, 102; 113; 180–186.

aus dem Sein Gottes als dem Absoluten; die Natur »in« Gott und »Er selbst« (Existenz)." (GA 49, 109) Etwas weiter heißt es: „Darstellung des Seienden in seinem Sein aus einer nichtsinnlichen Anschauung des Absoluten; alles »seiend ›in‹ Gott« begreifen." (GA 49, 110) Mit diesen Hinweisen zum Absoluten klingt bereits der Unterschied zum Hegelschen dialektischen Denken an, das Heidegger in seiner Betrachtung der „Phänomenologie" zu erfassen versucht.

Ein ausführlicher Vergleich der Gottesbegriffe Hegels und Schellings wird von Heidegger nicht vorgenommen und kann auch hier nicht erarbeitet werden. Anhand von Heideggers Gegenüberstellung sollte lediglich angedeutet werden, daß im Begriff der Ontotheologie der Ausdruck θεός bei Hegel „auf andere Art", wie Heidegger selbst sagt, als bei Schelling gefüllt wird. Die Frage nach dem θεός zeigt sich in der „Phänomenologie" als das Absolute, d. h. daß der θεός „selbst schon »logisch« begriffen ist – logisch aber im Sinne des spekulativen Denkens. [...] Der Sache nach ist es so, daß das Wesen Gottes als Geistes überhaupt das Wesen des Begriffs und damit den Charakter des Logischen vorzeichnet." (GA 32, 142) Heidegger ergänzt, daß das Wesen der Hegelschen Auffassung von Gott im christlichen Gottesbewußtsein liegt, das durch die christliche Theologie und Trinitätslehre bestimmt wird. (Vgl. GA 32, 142)[133]

Die Frage nach dem *ego* entfaltet sich seit Descartes, „bis sie über Kant und Fichte bei Hegel in der »Phänomenologie des Geistes« die umfassende und ausdrückliche absolvente Begründung erfährt." (GA 32, 183) Heideggers Kritik an Hegels Orientierung am Ego ist schon im vorangehenden Teil (IV, 1) dargestellt worden, wobei sich zeigte, daß das Ich nach Heideggers Auffassung nicht konstitutiv für das Sein und somit nicht dessen Voraussetzung sein darf. Doch für Hegels Denken gilt

---

[133] Adriaan Peperzak kritisiert Heideggers Deutung des Hegelschen Gottesbegriffs. „Weil Heidegger zu Unrecht meint, daß Hegel die (von Heidegger »Metaphysik« genannte) Philosophie in die Logik, (also in die Wissenschaft des abstrakten Denkens) aufgehen läßt (ID 53-54), kann er sagen daß die Metaphysik Hegels eine Logik des Seins und des Gottes, also eine *Onto-theo-logik*, sei." (57) Dagegen sagt er zu Hegels Begriff von Gott. „Der Gott Hegels ist weder einer der in Mythen oder Sagen vorkommenden Götter, auch nicht der höchste unter ihnen, nicht der Gott einer kirchlichen Doktrin (ID 50), obwohl Hegel selber die letzte Negation nicht wahrhaben wollte. Wenn man sich klarmacht, daß der von Hegel gedachte Gott, als die vollendete Fülle, erst am Ende der Geistesphilosophie – und nicht, wie Heidegger meint, am Ende der Logik – in den Blick kommt, ist es nicht so sicher, wie Heidegger suggeriert, daß man zu diesem Gott nicht beten kann (ID 70)." (58, vgl. auch 69 f.) Adriaan Peperzak, *Einige Fragen zum Thema „Hegel und Heidegger"*, in: Heideggers These vom Ende der Philosophie, Verhandlungen des Leidener Heidegger Symposions April 1984, hrsg. v. M. F. Fresco, R. J. A. van Dijk, H. W. P. Vijgeboom, Bonn 1989, 49–74.

2. Onto-theo-ego-logie

eben: „Das Sein bestimmt sich *logisch*, aber so, daß das Logische sich ausweist als das *Egologische*." (GA 32, 182)

Nun sind die Begriffe ὄν, θεός und ego in dem Wort der Onto-theo-ego-logie erörtert worden. „Wichtig ist dabei, daß wir überall das »logisch« mitsagen." (GA 32, 183) So ist als letzter Begriff noch der λόγος zu nennen, der ebenfalls im Kapitel IV, 1 besprochen wurde. Heidegger bemüht sich immer wieder um eine Kritik der traditionellen Logik, um die Macht des Logischen in der abendländischen Philosophie zu verwinden. Denn diese Machtstellung des λόγος führt dazu, daß das Endliche und Faktische unter den Begriff subsumiert wird. So bleibt auch die Frage nach dem Sein letztlich ungestellt. In der Vorlesung vom Sommersemester 1934 liest Heidegger über „Logik" und beginnt mit dem Satz: „Wir wollen die Logik erschüttern. Nicht aus Laune, sondern aus innerer Notwendigkeit." (Logik, 2) In dieser Vorlesung faßt Heidegger seine Kritik an der Logik im Hinblick auf die unterschiedlichen Aspekte zusammen, wobei er heraushebt, daß Logik „in irgend einem Sinne mit Logos = Sprache zu tun" hat. (Logik, 4) Dabei spricht er vom Menschen als in der Geschichte stehendem und vom Volk, um am Ende der Vorlesung noch einmal nach der Sprache zu fragen. „Und warum nennen wir dieses Fragen nach dem Wesen der Sprache »Logik«? Weil die Logik vom Logos handelt und Logos die Rede d. h. die Sprache bedeutet, und weil eben durch die sogenannte Logik vorschnell das Wesen der Sprache verflacht und veräußerlicht und mißdeutet wurde, deshalb ist Logik ein noch unbegriffener Auftrag des menschlich-geschichtlichen Daseins." (Logik, 126)[134] Schon oben wurde gesagt, daß es Heidegger nicht um einen Verzicht auf den Logos geht und nicht gehen kann. Seine Kritik richtet sich auf eine bestimmte Form des Logos, wie er sich als Onto-theo-ego-logie darstellt. In der „Phänomenologie" zeigt sich für ihn die Ausrichtung auf den Logos folgendermaßen: „Das logisch und damit wirklich onto-*logisch* gefaßte Wesen des Seins ist Sichselbstgleichheit im Anderssein." (GA 32, 109)

---

[134] Etwas später sagt Heidegger, daß die ursprüngliche Sprache „die Sprache der Dichtung" sei. „Dichtung und damit eigentliche Sprache geschieht nur dort, wo das Walten des Seins in die überlegene Unberührbarkeit des ursprünglichen Werkes gedacht ist." (Logik, 128 f.) Dieser Hinweis auf die Sprache der Dichtung schließt an Heideggers Auseinandersetzung mit der Dichtung Hölderlins an, über dessen Hymnen „Germanien" und der „Rhein" er im folgenden Semester in Freiburg las. In der vorliegenden Arbeit wurde die Wichtigkeit Hölderlins für Heideggers Denken der „Kehre" nicht eigens ausgearbeitet. Um ein vollständigeres Bild von diesem Denkabschnitt der Heideggerschen Philosophie zu erhalten, ist die Bedeutung der Dichtung Hölderlins, die sich besonders in den „Beiträgen zur Philosophie" offenbart, hervorzuheben.

Die von Heidegger genannten vier Begriffe sind in der „Phänomenologie des Geistes" jeweils als *Geist* vorhanden. „Der Geist ist Wissen, λόγος; der Geist ist Ich, ego; der Geist ist Gott, θεός; und der Geist ist Wirklichkeit, das Seiende schlechthin, ὄν." (GA 32, 183) Die verschiedenen Aspekte der Heideggerschen Kritik am Hegelschen Seinsbegriff, die im Kapitel IV, 1 dieser Arbeit entwickelt worden sind, stellen sich nun mit dem Begriff der Onto-theo-ego-logie in eine Ordnung, die Heideggers Kritik an der Metaphysik im allgemeinen zusammenfaßt.[135] Nun gilt es noch darauf hinzuweisen, wie sich der Begriff der Unendlichkeit im Hegelschen Denken zur Ontotheoegologie in Beziehung setzt. „Im Lichte dieses onto-ego-theo-*logischen* Begriffes des Seins qua Unendlichkeit zeigt sich die Zeit als *eine Erscheinung* desselben, und zwar zugehörig zur Natur, die »dem absolutrealen Geist entgegengesetzt ist«." (GA 32, 209) Heidegger zitiert hier aus der „Jenenser Logik" (vgl. J II, 191 und 205 f.) und zeigt wiederum seine naturphilosophische Auffassung des Hegelschen Zeitbegriffs. „Die Zeit ist demnach das dem Absoluten und damit dem Wesen des Seins selbst Entfremdete." (GA 32, 210) Das Sein als Unendlichkeit hat aber auch das Wesen der Zeit, wobei Zeit und Raum zusammenzudenken sind. Somit ist die Zeit nur „eine Erscheinung" des Seins, das immer schon aus der Unendlichkeit gedacht werden muß. Das Seinsproblem bei Hegel umfaßt nach Heidegger zweierlei: „1. Das Seinsproblem bleibt auf den λόγος orientiert; 2. die »logische« Orientierung aber ist Unruhe, ist absolvent aus der Un-endlichkeit verstanden." (GA 32, 93) Die Unendlichkeit ist demnach auch an den Begriff der Onto-theo-ego-logie gebunden, d. h. alle vier Begriffe sind in der Hegelschen Philosophie gleichermaßen als unendliche zu verstehen.[136]

---

[135] In der Vorlesung von 1930/31 sagt Heidegger „Onto-theo-ego-logie". An anderen Stellen verzichtet er auf die Nennung des *ego*, wenn er die Metaphysikgeschichte allgemein kritisiert, und spricht dann von „Onto-theo-logie", womit aber dieselbe Kritik am metaphysischen Denken gemeint ist. Dadurch daß die „Phänomenologie" eine *Bewußtseins*geschichte ist, wird das *ego* eigens hervorgehoben. Der Begründungszusammenhang von Onto-logie und Theo-logie wird bei der Erörterung der Schrift „Identität und Differenz" erarbeitet.

[136] Den Begriff der Ontotheoegologie erörtert Orrin F. Summerell in seiner Arbeit. (Vgl. besonders 362–370) Summerell sieht Heideggers Hegel-Kritik besonders aus der Perspektive der Ontotheologie, wobei er in einem einleitenden Abstract als These zu dieser Kritik formuliert, „that the significance of the concept of ontotheology in Martin Heidegger's critique of G.W.F. Hegel resides in the concept of the causa sui as the fundamental principle through which philosophical theology must completely think to its end in order to articulate the being of God beyond the God of metaphysical theism. The concept of ontotheology denotes the mutual implication of being and God in the Western metaphysical tradition." Orrin F. Summerell, *The Philosophical-Theological Significance of the Concept of Ontotheology in Martin Heidegger's Critique of G.W.F. Hegel*, UMI Dissertation Service, Ann Arbor, Michigan 1994.

Im ganzen betrachtet Heidegger die „Phänomenologie des Geistes" als Fundamentalontologie der absoluten Ontologie und geht sogar noch einen Schritt weiter in seiner Beurteilung, wenn er dieses Werk als „das Endstadium der möglichen Begründung einer Ontologie" begreift. (GA 32, 204) An die Frage, wie es zu diesem Endstadium, d. h. zu der Vollendung der Metaphysik kommen konnte, schließt sich Heideggers Frage in „Identität und Differenz" an: „Woher stammt die onto-theologische Wesensverfassung der Metaphysik?" (IuD, 47) Mit dieser Frage verknüpft sich für Heidegger sogleich eine Aufforderung: „Die so gestellte Frage übernehmen, heißt jedoch, den Schritt zurück vollziehen." (Ebd.) Während Hegel sich zur Geschichte der Philosophie noch im Sinne der Aufhebung bzw. einer absoluten Begründung stellte, zeichnet sich Heideggers Umgang mit der Geschichte der Philosophie durch den „Schritt zurück" aus. (Vgl. IuD, 39) Ihm geht es also nicht, wie Hegel, darum, eine absolute Wahrheit zu finden, sondern er versucht, durch die Auseinandersetzung mit der Philosophiegeschichte, also auch mit Hegel, in den Bereich zu führen, in dem sich die Frage nach der Wahrheit erst eröffnet. So handelt es sich in Heideggers Denken auch nicht um eine Abschaffung der Metaphysik, sondern der Schritt geht zurück *aus* der Metaphysik *in* diese hinein.[137] Dieser Schritt bestimmt also Heideggers Auseinandersetzung mit Hegels Denken, das er sowohl als Ontologie als auch als Theologie erkennt. Nun fragt Heidegger in „Identität und Differenz", was beide Disziplinen miteinander verbindet. Er bestimmt sie als Einheit folgendermaßen: „Das Seiende als solches im Allgemeinen und Ersten *in Einem mit* dem Seienden als solchem im Höchsten und Letzten." (IuD, 52) Dabei begründen sich die Disziplinen gegenseitig, und auf ihrer Einheit basiert das Wesen der Metaphysik. Im weiteren entwickelt Heidegger sein Denken des Seins als Differenz. Dabei heißt es als Ergebnis dieser Überlegungen: „Die Differenz von Sein und Seiendem ist als der Unter-Schied von Überkommnis und Ankunft der *entbergend-bergende Austrag* beider." (IuD, 57) Das Sein bestimmt Heidegger demnach als „entbergende Überkommnis" und das Seiende als „sich bergende Ankunft". Das heißt nicht, daß es das Seiende zuvor ohne das Sein gegeben hätte. Es kommt erst durch die Überkommnis als unverborgenes im Sein an. Beide sind im Austrag ihrer Differenz zu denken.

---

[137] Auch in der Schelling-Vorlesung von 1936 sagt Heidegger zur Ausrichtung der Ontotheologie auf die Geschichte der Philosophie: „*Ontotheologie* ist eine mögliche, aber immer nur rückblickende Kennzeichnung der Philosophie." (SCH, 79)

„Worauf es jetzt für unser Vorhaben allein ankommt, ist der Einblick in die Möglichkeit, die Differenz als Austrag so zu denken, daß deutlicher wird, inwiefern die onto-theologische Verfassung der Metaphysik ihre Wesensherkunft im Austrag hat, der die Geschichte der Metaphysik beginnt, ihre Epochen durchwaltet, jedoch überall *als* der Austrag verborgen und so vergessen bleibt in einer selbst sich noch entziehenden Vergessenheit." (IuD, 60) Heidegger kann jetzt vor dem Hintergrund der Charakterisierung des „Austrages" zeigen, wie es zur Ontotheologie überhaupt gekommen ist, wobei diese Herkunft aus dem Austrag in der Geschichte der Philosophie jedoch vergessen wurde. Heidegger verfolgt in seiner Argumentation das Verhältnis von Sein und Seiendem weiter. Dabei zeigt sich, daß das Sein als Logos oder als Grund west. Nun sagt Heidegger, daß aber nicht nur das Sein das Seiende gründet, sondern das Seiende verursacht ebenso das Sein.

„Hier gelangt unsere Besinnung in einen erregenden Zusammenhang." (IuD, 61) Mit diesen emphatischen Worten leitet Heidegger jetzt seine Ausführungen darüber ein, wie Ontologie als gründende und Theologie als begründende im Sinne einer *Differenz* gedacht werden müssen. Der Logos, als welcher sich das Sein gezeigt hat, umfaßt bzw. versammelt das Erste, das Allgemeine und das Eine Einende im Sinne des Höchsten. Die Metaphysik, die dem Sein als Logos entspricht, ist demnach die „vom Differenten der Differenz her bestimmte Logik: Onto-Theo-Logik." (IuD, 62) Heidegger zeigt also, wie Ontologie und Theologie zusammenhängen und als Differenz gedacht werden müssen, d. h. wie sich die Metaphysik aus der Differenz ergibt, wobei sie selbst diese Differenz *als* Differenz nie gedacht hat.[138] „Weil das Denken der Metaphysik in die als solche ungedachte Differenz eingelassen bleibt, ist die Metaphysik aus der einigenden Einheit des Austrags her einheitlich zumal Ontologie und Theologie." (IuD, 63) Es sollte an dieser Stelle keine vollständige Betrachtung der Schrift „Identität und Differenz" vorgenommen werden[139], sondern im Hinblick auf den Begriff

---

[138] Alphonse De Waelhens zeigt Heideggers Kritik am Nicht-Gedachten des Gedachten. Zwischen Heidegger und Hegel sieht er eine „parenté et divergence". „Mais si l'Aufhebung hégélienne *conduit vers* son véritable sens, vers sa vérité explicite, qui n'y était qu'implicite, la pensée non spéculative, Heidegger fait *retourner* la philosophie occidentale [...], à son origine cachée, vers le lieu où s'est élaborée, dans l'écoute mutuelle de l'homme et de l'être, la possibilité même de tout ce que la philosophie occidentale ou la »métaphysique« a pensé à propos la vérité." (231) Wenn Heidegger dieses gelingt, würde das Wesen der Metaphysik zutage treten. Alphonse De Waelhens, *Identité et différence. Heidegger et Hegel*, in: Revue internationale de philosophie, Bruxelles. 52 (1960), 221–237.

[139] Vgl. hierzu Otto Pöggeler, *Der Denkweg Martin Heideggers*, a.a.O., 145–152.

der Ontotheologie galt es zu zeigen, daß Heidegger im „Gespräch" mit Hegel den Vollzug des „Schrittes zurück" in das Wesen der Metaphysik als Ontotheologie vollziehen will. Dabei zeigt sich, daß die Metaphysik aus der Differenz und zwar als Austrag gedacht werden muß. Nach Heideggers eigenem Dafürhalten kommt die Differenz als Differenz erst mit seinem Denken zum Austrag, wohingegen Hegels Philosophie noch ganz im Sinne der Ontotheologie das Sein als absoluten Begriff denkt, wobei die Differenz von Sein und Seiendem im Denken vergessen bleibt. Der Begriff der Ontotheoegologie erweist sich hier also als Heideggers Kennzeichnung der Metaphysik, die es zu verwinden gilt.[140]

Im Kapitel über den „Anfang" dieser Arbeit (I, 2) zeigte sich, wie Heidegger sich den ersten Anfang der Metaphysik zueignen will, um im anderen Anfang Fuß zu fassen. Heideggers eigene Frage nach dem Sein erwächst also nicht aus dem Interesse, eine bestimmte philosophische Position zu verbessern oder zu überbieten, „sondern aus Notwendigkeiten *unseres* Daseins selbst, in dem jene Geschichte des Seinsproblems *Wirklichkeit* ist." (GA 32, 60) Dabei ist die Endlichkeit des Daseins nicht ein gedankliches Konstrukt, sondern durch die „Not des Seins" selbst gegeben. (GA 32, 56) Den Unterschied zu Hegels Seinsbegriff formuliert Heidegger klar in dem „Colloquium über Dialektik" von 1952. „Es gibt keinen größeren Gegensatz. Bei mir ist das Sein nicht das Absolute. Nicht nur, daß das Sein anders gedacht wird und das Wesen des Menschen anders bestimmt wird, sondern auch der Bezug ist ein völlig anderer. Bei Hegel ist es der Strahl, der vom Absoluten immer schon bei uns ist." (Coll., 20) Etwas weiter zuvor sagt Heidegger, daß diese Bestimmung auch für die „Phänomenologie" gelte. „Aber auch die *Phänomenologie* ist nicht der Weg vom endlichen zum unendlichen Bewußtsein; sie ist schon im Absoluten." (Ebd.) Die Beurteilung der „Phänomenologie", daß in diesem Werk immer alles schon da sei, prägt auch Heideggers Interpretation in der Vorlesung vom Wintersemester 1930/31. Die Auffassung Heideggers vom absoluten Seinsbegriff in der „Phänomenologie des Geistes" stellt somit den größten Gegensatz zu seinem eigenen Denken dar.

---

[140] „Das Thema »Metaphysik und Geschichte« ist, meine ich, das zentrale Thema für Heidegger sein ganzes denkerisches Leben hindurch gewesen." (225) So beurteilt Max Müller das Heideggersche Denken zunächst als Metaphysik. (Vgl. 226) Später denkt Heidegger in einer „nicht-metaphysischen Spätgestalt". (229) „Dann geht es nicht mehr um unsere Geschichte und Geschichtlichkeit, sondern um die Geschichte des Seins selbst." (Ebd.) Max Müller, *Metaphysik und Geschichte im Denken Martin Heideggers*, in: Philosophisches Jahrbuch 98, Jg. 1991, 2. Halbband, 225–232.

Schluß

Heidegger schließt seine Vorlesung mit einem Kapitel von etwa einer Seite, welches er „Schluß" nennt. Die Betrachtung dieses Textes soll ebenfalls den Schluß der vorliegenden Arbeit einleiten. „Das Recht des Anfangs kann nicht durch das Ende erwiesen werden, weil das Ende selbst nur der Anfang ist." (GA 32, 215) Auf diese Weise kritisiert Heidegger den Hegelschen Ansatz, indem er Hegel immer wieder vorwirft, daß er am *Ende* das gewinnt, was er am *Anfang* schon vorausgesetzt hat. Hegel selbst spricht in der „Vorrede" von einem *Kreis*. „Es ist das Werden seiner selbst, der Kreis, der sein Ende als seinen Zweck voraussetzt und zum Anfange hat, und nur durch die Ausführung und sein Ende wirklich ist." (PhG, 14, Z. 30 ff.) Die Bewegung ist damit von Hegel angezeigt, und die Betonung soll auf das Ende *und* die Ausführung gelegt werden. Es geht um die Entwicklung in der „Phänomenologie", die auch eine Entwicklung in der Geschichte ist, wie es auch in der „Vorrede" heißt. Richtig erkennt Heidegger die „Phänomenologie" als „die *begriffene Geschichte*" des erscheinenden Absoluten, die Geschichte des Geistes „»nach [...] ihrer begriffenen Organisation« (vgl. Schlußsatz des Werkes) – d. h. ihrer Systematik – das System." (GA 68, 137)

Den Begriff der Geschichte in der „Phänomenologie" kann Heidegger positiv aufnehmen, denn „bei Hegel vollzieht sich erstmals ein *philosophischer* Versuch einer Geschichte der Frage nach dem Seienden aus der gewonnenen Grundstellung des absoluten Wissens." (GA 65, 232)[141] So hebt er auch an anderer Stelle hervor, daß erst seit dem Deutschen Ide-

---

[141] Adriaan Peperzak sieht Gemeinsamkeiten in den Geschichtskonzeptionen bei Hegel und Heidegger. „Obwohl Heidegger die teleologische Auffassung der Geschichte, die Hegel vorbildlich vertreten hat, verwirft, hält er an der Idee fest, daß die Geschichte der Philosophie von 600 vor unserer Zeitrechnung bis heute ein Ganzes konstruiert, in dem ein Selbiges sich darstellt. Während dies Selbige sich bei Hegel progressiv als das geistige Absolute offenbart, ist für Heidegger das Sein das sich in seinen epochalen Wandlungen Durchhaltende." (63) Peperzak sieht auch bei Heidegger die Notwendigkeit in der Abfolge der Geschichte als Seinsgeschichte, so daß er von einer „umgekehrte[n] Teleologie" spricht. (Ebd.) Adriaan Peperzak, *Einige Fragen zum Thema „Hegel und Heidegger"*, a.a.O. Auch Michel Haar entwickelt die Gemeinsamkeiten beider Geschichtsauffassungen. Michel Haar, *Structures hégéliennes dans la pensée heideggérienne de l'Histoire*, in: Revue de Metaphysique et de Morale 85, 1980, 48–59. „La pensée heideggérienne de l'Histoire aboutit, comme chez Hegel, à une *justification* non seulement de l'Histoire de la pensée, mais aussi de l'histoire empirique; avec là encore une inversion: de la satisfaction hégélienne devant la rationalité en résignation quasi fataliste devant le progrès de l'errance. Il est vain, par exemple, de s'indigner devant le »Führer«, comme il est vain de lutter par des moyens matériels contre la destruction de la nature, car la configuration essentielle de la réalité n'est pas déterminée par l'action humaine." (59)

alismus die Geschichte des Denkens als Bewegungsgesetz erkannt und gleichsam als das „Innerste der Geschichte selbst begriffen" wird. „Und die Denker des deutschen Idealismus wissen sich selbst als notwendige Epochen in der Geschichte des absoluten Geistes." (SCH, 58)[142] Sofern Heidegger aber in der Vorlesung von 1930/31 über die Geschichte der „Phänomenologie" bzw. über das Geschehen in ihr spricht, meint er den *logischen* Fortgang von einer Gestalt zur anderen. Auch in „Identität und Differenz" äußert sich Heidegger über das Verhältnis von Geschichte und Philosophie in Hegels Denken. Diese Bemerkungen „möchten andeuten, daß die Sache des Denkens für Hegel in sich geschichtlich ist, dies jedoch im Sinne des Geschehens. Dessen Prozeßcharakter wird durch die Dialektik des Seins bestimmt." (IuD, 34) Hegels Verhältnis zur Geschichte ist ein spekulatives, und die Geschichte geschieht in einem dialektischen Prozeß. Heidegger charakterisiert Hegels Umgang mit der Geschichte der Philosophie: „Eingehen in die Kraft und den Umkreis des von den früheren Denkern Gedachten." (IuD, 37) Er beruft sich hier auf eine Passage in der Begriffslogik, in der sich Hegel mit Spinoza auseinandersetzt und über die Art der Auseinandersetzung reflektiert. Es heißt dort: „Die wahrhafte Widerlegung muß in die Kraft des Gegners eingehen und sich in den Umkreis seiner Stärke stellen; ihn außerhalb seiner selbst angreifen und da Recht zu behalten, wo er nicht ist, fördert die Sache nicht. Die einzige Widerlegung des Spinozismus kann daher nur darin bestehen, daß sein Standpunkt zuerst wesentlich und notwendig anerkannt werde, daß aber zweitens dieser Standpunkt *aus sich selbst* auf den höheren gehoben werde." (WdL III, 10, Z. 12 bis 20) Hegel spricht über Spinoza, indem er über seinen „Standpunkt" gegenüber dem Spinozistischen Denken des Substantialitätsverhältnisses reflektiert. Er bezeichnet den Standpunkt Spinozas zwar als einen notwendigen, jedoch nicht als den höchsten, wobei eine Widerlegung aber „nicht von außen kommen" darf. (WdL III, 9, Z. 31) So bestimmt er als zweites Ziel die Aufhebung des Standpunktes in einen höheren aus sich selbst heraus.

In der Einleitung der vorliegenden Arbeit wurde auf Heideggers Beschäftigung mit dem Begriff des Standpunktes hingewiesen und gezeigt, daß Heidegger sich in seiner Schrift über die „Negativität" besonders auf den ersten Satz der „Vorrede" zur ersten Ausgabe der

---

[142] Wie die Geschichte in der „Phänomenologie" als „begriffene Organisation" und in Hegels „System" als „teleologischer Prozeß" gedacht wird, zeigt Otto Pöggeler. Vgl. besonders Otto Pöggeler, *Schritte zu einer hermeneutischen Philosophie*, Freiburg/München 1994, 38 f. und 116 ff.

„Wissenschaft der Logik" bezieht, wenn er über den „Standpunkt" Hegels und den „Standpunkt", den es gegenüber Hegel einzunehmen gilt, spricht. (Vgl. GA 68, 53) Heidegger sucht in dieser Schrift einen Standpunkt gegenüber Hegel, der „zwar *in* der Hegelschen Philosophie, jedoch als der ihr selbst wesensmäßig unzugängliche und gleichgültige Grund verborgen liegt." (GA 68, 4) In „Identität und Differenz" faßt er diesen Gedanken zusammen, indem er sein Verhältnis zur Geschichte der Philosophie mit der Hegelschen Haltung ihr gegenüber vergleicht. „Für uns ist die Maßgabe für das Gespräch mit der geschichtlichen Überlieferung dieselbe, insofern es gilt, in die Kraft des früheren Denkens einzugehen. Allein wir suchen die Kraft nicht im schon Gedachten, sondern in einem Ungedachten, von dem her das Gedachte seinen Wesensraum empfängt. [...] Die Maßgabe des Ungedachten führt nicht zum Einbezug des vormals Gedachten in eine immer höhere und es überholende Entwicklung und Systematik, sondern sie verlangt die Freilassung des überlieferten Denkens in sein noch aufgespartes Gewesenes." (IuD, 38) Hier setzt sich Heidegger also gegen Hegels spekulatives Denken der Geschichte ab und sucht dagegen das Ungedachte freizulegen.

Im Kapitel über die „Onto-theo-ego-logie" (IV, 2) hat sich dieses Ungedachte als die Differenz *als* Differenz gezeigt, die im metaphysischen Denken vergessen bleibt, so daß Heidegger zuvor aus der Metaphysik zurückführen muß, um in ihr Wesen zu gelangen, „zurück aus der Vergessenheit der Differenz als solcher in das Geschick der sich entziehenden Verbergung des Austrags." (IuD, 65) So dient ihm der Umgang mit der Hegelschen Philosophie dazu, diesen „Schritt zurück" zu vollziehen, um zu zeigen, daß in diesem metaphysischen Denken die ontologische Differenz nicht gedacht wird. Von seinem eigenen Vorhaben, das Ungedachte aufzuzeigen, unterscheidet Heidegger Hegels Denken *mit* der Geschichte. Hegel überträgt die vorausgehenden Ansätze in seine eigene Philosophie, indem er sie spekulativ durchdringt und somit in seinem Denken aufhebt. So sagt Heidegger bezüglich Hegels Verhältnis zu Kant: „Gerade weil Hegel auf die spekulative *absolute* Überwindung dieser Kantischen Position drängt, mußte er ihren Grundsatz mitübernehmen, d. h. das Bewußtsein und Ich in seiner Transzendenz in den Ansatz bringen." (GA 32, 194)

Beide Philosophen bestimmen ihr Denken also aus der Geschichte und stellen sich in die Kraft des philosophischen „Gegners", wobei die Methode und das Ziel jedoch unterschiedlich sind. Positiv hebt Heidegger in den „Beiträgen" an Hegel hevor: „Die Selbstverständlichkeit des

Seins ist jetzt, statt in die Plattheit einer unmittelbaren Evidenz gelegt, in den Reichtum der Geschichtlichkeit des Geistes und seiner Gestalten systematisch ausgebreitet." (GA 65, 203 f.) Das Interesse an Hegel gilt daher besonders dessen Auffassung von Geschichte.[143] Hegel zeigte Heidegger „die erste Möglichkeit einer *philosophischen* Geschichte der Philosophie von ihrem ersten Ende her." (GA 65, 213) Mit Hegel entstand die „*erste philosophische* Geschichte der Philosophie, die erste angemessene Geschichtsbefragung, aber auch die letzte und letztmögliche zugleich dieser Art." (GA 65, 214) In der Zeit nach Hegel gibt es nur noch ein „ratloses und zerfahrenes Gestammel". (Ebd.) Hier läßt Heidegger einerseits seine Wertschätzung des philosophischen Gegners verlauten, denn mit Hegels absolutem Denken ist die Philosophie zum ersten Mal an ihr erstes Ende gekommen, hierdurch besteht zugleich aber auch die Notwendigkeit, ganz neu in einem anderen Anfang zu denken.

In den zwanziger Jahren diente die Auseinandersetzung mit Kant und dessen Auffassung von der Endlichkeit des erkennenden Subjekts dem Heideggerschen Zweck, das Sein aus der Zeit als Temporalität zu interpretieren. Kant zeigte Heidegger die Verknüpfung von Begriff und Zeit.[144] Die Schematismuslehre war dann aber zu *statisch* für die neuen Fragen, die sich Heidegger stellte. Die Seinsgeschichte fragt in den Bereich des Unendlichen, und so dient nun Hegel als neuer Gesprächspartner.[145] In Konfrontation mit diesem Unendlichen (das auch bei Fichte und Schelling zu finden ist) findet Heidegger seine eigene Positi-

---

[143] Heideggers Umgang mit der Geschichte der Philosophie beschreibt Gadamer mit einem leicht ironischen Unterton: „Sein Weg durch die Geschichte der Philosophie ähnelt überhaupt dem Wanderweg eines Wünschelrutengängers. Plötzlich schlägt die Rute aus, und der Wanderer wird fündig." Hans-Georg Gadamer, *Neuere Philosophie I. Hegel-Husserl-Heidegger*, a.a.O., 303.

[144] Heideggers Aufnahme des Kantischen Denkens von Begriff und Zeit zeigt die Arbeit von Dietmar Köhler, *Die Schematisierung des Seinssinnes*, a.a.O. Otto Pöggeler sagt zu Heideggers Zuwendung zu Hegel: „Er wollte in seiner »Ontochronie« weiterhin Kant folgen, doch sah er sich wider Willen zu Hegel hingedrängt: genügte es, Begriff und Zeit in Schematisierungen zu verbinden, oder müssen diese Schematisierungen selbst als Gestalten einer Geschichte der Erfahrung gefaßt werden? Heidegger will die Zeit nicht der Unendlichkeit des Begriffs unterstellen, sondern Sein und Begriff der Zeit und Endlichkeit einfügen." (359) Otto Pöggeler, *Hölderlin, Schelling und Hegel bei Heidegger*, in: Hegel-Studien 28 (1993), 327–372. In bezug auf die Bedeutung Kants für Heideggers Bestimmung der Subjektivität bzw. des Selbstbewußtseins vgl. Klaus Düsing, *Selbstbewußtseinsmodelle*, a.a.O., 65 ff.

[145] Hans-Georg Gadamer spricht davon, daß Heideggers besonderes Interesse für die „Phänomenologie" bereits Mitte der zwanziger Jahre hervortrat. Hans-Georg Gadamer, *Neuere Philosophie I. Hegel-Husserl-Heidegger*, a.a.O., 304.

on, die ihn dann zum Denken des „Ereignisses" führt. Kants Zeitauffassung zeigte ihm zuvor nicht diese geschichtliche Dimension, und so wird Hegels Bewußtseins*geschichte* für Heidegger bedeutend. In der Vorlesung vom Sommersemester 1929 über den Deutschen Idealismus spricht Heidegger über Fichte, Schelling und Hegel, die sich an das Kantische Denken anschlossen, um es zu vollenden und zu überwinden. Das Problem der Metaphysik stellt sich nun neu, so daß Heidegger das Denken dieser Philosophen als „Neue Gigantomachia!" (GA 28, 49) bezeichnet. Wie Heidegger Kant und Hegel, gegenüber seiner früheren Einstellung, jetzt zueinander stellt, drückt er folgendermaßen aus: „Kant ist Hegel grundsätzlich nicht gewachsen, was nichts sagt über die Größe beider. Die Größe besteht gerade in der *Unersetzlichkeit* eines jeden." (GA 28, 20)

Für sein eigenes Denken sieht Heidegger durch Hegel eine neue Möglichkeit, die Zeitgestalten in einem geschichtlichen Prozeß zu sehen. Dabei kritisiert Heidegger zwar den Geschichtsbegriff Hegels als einen metaphysischen,[146] in der Auseinandersetzung mit Hegel, d. h. besonders mit Hegels „Phänomenologie des Geistes" stellt sich aber seine *eigene* Position heraus, welche bezeichnend für sein Denken der dreißiger Jahre ist und die sich als seinsgeschichtliches Denken bezeichnen läßt. So ist *die Auseinandersetzung selbst*, Heideggers Auslegung des Werkes als solche, Ausdruck der Seinsgeschichte.

Wenn er in seinem Vortrag „Hegel und die Griechen" das absolute Wissen und die Geschichte der Philosophie als identisch bezeichnet und zur Erläuterung der Hegelschen Position weiter sagt, „daß das Philosophieren sich zugleich in seiner Geschichte bewegt und daß diese Bewegung die Philosophie selbst ist" (HudG, 429), so sind in dieser Parallelisierung von *Philosophie* und *Geschichte* Anklänge an Heideggers eigenes Denken zu hören. Heidegger zitiert in diesem Vortrag aus Hegels Berliner „Vorlesungen über die Geschichte der Philosophie". Dort setzt Hegel die Geschichte mit dem Sichselbst-Finden des Gedankens gleich, wobei die Geschichte der Philosophie sich nur in der Philosophie selbst entwickelt. „Demnach sind für Hegel die Philosophie als die

---

[146] Samuel Ijsseling stellt Anfang und Ende in der Heideggerschen Auseinandersetzung mit Hegels Denken dar. Dabei kommt er zu dem Ergebnis: „Das *Fragwürdigste* bei Heidegger bleibt vielleicht, daß er Anfang und Ende immer im Licht der Geschichte und der Geschichtlichkeit denkt. Der Begriff »Geschichte« ist meines Erachtens das Fragwürdigste in Heideggers Denken und ein Begriff, der sich phänomenologisch nur schwer ausweisen läßt." (299) Samuel Ijsseling, *Das Ende der Philosophie als Anfang des Denkens*, in: Heidegger et l'Idée de la Phénoménologie, Phenomenologica 108, Dordrecht/Boston/London 1988, 285–300.

Selbstentwicklung des Geistes zum absoluten Wissen und die Geschichte der Philosophie identisch." (HudG, 428)[147] Dieses spätere Denken Heideggers zeigt, daß er immer wieder neue Berührungspunkte mit Hegel suchte. Daß ihm Hegel in den dreißiger Jahren gegenüber Kant zum bevorzugten Gesprächspartner wurde, wird verständlich durch den Wandel von der Frage nach dem Sinn von Sein und der Selbstauslegung des endlichen Daseins zur Frage nach der Wahrheit des Seins als Seins*geschichte*. Zur „Phänomenologie des Geistes" heißt es in diesem Zusammenhang: „Dieses »Werk« ist deshalb ein einziger und in einem besonderen Sinne ausgezeichneter Augenblick der Geschichte der Metaphysik. Und wir meinen mit dem »Werk« nicht die denkerische Leistung des Menschen Hegel, sondern das »Werk« als Geschehnis einer Geschichte." (GA 68, 73)

Heideggers Auslegung der „Phänomenologie" sowie seine Haltung zur „Wissenschaft der Logik" zeigen doch auch eine Ferne zum dialektischen Denken und zur logischen Entwicklung des Absoluten.[148] In den frühen Vorlesungen äußert sich Heidegger noch polemisch über die Dialektik.[149] Als Beispiel für diese Haltung soll hier nur aus der Vorlesung vom Sommersemester 1923 zitiert werden. „Die Dialektik ist al-

---

[147] Wenn sich Heidegger mit Hegels Geschichtsdenken auseinandersetzt, so deutet er Hegels Auffassung der Geschichte entweder als *logischen* Fortgang oder als *Philosophiege*schichte. Welche umfassendere Bedeutung die Geschichte aber in Hegels System einnimmt, zeigt die Studie von Kurt R. Meist. Dort heißt es zur „Phänomenologie", daß sich die Geschichte des Bewußtseins als Entwicklung des Geistes in der geschichtlichen Zeit zeigt, so daß die Philosophie mit der geschichtlichen Welt verknüpft wird. Das Denken der Philosophie erhält bei Hegel also „nicht einen Ort jenseits der empirisch-geschichtlichen Existenz; ihre (praktische) Aufgabe besteht vielmehr in der Hervorbringung einer Gestalt des Bewußtseins, das die Vereinigung mit der Geschichte des in sich entzweiten Lebens zu vollbringen vermag, statt sich dieser Realität zu entziehen." Kurt Rainer Meist, *Zur Rolle der Geschichte in Hegels System der Philosophie*, in: Kunsterfahrung und Kulturpolitik im Berlin Hegels, Hegel-Studien Beiheft 22, Bonn 1983, 49–81.

[148] So fragt auch Dominique Janicaud, anhand von Heideggers Auseinandersetzung mit Hegel, ob ein Dialog zwischen beiden Denkern überhaupt geführt werden kann. Dominique Janicaud, *Heidegger – Hegel: un „dialogue" impossible?*, in: Heidegger et l'Idée de la Phénoménologie, Phenomenologica 108, Dordrecht/Boston/London 1988, 145-164.

[149] Obwohl Heidegger sich derartig über die Dialektik äußert, zeigt Hans-Georg Gadamer zwei Problemkreise, die Heidegger und Hegel verbinden. Erstens scheinen sich beide Philosophen „die Hineinnahme der Geschichte in den eigenen philosophischen Ansatz" zu teilen. Zweitens sieht Gadamer eine „geheime und undurchschaute Dialektik, die allen wesentlichen Heideggerschen Aussagen" anhaftet. (230) So spricht er von einer „dialektischen Spannung von Geworfenheit und Entwurf, von Eigentlichkeit und Uneigentlichkeit, vom Nichts als dem Schleier des Seins und schließlich und vor allem die Gegenwendigkeit von Wahrheit und Irrtum, Entbergung und Verbergung, die das Seinsgeschehen als Wahrheitsgeschehen ausmachen." Hans-Georg Gadamer, *Neuere Philosophie I. Hegel-Husserl-Heidegger*, a.a.O., 231.

so doppelseitig unradikal, d.h. grundsätzlich unphilosophisch. Sie muß von der Hand in den Mund leben und entwickelt darin eine imponierende Fertigkeit. Die heraufdämmernde Hegelei wird, wenn sie sich durchsetzt, die Möglichkeit auch nur eines Verständnisses für die Philosophie aufs neue untergraben." (GA 63, 46) Wie Heidegger sich dagegen in den dreißiger Jahren neu der Hegelschen Philosophie zuwandte und mit ihr und gegen sie seinen eigenen Ansatz zu gewinnen suchte, wurde in der Arbeit erörtert. An der Auseinandersetzung mit Hegel in dem Aufsatz „Hegel und die Griechen" von 1958 zeigten sich, wie gesagt, Unterschiede zu seiner Auffassung in den zwanziger und dreißiger Jahren. Der Dialektik stellt Heidegger sich dort positiver gegenüber als in den frühen Jahren; sie ist für ihn jetzt „keine transzendentale, kritisch einschränkende oder gar polemische Denkweise, sondern die Spiegelung und Einung des Entgegengesetzten als der Prozeß der Produktion des Geistes." (HudG, 431) Die spekulative Dialektik bzw. die Methode[150] umfaßt alles Wirkliche, sie bestimmt also auch die Bewegung der Geschichte.[151] „Jetzt wird klar, inwiefern die Geschichte der Philosophie die innerste Bewegung im Gange des Geistes, d.h. der absoluten Subjektivität zu sich selbst ist. Ausgang, Fortgang, Übergang, Rückgang dieses Ganges sind spekulativ-dialektisch bestimmt." (HudG, 429) Heidegger geht sogar so weit zu sagen, daß die „Phänomenologie des Geistes" nur „von der modernen Phänomenologie aus" zu verstehen sei. (GA 58, 12)[152]

Die gesamte „Phänomenologie des Geistes" bezeichnet Heidegger in der Vorlesung vom Wintersemester 1930/31 als eine „absolvente Konstruktion" (GA 32, 102 f, 163), „die selbst ihre echten Antriebe aus der inneren Geschichte des Leitproblems der Metaphysik empfangen hat.

---

[150] Hegel selbst hätte die Bezeichnung der Dialektik als Methode abgewiesen.

[151] Den Zusammenhang von Vernunft und Geschichte bei Hegel entwickelt István M. Fehér besonders in bezug auf Hegels „Vorlesungen über die Philosophie der Weltgeschichte" und stellt an das Ende seines Aufsatzes Überlegungen zu Heideggers Auseinandersetzungen mit der Hegelschen Dialektik. (392 f.) Im Anschluß an Heideggers hermeneutischen λόγος, durch den „im Gegensatz zu Hegel immer eine gebundene und endliche" (393) Rationalität zum Ausdruck kommt, spricht Fehér in seiner gewagten Schlußthese von einer eigenen Vernünftigkeit der Hermeneutik, die vernünftiger als die Hegelsche Vernunft sein könnte. (Ebd.) István M. Fehér, *Die Vernünftigkeit der Vernunft oder des »Gegensatz zwischen begrifflicher Dialektik und anschauendem Entgegennehmen«, Zu Heideggers Auseinandersetzung mit Hegel*, in: Hegel Jahrbuch 1995, hrsg. v. A. Arndt, K. Bal, H. Ottmann, Berlin 1996, 385–400.

[152] Weitere Stellungnahmen Heideggers zum Verhältnis „Phänomenologie" und „Phänomenologie des Geistes" wurden oben bereits gezeigt. (Vgl. dazu GA 32, 40 und GA 21, 32)

Innerhalb dieser Konstruktion aber gilt es, die Weisen des Wissens je selbst aus ihrem *eigenen* Sachverhalt zu entfalten." (GA 32, 163) So versuchte Heidegger die Gestalten der „Phänomenologie" bis zum Selbstbewußtseins-Kapitel in ihrer jeweiligen Eigenart darzustellen. Dabei begleitete seinen Gang die These, daß das Absolute immer schon da ist und daß sich die Bewegung in der „Phänomenologie" als ein Loslösungsprozeß vollzieht. Warum das Absolute, das immer schon da ist, für Hegels Denken bestimmend ist, sieht Heidegger in dem, was er 1942 die „Entscheidung" nennt. „Das Entscheiden liegt hier tief verborgen: daß überhaupt »Bewußtsein« und Gegenstand und Gegenständlichkeit im Vorrang des Absoluten west." (GA 68, 137) Auch in der Vorlesung von 1930/31 spricht Heidegger von den „Entscheidungen", die „von Anfang an gefallen sein müssen." (GA 32, 16) So erinnert die „Entscheidung" an den „Entschluß" Hegels, von dem es in der Seinslogik heißt: „Nur der Entschluß, den man auch für eine Willkür ansehen kann, nämlich daß man das *Denken als solches* betrachten wolle, ist vorhanden. So muß der Anfang *absoluter* oder, was hier gleichbedeutend ist, abstrakter Anfang sein." (WdL I, 58, Z. 28 bis 32) Der einzige Entschluß, der getroffen sein muß, ist, das Denken zu betrachten. Daraus folgt für Hegel, daß der Anfang absolut ist und daß er nichts voraussetzen darf. Der Anfang soll selbst der „Grund der ganzen Wissenschaft sein." (WdL I, 58, Z. 34 f.)

Die Sinnverwandtschaft der Wörter „Entschluß" und „Entscheidung" läßt auf Heideggers Denken in den „Beiträgen" blicken. Dort bezieht er den Begriff der Entscheidung in sein eigenes Denken ein. (GA 65, 87–103)[153] Hier ist die Entscheidung nicht ein Vollzug des Menschen. Sie bestimmt sich vielmehr aus der Wahrheit des Seins selbst. „Die Entscheidung *muß jenen Zeit-Raum*, die Stätte für die wesentlichen Augenblicke schaffen, in der der höchste Ernst der Besinnung in eins mit der größten Freudigkeit der Sendung zu einem Willen des Gründens und Bauens aufwächst, dem auch keine Wirrnis fernbleibt." (GA 65, 98) Die Entscheidung soll demnach etwas Neues eröffnen und vorbereiten. Wohin die Entscheidung führt, kann hier nicht im einzelnen erörtert werden. Dazu müßte der gesamte Ansatz der „Beiträge" diskutiert werden. Den Begriff der Entscheidung, den Heidegger dem Hegelschen Anfang mit dem Absoluten zuschreibt und den Hegel selbst in der Form des Entschlusses, das Denken als solches zu betrachten, mit dem absoluten Anfang verbindet, galt es zu problematisieren. Davon sollte Heideggers eigener Gebrauch des Entscheidungsbegriffes abge-

---

[153] Zum Begriff der „Entscheidung" in den „Beiträgen" vgl. Andreas Großmann, *Spur zum Heiligen*, a.a.O., 120 f.

hoben werden, den er in den „Beiträgen" am Sein festmacht. Heidegger faßt diesen Gedankengang für das Denken in den „Beiträgen" folgendermaßen zusammen: „Das Seyn aber west als das Ereignis, die Augenblicksstätte der Entscheidung über Nähe und Ferne des letzten Gottes." (GA 65, 230) [154]

Im Kapitel (IV, 1) über Heideggers Kritik am Hegelschen Seinsbegriff wurde Heideggers Kennzeichnung Hegels als Transzendentalphilosophen schon diskutiert. Daß Heidegger in seiner Vorlesung aus Rudolf Hayms Arbeit über „Hegel und seine Zeit" zitiert (GA 32, 7), kann auch ein Hinweis auf Heideggers transzendentalphilosophische Lektüre der „Phänomenologie" sein.[155] Wenn Hegel aber aus dieser einseitigen Perspektive betrachtet wird, so ist das Denken in der „Phänomenologie" nicht erfaßt. Überzeugend unterscheidet Herbert Marcuse, der sich in seiner Arbeit von 1932 als Schüler Heideggers versteht, ohne in seinem Buch über „Hegels Ontologie" direkt aus Heideggers Werken zu zitieren, das Hegelsche Denken von der Transzendentalphilosophie. „Wenn Hegel daher sagt: »das Objektive ist erst durch die Beziehung auf uns« (Gesch. d. Philos. II, 44), so steht dieser Satz in einer ganz anderen Dimension als die Transzendentalphilosophie: er sagt nichts aus über das erkenntnismäßige Verhalten des menschlichen Subjekts zu den Dingen an sich, sondern über das Verhältnis von Subjektivität und Objektivität innerhalb der einheitlichen Idee des Seins an sich selbst; er hat die vorgängige Einheit von Subjektivität und Objektivität im Blick, aus welcher Einheit erst die Differenz beider Seinsweisen entspringt."[156]

Wenn Heidegger Hegel als einen Transzendentalphilosophen anspricht, so bezieht er sich nicht auf den Begriff der Transzendenz in seinem eigenen Sinn als Überstieg des Seienden auf das Sein, sondern hier klingt Heideggers Parallelisierung Hegels mit Husserl und Kant an. Das Zitat von Herbert Marcuse sollte andeuten, daß Hegel nicht unter

---

[154] Auch in der Vorlesung vom Sommersemester 1934 spricht Heidegger von der Entscheidung. Dort gebraucht er diesen Begriff aber im Sinne des Sich-entscheidens, so daß der Zusammenhang zwischen Entscheidung und Selbstsein geschaffen wird. (Logik, 30) Er fordert dann eine „Standpunktentscheidung". „Das ist nicht Sache irgend eines Philosophen, der in den Wolken steht, sondern die *des* philosophierenden *Menschen*." (Logik, 38) In diesem Zusammenhang ist auch auf die „Entschlossenheit" in „Sein und Zeit" zu verweisen. Hier ist das Dasein durch die Entschlossenheit „in der Möglichkeit, sein Da zu sein." (SuZ, 270)
[155] Vgl. hierzu Otto Pöggeler, *Hegels Idee einer Phänomenologie des Geistes*, a.a.O., 183 f. Wie Hegel die Transzendentalphilosophie kritisiert, stellt Andreas Luckner dar. Andreas Luckner, *Genealogie der Zeit. Zu Herkunft und Umfang eines Rätsels. Dargestellt an Hegels Phänomenologie des Geistes*, Berlin 1994, 81–90.
[156] Herbert Marcuse, *Hegels Ontologie*, a.a.O., 213.

diesen Voraussetzungen gelesen werden kann. Die „Phänomenologie" läßt sich durchaus nicht in diesen transzendentalphilosophischen Rahmen stellen, was eben dann deutlich wird, wenn man ihren realphilosophischen Gehalt ernst nimmt. Es geht ja in den Gestalten „Vernunft", „Geist" und „Religion" um Gestalten einer geschichtlichen Wirklichkeit.

Das direkte Einbeziehen der „Vorrede" sowie die Behandlung der Kapitel über Vernunft, Geist, Religion und absolutes Wissen hätten Heidegger sicherlich zu einer anderen Sicht der „Phänomenologie" in der Vorlesung von 1930/31 geführt. Denn in den genannten Kapiteln geht es um die Entwicklung des „Geistes". Den Begriff und die inhaltlichen Bestimmungen des Geistes hat Heidegger in der Vorlesung nur andeutend beachtet. (Siehe besonders GA 32, 33–40) So sieht er Geschichte und Geist aus der Perspektive des Absoluten und spricht über den Geist im allgemeinen, ohne seine Gestalten im einzelnen zu interpretieren.[157] Nur in Parenthese gesteht Heidegger dem Geist eine nicht nur theoretische Tätigkeit zu. „(Das absolute Sichwissen ist kein freischwebendes theoretisches Verhalten, sondern die Weise der *Wirklichkeit* des absoluten Geistes und als solche *Wissen und Wille zugleich*.)" (GA 32, 38) Mit dem Begriff des Geistes ist für Hegel ebenfalls die konkrete geschichtliche Welt mit umfaßt, aber dieser Aspekt bleibt in der Heideggerschen Auslegung unberücksichtigt.[158]

Was nun weiterhin die „Vorrede" betrifft, so entnimmt Heidegger ihr die Begriffe der „Arbeit" und des „Schmerzes" (PhG, 14 f., Z. 36 und Z. 1), die er 1955 mit den Abhandlungen von Ernst Jünger („Der Arbeiter", 1932 und „Über den Schmerz", 1934) in Verbindung stellt. (Vgl. ZS, 24) In der Schrift über die „Negativität" spricht Heidegger wiederum von Arbeit und Schmerz in der „Phänomenologie des Geistes", wobei er den Schmerz als einen metaphysischen Schmerz beschreibt, den das Bewußtsein erfahren muß. „Die Erfahrung ist der transzendentale

---

[157] Vgl. Heideggers Bemerkungen zum Geistbegriff in den „Frühen Schriften". (FS, 352 f.) Günter Figal geht dem Verhältnis von Philosophie und Geschichte bei Hegel und Heidegger in diesen frühen Schriften Heideggers nach. Heideggers Abgrenzung gegen Hegel faßt er folgendermaßen zusammen: „Im Begreifen der Geschichte der Philosophie liegt nicht die Wirklichkeit des Absoluten, sondern nur eine sich steigernde Annäherung an das Absolute. [...] Heideggers Verzicht auf eine Übersetzung der Philosophie in spekulative Theologie verändert das Verständnis von Philosophie ebenso wie ihr philosophischen Geschichte." (16) Günter Figal, *Heidegger zur Einführung*, Hamburg 1992.
[158] Walter Schulz sagt hier zu Recht: „Der Geist im Sinne Hegels kann so wenig wie das Dasein im Sinne Heideggers ohne Welt vorkommen." (99) Walter Schulz, *Über den philosophiegeschichtlichen Ort Martin Heideggers*, a.a.O., 95–139.

Schmerz des Bewußtseins. Die Erfahrung des Bewußtseins ist als »der Schmerz« zugleich das Durchmachen im Sinne des Herausarbeitens der Wesensgestalten des erscheinenden Selbstbewußtseins. [...] Die Erfahrung ist die transzendentale Arbeit, die sich im Dienste der unbedingten Gewalt des Absoluten abarbeitet. Die Erfahrung ist die transzendentale Arbeit des Bewußtseins." (GA 68, 103; vgl. auch 134 f.) Auch in der Darstellung der Begriffe „Arbeit" und „Schmerz" zeigt sich wieder Heideggers transzendentale Sichtweise der Begriffe in der „Phänomenologie".

Am 21. Dezember 1934 schreibt Heidegger an Elisabeth Blochmann von einem Oberseminar, in welchem er Hegels „Phänomenologie" und Hegels Staatslehre behandelt. So ist zu sehen, daß sich Heidegger drei Jahre nach der hier behandelten Vorlesung wieder der „Phänomenologie" zuwandte. Daß ihn die Begriffe des Hegelschen Werkes auch in seiner privaten Rede prägten, zeigt besonders der letzte Satz desselben Briefes. „Sie dürfen doch die Heimat u. ihren Geist in der unmittelbaren täglichen Arbeit behalten, wenngleich dadurch oft der Schmerz ein größerer sein wird. Aber der Schmerz ist eine wesentliche Form des Wissens, gemäß der der Geist sich weiß." (Blochm., 84 f.)

Schließlich ist zu fragen, warum Heidegger seine Betrachtung der „Phänomenologie" nur bis zur „Wahrheit der Gewißheit seiner selbst" geführt hat. Eine Antwort darauf gibt die Herausgeberin Ingtraud Görland in ihrem Nachwort. Heidegger behandelt „gerade diese Abschnitte, weil sie als Entwicklung und Überwindung der Position Kants in der ‚Kritik der reinen Vernunft' gelten können." (GA 32, 219) Die Analyse des Kapitels „Kraft und Verstand" gab hierzu die entscheidenden Hinweise. (II, 1) Andererseits hätten zwei Vorlesungsstunden im Wintersemester kaum ausgereicht, um die Interpretation der „Phänomenologie" in der Weise fortzuführen, wie Heidegger sie bis zum Selbstbewußtseinskapitel vorgenommen hat. In der „Vorbetrachtung" zu seiner Vorlesung stellt Heidegger den Gesamtaufbau der „Phänomenologie" dar. Dabei bezieht er sich auf das Inhaltsverzeichnis der Ausgabe von Johannes Schulze und folgt den „Stufen des Zusichselbstkommens des Geistes", bis er das absolute Wissen erreicht hat. (GA 32, 48 ff.) Der richtige Aufbau der „Phänomenologie" wird somit von Heidegger nicht gesehen.[159]

---

[159] Zur Entstehungsgeschichte der „Phänomenologie" und den damit verbundenen Schwierigkeiten vgl. Otto Pöggeler, *Hegels Idee einer Phänomenologie des Geistes*, a.a.O., 195–227.

Im Verlauf der Arbeit wurde auch immer wieder auf Heideggers Methode zur Auslegung der „Phänomenologie" geblickt. Wenn man nun Heideggers Interpretationsstil der einzelnen Kapitel vergleicht, so ist festzustellen, daß er die „sinnliche Gewißheit" und die „Wahrnehmung" nahezu Abschnitt für Abschnitt ausgelegt hat, so daß der Argumentationsweise Hegels auch im einzelnen gefolgt werden konnte. Dabei wurde die Interpretation von Heideggers eigenen Kommentaren zum Ganzen des Werkes bzw. zur Hegelschen Philosophie im allgemeinen begleitet. Wie oben gezeigt, ändert sich dieser Stil mit der Auslegung des „Kraft und Verstand"-Kapitels. In diesem Kapitel sieht Heidegger den Übergang zur Unendlichkeit und somit zum eigentlichen Denken Hegels. Seine Art der Betrachtung wird hier eher von dem Blick auf das Ganze des Kapitels bestimmt. Die Detailanalyse weicht zugunsten einer eigenwilligen Interpretation, die oben dargestellt wurde. Heidegger kündigte zwar zu Anfang seiner Vorlesung an, daß „jeder Abschnitt eine *eigene* Weise der auslegenden Durchleuchtung und des Nachvollzuges" erfordert (GA 32, 63), aber gerade das „Kraft und Verstand"-Kapitel und dann auch das Selbstbewußtseinskapitel sind nur aus ihren logischen Herleitungen heraus zu verstehen. Ein Blick von außen auf das Ganze trifft eben dieses Ganze nicht, das nur in seiner *Bewegung* erfaßt werden kann. Heideggers Anliegen aber ist es, gerade nicht von außen an Hegel heranzutreten, indem er sagt, daß nur ein Mitgehen mit der „Phänomenologie" die innere Gestaltung des Werkes hervortreten läßt. (Vgl. GA 32, 61) In diesem Sinne fordert er auch die „Verwandtschaft" mit Hegel. (Vgl. GA 32, 44 f.)

Am Ende der Arbeit, nachdem mit Heideggers Gang mitgegangen worden ist, muß *erstens* gefragt werden, ob Heidegger seinem eigenen formulierten Anspruch entsprochen hat, *zweitens* ob dieser Anspruch, wenn man die „Phänomenologie" selbst betrachtet, gerechtfertigt ist (oder ob das Werk völlig fehlinterpretiert wurde) und *drittens* was durch diese Sicht Heideggers gewonnen werden konnte.

Zum *ersten* Punkt ist zu sagen, daß es nicht Heideggers Anspruch war, eine kleinschrittige Interpretation der „Phänomenologie" vorzulegen. „Allein, wir unterlassen eine solche Form der Interpretation nicht nur, weil wir schneller zum Ende kommen wollen, sondern weil sie nicht notwendig ist. Im Gegenteil, mit dem schrittweisen Zusichselbstkommen der Wissenschaft wächst und entfaltet sich ihr eigenes Wissen, wird ihr inneres Licht leuchtender und klarer." (GA 32, 72) Heidegger sieht also *innerhalb* der „Phänomenologie" selbst die Begründung für eine Interpretation, die nicht schrittweise Hegels Gedanken folgt.

Daß Heidegger an seinem eigenen Anspruch gemessen werden muß und daß er nicht für das Verfehlen einer Haltung kritisiert werden kann, die er selbst gar nicht intendierte, ist einzusehen. So ging es ihm auch nicht um eine nacherzählende Analyse des Werkes. Doch wenn er das „innere Licht", an anderer Stelle sagt er auch „das Gesetz" der „Phänomenologie", aufdecken will, so muß doch in bezug auf den *zweiten* Punkt gefragt werden, inwieweit die Hauptgedanken der Hegelschen „Phänomenologie" durch Heideggers Interpretation erfaßt werden.[160] Diese Frage wird dann besonders virulent, wenn Heidegger in dem Werk selbst Argumente für eine bestimmte Auslegungsart findet. Im Hinblick auf diesen zweiten Punkt ist Heidegger im Verlauf der vorliegenden Arbeit häufig kritisiert worden. Denn eine angemessene Auslegung des Hegelschen Frühwerkes ist eben nur möglich, wenn entwicklungsgeschichtliche und systematische Argumente ihre Berücksichtigung finden. Heidegger selbst zitiert bisweilen aus der „Jenenser Logik" (besonders aus der „Naturphilosophie") zur Stützung seiner Argumente. Um Fragen der logischen Struktur des gesamten Werkes kümmert er sich jedoch nicht. Heidegger hat seinen Blick vornehmlich auf den Metatext der „Phänomenologie" gerichtet. Auf diese Weise bleibt ihm die Bewußtseinsgeschichte weitgehend verborgen, so daß er ihre Eigenartigkeit nicht erkennt. Sieht man die „Phänomenologie" nur von dem Standpunkt des immer schon Wissenden aus, so hat man *einerseits* Hegels propädeutische Intention mit diesem frühen Werk, das Bewußtsein erst in die logischen Bestimmungen einzuführen, nicht erfaßt. In diesem Zusammenhang ist es wichtig, daß Heidegger sagt, daß es nicht der Weg des *Bewußtseins* sei, „den es als Wanderer in der Richtung auf das Absolute durchwandert. Vielmehr ist der von Hegel gemeinte Gang *der* Gang, den das Absolute selbst geht, so zwar, daß es in diesem Gang seinen Weg und sein Ziel, die Wahrheit seines vollständigen Erscheinens, erwandert." (GA 68, 84) *Andererseits* ist die ausführende Bewegung innerhalb der „Phänomenologie" nicht genügend von Heidegger hervorgehoben worden. Hegel selbst sagt in der „Vorrede":

---

[160] Eine phänomenologische, d. h. auch eine nicht streng philologisch entwicklungsgeschichtliche Interpretation der „Phänomenologie des Geistes" legt Eugen Fink vor, wobei er ebenfalls mit dem Werk mitgeht, es dabei aber nicht wie Heidegger mit einer ontologisch vorgefaßten Meinung interpretiert. Wie Fink die „Phänomenologie" im einzelnen nachvollzieht, müßte eine eigene Studie zeigen. Eugen Fink, *Hegel, Phänomenologische Interpretationen der „Phänomenologie des Geistes"*, Frankfurt am Main 1977.

„Denn die Sache ist nicht in ihrem *Zwecke* erschöpft, sondern in ihrer *Ausführung*, noch ist das *Resultat* das *wirklich* Ganze, sondern es zusammen mit seinem Werden; der Zweck für sich ist das unlebendig Allgemeine, wie die Tendenz das bloße Treiben, das seiner Wirklichkeit entbehrt, und das nackte Resultat ist der Leichnam, der sie hinter sich gelassen." (PhG, 5, Z. 12 bis 18) Es geht also um die Bewegung, deren logische Struktur und Notwendigkeit in der „Phänomenologie" propädeutisch dargestellt werden soll und der nur im Nachvollzug gerecht zu werden ist. Gerade die „Phänomenologie" kann nicht in einen von Heidegger konstruierten transzendentalphilosophischen Rahmen gestellt werden, weil das Bewußtsein nicht die Wirklichkeit konstituiert. Auch Hegels Anliegen, daß die Substanz Subjekt werden solle (PhG, 14, Z. 19 f.), ist nicht transzendentalphilosophisch im Sinne Heideggers mißzuverstehen.

So bleibt die strukturelle und inhaltliche Eigenart der „Phänomenologie" nur unvollständig von Heidegger aufgedeckt. In dem Heraklit-Seminar vom Wintersemester 1966/67 sagt er zur Logik Hegels im allgemeinen: „Das Werden ist Bewegung, für die die Momente des Abstrakten, des Dialektischen und des Spekulativen das Ausschlaggebende sind. Diese Bewegung, diese Methode ist nach Abschluß der Logik für Hegel die Sache selbst." (GA 15, 187) Die *Übereinstimmung von Methode und Inhalt* ist auch im Hinblick auf die „Phänomenologie" zu beachten. Heidegger löst dieses Anliegen des Hegelschen Denkens ansatzweise auch ein, indem er immer wieder seinen eigenen methodischen Umgang mit dem Werk reflektiert und dabei zugleich auf die einzelnen Gestalten mit ihren jeweiligen methodischen Forderungen eingeht.

Man darf natürlich nicht vergessen, daß es sich in dem Heideggerschen Text um eine *Vorlesung* handelt, die ein systematisches *Werk* interpretiert. Diesen Vorlesungscharakter gilt es bei der Betrachtung von Heideggers Gedanken auch zu beachten. Trotzdem wurde in der vorliegenden Arbeit der Gang Heideggers durch dieses Werk nachgegangen und an Heideggers eigenem Anspruch gemessen, die „Phänomenologie des Geistes" zu verstehen. Auch als Heidegger in den vierziger Jahren Seminare über die „Einleitung" der „Phänomenologie" hielt, ging er immer genau auf den Hegelschen Text ein, teilte ihn dabei in sechzehn Abschnitte und analysierte deren jeweilige Thematik, wobei sich auf diese Weise eine wichtige Schrift zu Hegels „Phänomenologie" ergab. Auch die innerhalb der Gesamtausgabe veröffentlichte Vorlesung von 1930/31 kann als eine grundlegende Schrift zu Heideggers Auslegung des Hegelschen Frühwerkes angesehen werden. Die methodischen Eigenwilligkeiten wurden herausgearbeitet und im Hinblick auf Hegels eigene Intention häufig kritisiert. Zugleich kann die Vorlesung als eine Konfrontation zweier Denkrichtungen gesehen werden und als solche neue Fragen für ein weiteres Denken stellen.[161]

Drittens sollte dementsprechend gefragt werden, was durch Heideggers Auslegung gewonnen werden konnte. Inwiefern hat seine Interpretation also nun einen neuen Einblick in Hegels Werk gegeben?[162] Für Heidegger ist die gesamte „Phänomenologie" bestimmt durch *die Frage nach dem Sein*. Nur wenn man diese Motivation Hegels mitbedenkt, hat man nach Heidegger Hegel auch wirklich verstanden. Diese ontologische Betrachtung stellt die „Phänomenologie" zwar in ein neues Licht, wobei ihre Vielfältigkeit aber nicht entdeckt wird. Daß die „Phänomenologie" sowohl logische als auch realphilosophische Inhalte zu verbinden sucht, macht sie zu einem eigenwilligen Werk, das durch eine rein ontologische Lektüre nicht erfaßt werden kann.

Es ist bekannt, daß Heidegger selbst die Publikation seiner Vorlesung zurückstellte, nachdem in den sechziger Jahren eine neue Forschung um die „Phänomenologie" entstand, die unter Einbeziehung entwicklungsgeschichtlicher Argumente dieses Werk interpretierte.[163] Schließlich wurde die Vorlesung von 1930/31 erst nach Heideggers Tod im Jahre 1980 publiziert.

Die Betrachtung der Heideggerschen Auseinandersetzung mit der „Phänomenologie" wurde bereits bei der Erörterung des Begriffes der Ontotheologie durch den Bezug auf Schelling, insbesondere auf die „Freiheitsschrift", ergänzt. (Vgl. IV, 2) Heidegger würdigt die „Freiheitsschrift" in

---

[161] Dennis J. Schmidt geht die Vorlesung nicht in ihren Einzelschritten vor dem Hintergrund der „Phänomenologie" mit und erkennt so auch nicht ihre Bedeutsamkeit für die Konfrontation beider Philosophen. Er kritisiert, daß der Begriff des „Nichts" gar nicht und die Zeitproblematik nur kurz umrissen sind. (Oben wurde seine Kritik schon bezüglich der Anfangsproblematik genannt. Vgl. I, 1) Auch über Heideggers eigenes Denken ist nach Schmidt in der Vorlesung nicht viel zu lernen. Dennis Joseph Schmidt, *Between Hegel and Heidegger: An essay on Dialectic and Difference*, a.a.O., 77 f.

[162] Werner Marx unterscheidet zwei Formen der Hegel-Interpretation. „Bei der ersten deutet der Autor selber den Text der Phänomenologie oder nimmt zu Fragen ihrer Komposition etc. Stellung, aber ausdrücklich und absichtlich im Lichte seines eigenen Gesamtentwurfs. Ein markantes Beispiel unserer Zeit ist Heideggers Versuch, die »Einleitung« der Phänomenologie des Geistes seinsgeschichtlich zu deuten." (12) Diese Art der Auslegung hält Marx für die wichtigste, da das Werk „»produktiv« – verändernd – interpretiert wird." (Ebd.) Marx selbst wendet sich mehr der zweiten Art, also der werkimmanenten Interpretation zu, wobei er die Mißverständnisse, die an die „Phänomenologie" herangetragen werden, ausräumen will. Werner Marx, *Hegels Phänomenologie des Geistes. Die Bestimmung ihrer Idee in „Vorrede" und „Einleitung"*, Frankfurt am Main 1971.

[163] Vgl. Otto Pöggeler, *Selbstbewußtsein und Identität*, a.a.O., 191.

der Vorlesung vom Sommersemester 1936 als „eines der tiefsten Werke der Philosophie". (SCH, 62) In dieser Vorlesung bezeichnet Heidegger Schellings „System des transzendentalen Idealismus" von 1800 als einen Vorläufer der „Phänomenologie". (SCH, 3) Was Schelling und Hegel miteinander verbindet, ist für Heidegger die Frage nach dem System. In einem Brief an Karl Jaspers vom 24. 4. 1926 stellt er beide Philosophen einander gegenüber. „Schelling wagt sich philosophisch viel weiter vor als Hegel, wenn er auch begrifflich unordentlicher ist." (Jasp., 62) Als weiterer Philosoph wurde in dem Kontext der Ontotheologie bereits Nietzsche genannt. (SCH, 79) Auch ihn kritisiert Heidegger, wenn er sagt: „Nietzsche bleibt in der *Metaphysik* hängen." (GA 65, 182) Die Seinsfrage wurde also auch bei ihm nie gestellt. (GA 65, 215) Eine schematische Zusammenfassung in den „Beiträgen" zeigt Heideggers Interesse an den Denkern, die auch in der vorliegenden Arbeit in den Umkreis von Heideggers Hegelkritik gestellt wurden und der Zueignung des ersten Anfangs dienen, um dann das Fußfassen im anderen Anfang zu ermöglichen (Vgl. I, 2):

„*Leibnizens* unergründliche Vielgestaltigkeit des Frageansatzes sichtbar machen und doch statt der monas das Da-sein denken,

Kants Hauptschritte nachvollziehen und doch den »transzendentalen« Ansatz durch das Da-sein überwinden,

Schellings Freiheitsfrage durchfragen und dennoch die »Modalitäten«frage auf einen anderen Grund bringen,

Hegels Systematik in den beherrschenden Blick bringen und doch ganz entgegengesetzt denken,

mit *Nietzsche* die Auseinandersetzung als dem Nächsten und doch erkennen, daß er der Seinsfrage am fernsten steht." (GA 65, 176)

Heidegger nennt diese Wege als voneinander unabhängige, zugleich gehören sie aber auch zusammen, denn ihnen allen geht es um die Wesung des Seyns, die der Gründung der Wahrheit des Seyns bedarf. Daß die Integration Hegels in diesen Ansatz besondere Schwierigkeiten für Heidegger bereitete, zeigt die Rede vom „beherrschenden Blick", die doch auch einen notwendig aufzubringenden Kraftaufwand impliziert. Auch die Notwendigkeit, „ganz entgegengesetzt zu denken", zeugt von der Stärke, die für Heidegger in der Hegelschen Philosophie liegt.[164] Schon an anderer Stelle wurde aus dem Brief Heideggers an

---

[164] Hans-Georg Gadamer spricht von einem „Gegenentwurf" Heideggers. „In diesem Lichte zeigt sich Heideggers geschichtliches Selbstbewußtsein als der äußerste Gegenentwurf gegen den Entwurf des absoluten Wissens und des vollendeten Selbstbewußtseins der Freiheit, der Hegels Philosophie zugrunde liegt." Hans-Georg Gadamer, *Neuere Philosophie. Hegel-Husserl-Heidegger*, a.a.O., 94.

Gadamer aus dem Jahre 1971 zitiert, in dem er sagt: „Ich weiß selber noch nicht hinreichend deutlich, wie meine ›Position‹ gegenüber Hegel zu bestimmen ist – als ›Gegenposition‹ wäre zu wenig."[165] Für die Herausgeberin der Vorlesung von 1930/31 wird Heideggers Interpretation der „Phänomenologie" von der in „einer Affinität zusammengehaltene[n] Antithese" bestimmt. Dabei stehen sich also zwei Positionen gegenüber: „Das sich vom Seienden lösende Transzendieren des in seiner Endlichkeit gefaßten Menschen einerseits und das dialektische Sich-Lösen des absoluten Wissens vom Bezug auf die Gegenständlichkeit des Seienden andererseits." (GA 32, 221)

Schon in der Einleitung der vorliegenden Arbeit wurde von der „lebendigen Frage" gesprochen, die nach Heidegger eine Interpretation der „Phänomenologie" begleiten muß, da sonst das Werk stumm bleibt. Diese Frage ist Heideggers „Zutat" zu diesem Werk, das eben erst durch die Frage in Bewegung kommt. (GA 32, 112) Diese Rede von einem Dazutun und Dazubringen erinnert an Hegel selbst, der in seiner „Einleitung" zur „Phänomenologie" auch von der „Zutat" spricht, „wodurch sich die Reihe der Erfahrungen des Bewußtseins zum wissenschaftlichen Gange erhebt, und welche nicht für das Bewußtsein ist, das wir betrachten." (PhG, 67, 20 ff. und 522, Z. 35 bis 40) So deutet sich an dieser Stelle ein Unterschied beider Denkweisen an.[166] Hegels Zutat besteht aus *logischen Bestimmungen*, die in der „Phänomenologie" durchlaufen werden; Heideggers Zutat ist dagegen die *Frage eines endlichen Daseins* an ein Werk, das beansprucht, zum Unendlichen zu führen. In dieser Hinsicht kritisiert er auch die „Phänomenologie": „Nicht unseretwegen, sondern um des Absoluten willen und nur um seinetwillen ist der Gang der »Phänomenologie des Geistes« so, wie er ist." (GA 68, 123)

An Elisabeth Blochmann schreibt Heidegger auch von der Schwierigkeit des Themas für seine Hörerschaft. „In die *Vorlesung* habe ich nur eine kleine Zahl aufgenommen, aber auch für diese war das meist zu schwer. –" (Blochm., 40) Mit der Interpretation der „Phänomenologie" zeigt Heidegger seinen Hörern nicht nur die Schwierigkeit des Werkes,

---

[165] Vgl. Hans-Georg Gadamer, *Das Erbe Hegels*, a.a.O., 89.

[166] In „Identität und Differenz" spricht Heidegger von der Differenz, die als Zutat des Vorstellens bezeichnet werden könnte. „Wir treffen dort, wohin wir die Differenz als angebliche Zutat erst mitbringen sollen, immer schon Seiendes und Sein in ihrer Differenz an. Es ist hier wie im Grimmschen Märchen vom Hasen und Igel: »Ick bünn all hier.«" (IuD, 54)

sondern vermittelt Ihnen gleichzeitig auch sein eigenes Denken. Dabei spricht er in Nebenbemerkungen zu seinen Studenten immer auch als Hochschullehrer in didaktischer Absicht von allgemeinen Dingen, wenn er das „heutige Treiben der Philosophie" als „verwirrt und entleert" bezeichnet (GA 32, 19), wenn er mit ironischem Unterton seinen Lehrer Husserl nennt (GA 32, 40), wenn er von der Geduld als einer wichtigen Tugend des Philosophen spricht. (GA, 32, 103 f.; auch 61)

Die vorliegende Arbeit wurde im Titel als Heideggers „Gang" durch die „Phänomenologie des Geistes" bezeichnet, womit gezeigt werden sollte, wie Heidegger mit diesem Werk mitgeht. Doch muß am Ende auch Heidegger in gleicher Weise kritisiert werden, wie er selbst Hegels „Phänomenologie" kritisiert hat. Denn auch er gewinnt am Ende seiner Interpretation letztlich nur das, was er zuvor schon vermutet hat. Das soll nicht heißen, daß seine Vorlesung leichtfertig über die Schwierigkeiten der „Phänomenologie" hinweggeht, doch hätte ein genauerer *Nachvollzug* der Struktur der „Phänomenologie" sowie der Einbezug der entwicklungsgeschichtlichen Hintergründe einen fruchtbareren Dialog mit Hegel ermöglichen können. Daß es auch Ansätze zu einer positiven Aufnahme der „Phänomenologie" gibt, zeigt Otto Pöggeler, wobei er sich auf eine Manuskriptseite Heideggers „Prüfung aus der Be-stimmung" aus den sechziger Jahren bezieht.[167] Dieser schwer verständliche Text kann aber nur andeuten, zu welchen Ergebnissen eine auf das Werk ein-*gehen*-dere Auseinandersetzung, die sich zum Beispiel näher auf den Gedanken der Prüfung des Bewußtseins einläßt, geführt hätte.

Auch die vorliegende Arbeit muß daraufhin befragt werden, wodurch sich ihr Mitgang mit Heideggers Gang durch die „Phänomenologie" rechtfertigt. Nur eine in Einzelschritten mitgehende Analyse konnte zu einer Beurteilung von Heideggers Interpretation führen. Dabei mußten sowohl Heideggers Gang als auch Hegels Bewußtseinsgeschichte im einzelnen nachvollzogen werden, um eine Gegenüberstellung zweier „Denkwege" überhaupt zu ermöglichen. Dazu sollte weder der Ansatz des Hegelschen Denkens in der „Phänomenologie" noch Heideggers Denken der Seinsgeschichte bevorzugt werden. Durch die Betrachtung der einzelnen Gestalten bis zum Selbstbewußtsein galt es, Hegels eigenen Anspruch in der „Phänomenologie", dem Heidegger ja selbst genügen wollte, anzuerkennen.

---

[167] Vgl. Otto Pöggeler, *Selbstbewußtsein und Identität*, a.a.O., 196.

Schließlich ist die Bedeutung der Vorlesung von 1930/31 auch daran zu messen, ob Heidegger diesen Anspruch eingelöst hat, mit dem Werk *mitzugehen*. An seiner methodischen Herangehensweise lassen sich doch viele *Sprünge* zeigen, die die Intention Hegels häufig verdecken. Da sich Form und Inhalt in der Hegelschen Philosophie (und das gilt auch für die „Phänomenologie") decken sollen, muß nachvollzogen werden, *wie* sich der Übergang von einer Gestalt zur nächsten logisch entwickelt, was Heidegger ja auch – wie gezeigt – ansatzweise geleistet hat. Dabei erkennt Heidegger diese Form-Inhalt-Relation an. So sagt er in der Vorlesung von 1930/31: „Die Darstellung wird in und durch ihre Bewegtheit *selbst das Darzustellende*! Die Darstellung fällt mit dem Dargestellten zusammen, nicht zufällig, sondern dieses Zusammenfallen ist notwendig: es soll dahin kommen, daß das absolute Wissen als das Wissen, *das* es ist, *ist*, d. h. aber sich absolut selbst weiß." (GA 32, 38)

Auch seine Frage von 1938/39 nach dem „Standpunkt" sowie nach dem „Prinzip" Hegels weisen auf seine Reflexionen zum Problem des methodischen Zugriffs hin und zeigen dann aber, daß Heidegger Hegel in toto zu erfassen sucht, ohne sich den philologischen und entwicklungsgeschichtlichen Fragen zu stellen, die bei einem Autor wie Hegel unumgänglich für das Verständnis seines „Systems", das häufige Veränderungen erfuhr, sind. Heidegger fordert zwar „Verwandtschaft" mit Hegel, seine Fragen an ihn lassen aber an einem wirklichen Einlassen auf Hegel zweifeln. Zu stark ist Heideggers eigenes *Vorurteil*, mit dem er Hegel begegnet. Dennoch kann die Auseinandersetzung Heideggers mit der Hegelschen „Phänomenologie" als ein wichtiges Zeugnis für die Konfrontation zweier entgegenstehender Denkansätze gewertet werden, die in ein weiterführendes Denken einweisen könnte, das die Idee des *Weges* produktiv weiterdenken könnte. Des weiteren bietet Heidegger hier ein Beispiel für den Umgang mit einem philosophischen Werk, um daran seinen eigenen Ansatz zu schärfen.

Im Verlauf der vorliegenden Untersuchung wurde gezeigt, wie Heidegger durch die „Phänomenologie" *geht*, so daß sich die Fragen nach dem Anfang, der Zeit, dem Leben und Selbstbewußtsein und schließlich nach dem Sein stellten. Heidegger ging mit diesen Fragen mit, wobei sein Gang schließlich als *Rundgang* bezeichnet werden könnte, d. h. Heidegger sieht das Hegelsche Denken von einem Absoluten aus, das nach einem *Rundgang* wieder erreicht wird. Dieser Gang stellt dabei gleichsam einen Teil seines eigenen Ganges dar. So heißt es auch in den „Beiträgen zur Philosophie": „Das denkerische Werk im Zeitalter des Übergangs kann nur und muß ein *Gang* sein in der Zweideutigkeit dieses Wortes: ein Gehen und ein Weg zumal, somit ein Weg, der selbst geht." (GA 65, 83) Nun ist bei Heidegger der Übergang als Übergang von der Metaphysik in ein seinsgeschichtliches Denken gedacht, das nicht mehr als System verstanden werden kann, sondern seinen Ausgang in der Endlichkeit des Daseins nimmt. „Im Dasein soll Philosophieren in Gang kommen." (GA 27, 5) Ebenso setzt die Beschäftigung mit dem Deutschen Idealismus das Philosophieren in Gang. „Der absolute Idealismus gehört zur *Geschichte* unseres eigenen Daseins; die Auseinandersetzung mit ihm ist eine wesenhafte Auseinandersetzung des Daseins mit sich selbst." (GA 28, 231) Auch Hegels Weg zum absoluten Wissen geht selbst, wobei sein Denken auf andere Weise als dasjenige Heideggers die Endlichkeit des Daseins aufnimmt.[168] Das Bild des Ganges oder des Weges verbindet jedoch auf mannigfache Weise das Denken beider Philosophen.

---

[168] Daß eine einfache Entgegensetzung von absolutem Geist und endlichem Dasein nicht sinnvoll ist, sagt Walter Schulz. „Entgegen solchen ungeschichtlichen Vergleichen muß die Sinnhaftigkeit, das heißt: die Verstehbarkeit dieses Weges vom absoluten Geist zum endlichen Dasein aufgewiesen werden." Walter Schulz, *Über den philosophiegeschichtlichen Ort Martin Heideggers*, a.a.O., 100.

Siglen und Literaturverzeichnis

1. Verzeichnis der Schriften von Martin Heidegger in chronologischer Reihenfolge mit Siglen

FS	Frühe Schriften, hrsg. v. Friedrich-Wilhelm von Herrmann, Frankfurt am Main 1972.
GA 58	Grundprobleme der Phänomenologie, WS 1919/20, hrsg. v. Hans-Helmuth Gander, Frankfurt am Main 1993.
GA 61	Phänomenologische Interpretationen zu Aristoteles. Einführung in die phänomenologische Forschung, WS 1921/22, hrsg. v. Walter Bröcker u. Käte Bröcker-Oltmanns, Frankfurt am Main 1985.
GA 63	Ontologie (Hermeneutik der Faktizität), SS 1923, hrsg. v. Käte Bröcker-Oltmanns, Frankfurt am Main ²1995.
GA 20	Prolegomena zur Geschichte des Zeitbegriffs, SS 1925, hrsg. v. Petra Jaeger, Frankfurt am Main ²1988.
GA 21	Logik. Die Frage nach der Wahrheit, WS 1925/26, hrsg. v. Walter Biemel, Frankfurt am Main 1976.
SuZ	Sein und Zeit, 1927, Tübingen ¹⁵1984.
GA 24	Die Grundprobleme der Phänomenologie, SS 1927, hrsg. v. Friedrich-Wilhelm von Herrmann, Frankfurt am Main 1975.
GA 26	Metaphysische Anfangsgründe der Logik, SS 1928, hrsg. v. Klaus Held, Frankfurt am Main ²1990.
GA 27	Einleitung in die Philosophie, WS 1928/29, hrsg. v. Otto Saame und Ina Saame-Speidel, Frankfurt am Main 1996.
GA 28	Der Deutsche Idealismus (Fichte, Hegel, Schelling) und die philosophische Problemlage der Gegenwart, SS 1929, hrsg. v. Claudius Strube, Frankfurt am Main 1997.
WiM	Was ist Metaphysik?, 1929, in: Wegmarken, hrsg. v. Friedrich-Wilhelm von Herrmann, Frankfurt am Main ³1996, 103–122.
WdG	Vom Wesen des Grundes, 1929, in: Wegmarken, hrsg. v. Friedrich-Wilhelm von Herrmann, Frankfurt am Main ³1996, 123–175.

GA 29/30	Die Grundbegriffe der Metaphysik. Welt-Endlichkeit-Einsamkeit, WS 1929/30, hrsg. v. Friedrich-Wilhelm von Herrmann, Frankfurt am Main ²1992.
GA 31	Vom Wesen der menschlichen Freiheit. Einleitung in die Philosophie, SS 1930, hrsg. v. Hartmut Tietjen, Frankfurt am Main 1982.
GA 32	Hegels Phänomenologie des Geistes, WS 1930/31, hrsg. v. Ingtraud Görland, Frankfurt am Main ²1988.
Logik	Lógica. Lecciones de M. Heidegger (semestre verano 1934) en el legado de Helene Weiss, Textos y Documentos, Clásicos del Pensamiento y de las Ciencias 12, Introducción y traducción de V. Farías, Barcelona 1991.
EiM	Einführung in die Metaphysik, SS 1935, Tübingen ⁵1987.
UdKW	Der Ursprung des Kunstwerkes (1935/36), in: Holzwege, Frankfurt am Main ⁶1980, 1–72.
SCH	Schellings Abhandlung über das Wesen der menschlichen Freiheit (1809), SS 1936, hrsg. v. Hildegard Feick, Tübingen 1971.
GA 65	Beiträge zur Philosophie (Vom Ereignis), 1936-38, hrsg. v. Friedrich-Wilhelm von Herrmann, Frankfurt am Main 1988.
GA 45	Grundfragen der Philosophie. Ausgewählte „Probleme" der „Logik", WS 1937/38, hrsg. v. Friedrich-Wilhelm von Herrmann, Frankfurt am Main ²1992.
N I	Nietzsche. Erster Band, 1936-39, Pfullingen ⁴1961.
N II	Nietzsche. Zweiter Band, 1939-1946, Pfullingen ⁵1989.
GA 68	Hegel. 1. Die Negativität, (1938/39, 1941), 2. Erläuterung der »Einleitung« zu Hegels »Phänomenologie des Geistes«, hrsg. v. Ingrid Schüßler, Frankfurt am Main 1993.
GA 49	Die Metaphysik des Deutschen Idealismus (Schelling), I. Trimester, SS 1941, hrsg. v. Günter Seubold, Frankfurt am Main 1991.
HBdE	Hegels Begriff der Erfahrung, (1942/43), in: Holzwege, Frankfurt am Main ⁶1980, 111-204.

Coll.	Colloquium über Dialektik (E. Fink, M. Müller, K.-H. Volkmann-Schluck, M. Biemel, W. Biemel, H. Birault), Muggenbrunn am 15. 9. 1952, in: Hegel-Studien 25 (1990), 9–40.
ZS	Zur Seinsfrage, 1955, in: Wegmarken, hrsg. v. Friedrich-Wilhelm von Herrmann, Frankfurt am Main ³1996, 385–426.
IuD	Identität und Differenz, 1957, Pfullingen ⁷1982.
HudG	Hegel und die Griechen, 1958, in: Wegmarken, hrsg. v. Friedrich-Wilhelm von Herrmann. Frankfurt am Main ³1996, 417–444.
GA 15	Seminare. Martin Heidegger-Eugen Fink: Heraklit, WS 1966/67, Vier Seminare in Le Thor 1966, 1968, 1969, hrsg. v. Curd Ochwadt, Frankfurt am Main 1986.
Blochm.	Martin Heidegger-Elisabeth Blochmann, Briefwechsel 1918–1969, hrsg. v. Joachim W. Storck, Marbach am Neckar 1990.
Jasp.	Martin Heidegger-Karl Jaspers. Briefwechsel 1920–1963, hrsg. v. Walter Biemel und Hans Saner, Frankfurt am Main/München 1992.

2. Verzeichnis der Schriften von G. W. F. Hegel in chronologischer Reihenfolge mit Siglen

J II Jenaer Systementwürfe II, Logik, Metaphysik, Naturphilosophie, nach dem Text GW Bd. 7 neu hrsg. v. R.-P. Horstmann, Hamburg 1982.

J III Jenaer Systementwürfe III, nach dem Text GW Bd. 8 neu hrsg. v. R.-P. Horstmann, Hamburg 1987.

PhG Phänomenologie des Geistes, nach dem Text GW Bd. 9 neu hrsg. v. H.-F. Wessels u. H. Clairmont, mit einer Einleitung v. W. Bonsiepen, Hamburg 1988.

WdL II Wissenschaft der Logik. Die Lehre vom Wesen (1813), nach dem Text GW Bd. 11 neu hrsg. v. H.-J. Gawoll, mit einer Einleitung v. W. Jaeschke, Hamburg 1992.

WdL III Wissenschaft der Logik. Die Lehre vom Begriff (1816), nach dem Text GW Bd. 12 neu hrsg. v. H.-J. Gawoll, mit einer Einleitung v. F. Hogemann, Hamburg 1994.

Enz Enzyklopädie der philosophischen Wissenschaften im Grundrisse (1830), GW Bd. 20 unter Mitarbeit v. U. Rameil hrsg. v. W. Bonsiepen und H. C. Lucas, Hamburg 1992.

WdL I Wissenschaft der Logik. Die Lehre vom Sein (1832), nach dem Text GW Bd. 21 neu hrsg. v. H.-J. Gawoll, mit einer Einleitung v. F. Hogemann und W. Jaeschke, Hamburg 1990.

3. Verzeichnis der Sekundärliteratur

Aristoteles, *Über die Seele*, mit Einleitung, Übersetzung (nach W. Theiler) und Kommentar hrsg. v. H. Seidl, Hamburg 1995.

Ahlers, Rolf, *Endlichkeit und absoluter Geist in Hegels Philosophie*, in: Zeitschrift für philosophische Forschung 29 (1975), 63–80.

Baptist, Gabriella, *Die Not der Notwendigkeit. Geschichte und Phänomenologie des Wirklichen*, in: Hegel-Jahrbuch 1995, hrsg. v. A. Arndt, K. Bal, H. Ottmann, Berlin 1996, 310–312.

Baum, Manfred, *Zur Vorgeschichte des Hegelschen Unendlichkeitsbegriffs*, in: Hegel-Studien 11 (1976), 83–124.

Becker, Werner, *Hegels Begriff der Dialektik und das Prinzip des Idealismus*, Stuttgart 1969.

Beelmann, Axel, *Heideggers hermeneutischer Lebensbegriff. Eine Analyse seiner Vorlesung »Die Grundbegriffe der Metaphysik. Welt – Endlichkeit – Einsamkeit«*, Würzburg 1994.

Biemel, Walter, *Martin Heidegger in Selbstzeugnissen und Bilddokumenten*, Reinbek bei Hamburg 1983.

–, *Heidegger im Gespräch mit Hegel: Zur Negativität bei Hegel*, in: Man and World 25 (1992), 271–280.

Borsche, Tilman, *Leben des Begriffs nach Hegel und Nietzsches Begriff des Lebens*, in: Orientierung in Zeichen, Zeichen und Interpretation III, hrsg. v. Josef Simon, Frankfurt am Main 1997, 245–266.

Bröcker, Walter, *Hegel zwischen Kant und Heidegger*, in: Wissenschaft und Gegenwart, Heft 30, Frankfurt am Main 1965, 7–32.

Buck, Günther, *Lernen und Erfahrung. Zum Begriff der didaktischen Induktion*, Stuttgart ²1969.

Chiereghien, Franco, *La „Fenomenologia Dello Spirito" Nell' Interpretazione Di M. Heidegger*, in: Verifiche, Anno XV-N. 4, 1986, 366–393.

Cobben, Paul, *Über die strukturelle Verwandtschaft zwischen Sein und Zeit und der Phänomenologie des Geistes*, in: Jahrbuch für Hegelforschung, hrsg. v. H. Schneider, Sankt Augustin, Bd. 3 (1997), 183–217.

Dahlstrom, Daniel O., *Das logische Vorurteil. Untersuchungen zur Wahrheitstheorie des frühen Heidegger*, Wien 1996.

De Waelhens, Alphonse, *Identité et différence. Heidegger et Hegel*, in: Revue internationale de philosophie, Bruxelles, 52 (1960), 221–237.

Dubsky, Ivan, *Über Hegels und Heideggers Begriff der Zeit*, in: Hegel-Jahrbuch 1961, 73–84.

Düsing, Klaus, *Hegel und die Geschichte der Philosophie. Ontologie und Dialektik der Antike und Neuzeit*, Darmstadt 1983.

– , *Das Problem der Subjektivität in Hegels Logik. Systematische und entwicklungsgeschichtliche Untersuchungen zum Prinzip des Idealismus und zur Dialektik*, Hegel-Studien Beiheft 15, 3. um ein Nachwort erweiterte Auflage, Bonn 1995.

–, *Hegels „Phänomenologie" und die idealistische Geschichte des Selbstbewußtseins*, in: Hegel-Studien 28 (1993), 103–126.

–, *Selbstbewußtseinsmodelle. Moderne Kritiken und systematische Entwürfe zur konkreten Subjektivität*, München 1997.

Farías, Victor, *Heidegger und der Nationalsozialismus*, Frankfurt am Main 1989.

Fehér, István M., *Die Vernünftigkeit der Vernunft oder der »Gegensatz zwischen begrifflicher Dialektik und anschauendem Entgegennehmen«. Zu Heideggers Auseinandersetzung mit Hegel*, in: Hegel-Jahrbuch 1995, hrsg. v. A. Arndt, K. Bal, H. Ottmann, Berlin 1996, 385–400.

Figal, Günter, *Heidegger zur Einführung*, Hamburg 1992.

Fink, Eugen, *Hegel. Phänomenologische Interpretationen der „Phänomenologie des Geistes"*, Frankfurt am Main 1977.

–, *Sein und Mensch. Vom Wesen der ontologischen Erfahrung*, Freiburg/ München 1977.

Flay, Joseph C., *Hegel's „Inverted World"*, in: The Review of Metaphysics, Haverford (Pennsylvania), 23 (1970), 652–678.

–, *Time in Hegel's Phenomenology of Spirit*, in: International Philosophical Quarterly, New York, Namur, 31 (1991), 259–273.

Fräntzki, Ekkehard, *Die Kehre. Heideggers Schrift „Vom Wesen der Wahrheit". Urfassungen und Druckfassungen*, Pfaffenweiler 1985.

Frank, Manfred (Hrsg.), *Selbstbewußtseinstheorien von Fichte bis Sartre*, Frankfurt am Main 1991.

Gadamer, Hans-Georg, *Wahrheit und Methode. Grundzüge einer philosophischen Hermeneutik*, Gesammelte Werke Band 1, Tübingen ⁵1986.

–, *Das Erbe Hegels. Zwei Reden aus Anlaß der Verleihung des Hegel-Preises 1979 der Stadt Stuttgart an Hans-Georg Gadamer am 13. Juni 1979*, Frankfurt am Main 1979.

–, *Neuere Philosophie I. Hegel-Husserl-Heidegger*, Gesammelte Werke Band 3, Tübingen 1987.

Gawoll, Hans-Jürgen, *Über den Augenblick. Auch eine Philosophiegeschichte von Platon bis Heidegger*, in: Archiv für Begriffsgeschichte, Band XXXVII, Bonn 1994, 152–179.

Gethmann, Carl-Friedrich, *Philosophie als Vollzug und als Begriff. Heideggers Identitätsphilosophie des Lebens in der Vorlesung vom Wintersemester 1921/22 und ihr Verhältnis zu »Sein und Zeit«*, in: Dilthey-Jahrbuch 4 (1986/87), 27–54.

Großmann, Andreas, *Augenblick des Geistes. Heideggers Vorlesung „Die Grundfrage der Philosophie" von 1933*, in: Perspektiven der Philosophie. Neues Jahrbuch, hrsg. v. R. Berlinger, E. Fink, T. Imamichi, W. Schrader, Band 19 (1993), 195–212.

–, *Spur zum Heiligen. Kunst und Geschichte im Widerstreit zwischen Hegel und Heidegger*, Hegel-Studien Beiheft 36, Bonn 1996.

Haar, Michel, *Structures hégéliennes dans la pensée heideggérienne de l'Histoire*, in: Revue de Metaphysique et de Morale 85, 1980, 48–59.

von Herrmann, Friedrich-Wilhelm, *Der Begriff der Phänomenologie bei Heidegger und Husserl*, Frankfurt am Main 1981.

–, *Wege ins Ereignis. Zu Heideggers „Beiträgen zur Philosophie"*, Frankfurt am Main 1994.

Hogemann, Friedrich, *Heideggers Konzeption der Phänomenologie in den Vorlesungen aus dem Wintersemester 1919/20 und dem Sommersemester 1920*, in: Dilthey-Jahrbuch 4 (1986/87), 54–71.

Ijsseling, Samuel, *Das Ende der Philosophie als Anfang des Denkens*, in: Heidegger et l'Idée de la Phénoménologie, Phenomenologica 108, Dordrecht/Boston/London 1988, 285–300.

Imdahl, Georg, *„Formale Anzeige" bei Heidegger*, in: Archiv für Begriffsgeschichte, Band XXXVII, Bonn 1994, 306–332.

–, *Das Leben verstehen. Heideggers formal anzeigende Hermeneutik in den frühen Freiburger Vorlesungen*, Würzburg 1997.

Janicaud, Dominique, *Heidegger – Hegel: un „dialogue" impossible?*, in: Heidegger et l'Idée de la Phénoménologie, Phenomenologica 108, Dordrecht/Boston/London 1988, 145–164.

Jaspers, Karl, *Notizen zu Martin Heidegger*, hrsg. v. Hans Saner, München 1978.

Kant, Immanuel, *Kritik der reinen Vernunft*, hrsg. v. Wilhelm Weischedel, Frankfurt am Main 1974.

Kisiel, Theodore, *Der Zeitbegriff beim frühen Heidegger*, in: Phänomenologische Forschungen 14, Freiburg/München 1983, 192–211.

–, *Das Entstehen des Begriffsfeldes ›Faktizität‹ im Frühwerk Heideggers*, in: Dilthey-Jahrbuch 4 (1987), 91–120.

Köhler, Dietmar, *Martin Heidegger. Die Schematisierung des Seinssinnes als Thematik des dritten Abschnittes von „Sein und Zeit"*, Bonn 1993.

–, *Hegel als Transzendentalphilosoph? Zu Heideggers Phänomenologie-Deutung von 1942*, in: Hegel-Studien 32 (1997), 123–136.

Kolakowski, Leszek, *A comment on Heidegger's comment on Nietzsche's alleged comment on Hegel's comment on the power of negativity*, in: The Heidegger Case on Philosophy and Politics, ed. by T. Rockmore and J. Margolis, Philadelphia 1992, 255–262.

Krell, David Farrell, *Heidegger, Nietzsche, Hegel. An essay in descensional reflection*, in: Nietzsche-Studien, Berlin, 5 (1976), 255–262.

–, *Hegel, Heidegger, Heraclitus*, in: Seminar on Heraclitus, ed. by John Sallis and Kenneth Maly, Alabama 1980, 22–42.

Lakebrink, Bernhard, *Hegels Metaphysik der Zeit*, in: Philosophisches Jahrbuch, Freiburg/München 74 (1966/67), 284–293.

Luckner, Andreas, *Genealogie der Zeit. Zur Herkunft und Umfang eines Rätsels. Dargestellt an Hegels Phänomenologie des Geistes*, Berlin 1994.

–, *Martin Heidegger: »Sein und Zeit«. Ein einführender Kommentar*, Paderborn 1997.

Marcuse, Herbert, *Hegels Ontologie und die Grundlegung einer Theorie der Geschichtlichkeit*, Frankfurt am Main 1932.

Marx, Werner, *Heidegger und die Tradition*, Stuttgart 1961.

–, *Hegels Phänomenologie des Geistes. Die Bestimmung ihrer Idee in „Vorrede" und „Einleitung"*, Frankfurt am Main 1971.

van der Meulen, Jan, *Heidegger und Hegel oder Widerstreit und Widerspruch*, Meisenheim 1953.

Meist, Kurt Rainer, *Zur Rolle der Geschichte in Hegels System der Philosophie*, in: Kunsterfahrung und Kulturpolitik im Berlin Hegels, Hegel-Studien Beiheft 22, Bonn 1983, 49–81.

–, *Die Zeit der Geschichte. Probleme in Husserls transzendentaler Begründung einer Theorie der Geschichte*, in: Zeit und Zeitlichkeit bei Husserl und Heidegger, Phänomenologische Forschungen 14, Freiburg/München 1983, 58–110.

Müller, Max, *Metaphysik und Geschichte im Denken Martin Heideggers*, in: Philosophisches Jahrbuch 98, Jg. 1991, 2. Halbband, 225–232.

Neuser, Wolfgang, *Der Begriff des Seins bei Hegel und Heidegger*, in: prima philosophia 4, Cuxhaven 1991, 439–455.

Opilik, Klaus, *Transzendenz und Vereinzelung*, Freiburg/München 1992.

Peperzak, Adriaan, *Einige Fragen zum Thema „Hegel und Heidegger"*, in: Heideggers These vom Ende der Philosophie, Verhandlungen des Leidener Heidegger Symposions April 1984, hrsg. v. M. F. Fresco, R. J. A. van Dijk, H. W. P. Vijgeboom, Bonn 1989, 49–74.

Pöggeler, Otto, *Der Denkweg Martin Heideggers*, Pfullingen ^{4}1994.

–, *Hegels Idee einer Phänomenologie des Geistes*, Freiburg/München ^{2}1993.

–, *Selbstbewußtsein und Identität*, in: Hegel-Studien 16 (1981), 189–217.

–, und Hogemann, Friedrich, *Martin Heidegger: Zeit und Sein*, in: Grundprobleme der großen Philosophen, Philosophie der Gegenwart V, hrsg. v. J. Speck, Göttingen 1982, 48–86.

–, *Heidegger und die hermeneutische Philosophie*, Freiburg/München 1983.

–, *Heideggers logische Untersuchungen*, in: Martin Heidegger: Innen- und Außenansichten, hrsg. vom Forum für Philosophie Bad Homburg, Frankfurt am Main 1989.

–, *Neue Wege mit Heidegger*, Freiburg/München 1992.

–, *Hölderlin, Schelling und Hegel bei Heidegger*, in: Hegel-Studien 28 (1993), 327–372.

–, *Schritte zu einer hermeneutischen Philosophie*, Freiburg/München 1994.

–, *Hegel und Heidegger über Negativität*, in: Hegel-Studien 30 (1995), 145–166.

Purpus, Wilhelm, *Die Dialektik der sinnlichen Gewißheit bei Hegel. Dargestellt in ihrem Zusammenhang mit der Logik und der antiken Dialektik*, Nürnberg 1905.

Riedel, Manfred, *Erster und anderer Anfang. Hegels Bestimmung des Ursprungs und Grundes der griechischen Philosophie*, in: Logik und Geschichte in Hegels System, Spekulation und Erfahrung II, 10, Stuttgart/Bad Cannstatt 1989, 173–197.

Römpp, Georg, *Ein Selbstbewußtsein für ein Selbstbewußtsein*, in: Hegel-Studien 23 (1988), 73–94.

Schmidt, Dennis Joseph, *Between Hegel and Heidegger: An Essay on Dialectic and Difference*, UMI Dissertation Service, Ann Arbor, Michigan 1989.

Schmidt, Klaus J., *G.W.F. Hegel: ›Wissenschaft der Logik – Die Lehre vom Wesen‹. Ein einführender Kommentar*, Paderborn 1997.

Schmitt, Gerhard, *The Concept of Being in Hegel und Heidegger*, Bonn 1976.

Schulz, Walter, *Über den philosophiegeschichtlichen Ort Martin Heideggers*, in: Otto Pöggeler (Hrsg.), Heidegger. Perspektiven zur Deutung seines Werkes, Weinheim ³1994, 95–139.

Sell, Annette, *Das Problem der sinnlichen Gewißheit. Neuere Arbeiten zum Anfang der Phänomenologie des Geistes*, in: Hegel-Studien 30 (1995), 197–206.

–, *Aspekte des Lebens. Fichtes Wissenschaftslehre von 1804 und Hegels Phänomenologie des Geistes von 1807*, in: Sein-Reflexion-Freiheit. Aspekte der Philosophie Johann Gottlieb Fichtes, hrsg. v. Christoph Asmuth, Bochumer Studien zur Philosophie Bd. 25, Amsterdam/Philadelphia 1997, 79–94.

Shikaya, Takao, *Die Wandlungen des Seinsbegriffs in Hegels Logik-Konzeption*, in: Hegel-Studien 13 (1978), 119–158.

Simon, Josef, »Zeit in Gedanken erfasst«. Zum Verhältnis von Begriff und Zeit bei Hegel, in: Hegel-Jahrbuch 1996, hrsg. v. A. Arndt, K. Bal, H. Ottmann. Berlin 1997. 13–20.

Smith, Christopher P., Heidegger's Critique of Absolute Knowledge, in: The New Scholasticism, Washington D. C., 45 (1971), 56–86.

Souche-Dague, Denise, Une exégèse heideggerienne: le temps chez Hegel d'après le § 82 de „Sein und Zeit", in: Revue de Métaphysique et de Morale, Paris, 84 (1979), 101–120.

Stambaugh, Joan, Time and Dialectic in Hegel and Heidegger, in: Research and Phenomenology 4 (1974), 87–97.

Summerell, Orrin Finn, The Philosophical-Theological Significance of the Concept of Ontotheology in Martin Heidegger's Critique of G.W.F. Hegel, UMI Dissertation Service, Ann Arbor, Michigan 1994.

Surber, J. Paul, Heidegger's critique of Hegel's notion of time, in: Philosophy and Phenomenological Research, Volume XXXIX, 1978/79, 356–377.

Taminiaux, Jacques, Heidegger et Hegel à l'époque de l'ontologie fondamentale ou d'une ontologie fondamentale à l'autre, in: Metaphysik nach Kant? Stuttgarter Hegel-Kongreß 1987, hrsg. von D. Henrich und R.-P. Horstmann, Stuttgart 1988, 393–405.

Thomä, Dieter, Die Zeit des Selbst und die Zeit danach. Zur Kritik der Textgeschichte Martin Heideggers. 1910–1976, Frankfurt am Main 1990.

Vieillard-Baron, Jean-Louis, Le temps. Platon, Hegel, Heidegger, Paris 1978.

Williams, Robert R., Hegel and Heidegger. Commentary by Eric von der Luft, in: Hegel and his Critics. Philosophy in the Aftermath of Hegel, ed. by W. Desmond, New York 1989, 135–162.

Man sollte den „halbreidenen" Heidegger-Professoren und Ordinarien für einige Jahrzehnte verbieten, Doktorarbeiten über Heidegger schreiben zu lassen!